MARCEL TESSIER
raconte...

www.quebecloisirs.com

UNE ÉDITION DU CLUB QUÉBEC LOISIRS INC.
© Avec l'autorisation des Éditions l'Homme
© 2004, Les Éditions de l'Homme , une division du groupe Sogides
Dépôt légal — Bibliothèque nationale du Québec, 2004
ISBN 2-89430-636-9
(publié précédemment sous ISBN 2-7619-1879-7)

Imprimé au Canada

MARCEL TESSIER
raconte...

CHRONIQUES D'HISTOIRE
TOME I

À ma femme Nicole.
Sans elle, ces chroniques
n'auraient pas vu le jour.

AVANT-PROPOS

Nous sommes au mois d'août 1996. J'arrive d'Old Orchard où je vais passer des vacances depuis 40 ans. Mon fils me remet la liste des appels téléphoniques que j'ai reçus durant mon absence. Tiens, Jacques Laurin... Ce cher Jacques que je n'ai pas revu depuis au moins 30 ans ! Quels souvenirs fantastiques refont surface ! Au début de notre carrière dans l'enseignement, Jacques et moi avions beaucoup en commun. Voués tous les deux à l'éducation, nous avions une passion commune, le théâtre. Ensemble au Plateau, la seule école supérieure laïque pour garçons seulement de la commission scolaire de Montréal, nous unissions nos talents pour faire partager cette passion à nos étudiants. En effet, avec l'aide d'une école de filles des environs, nous présentions à un public très nombreux des revues musicales qui faisaient les délices des participants et des parents. Les autorités du Plateau surveillaient d'un œil rigoureux les déplacements des garçons et des filles lors des répétitions. Quels souvenirs ! À cette époque, je commençais une carrière de chanteur et je me souviens des encouragements chaleureux de mon ami Jacques, qui était sûrement l'un de mes plus grands supporters.

Mais que me veut-il ce vieux camarade et complice ? Après tant d'années... « Salut ! » Sa belle voix n'a pas changé. Il m'apprend qu'il est éditeur chez Sogides et qu'il est intéressé à mes services. Il suit toujours ma carrière et trouve fort enrichissantes mes chroniques historiques télévisuelles.

« Il faut absolument faire un livre avec ces chroniques-là ! » me dit-il. Je lui précise que je ne suis pas écrivain et que mes chroniques ne portent pas sur l'histoire conventionnelle. D'ailleurs, ça ne m'intéresse pas vraiment d'écrire. Ce n'est pas mon métier et je suis trop paresseux pour m'astreindre à cette discipline. J'accepte tout de même de le rencontrer à son bureau de la rue Amherst et c'est avec beaucoup d'émotion que nous évoquons toutes ces années qui font désormais partie de notre histoire. Je lui promets de le rappeler. Entre-temps, le *Journal de Montréal* fait appel à mes services pour signer des chroniques hebdomadaires. Avec beaucoup d'appréhension, je relève le défi, même si durant ces deux années, j'ai pioché de semaine en semaine pour trouver des anecdotes et des faits intéressants à raconter et surtout pour me discipliner à écrire.

Juillet 1998. Jacques se manifeste à nouveau. Il y tient. Il veut publier. Il y croit. Devant la gentillesse et le don de persuasion de cet homme de lettres, je n'ai pas le choix. Comment puis-je refuser, moi qui ai enseigné pendant plus de 35 ans ? Comment pourrais-je refuser d'ouvrir les portes de la connaissance à ceux et celles d'ici ou d'ailleurs qui veulent savoir d'où nous venons et comment notre peuple, après des siècles de combats, est parvenu à survivre.

Le présent ouvrage s'adresse à tout le monde. Ce n'est pas un livre d'histoire. Ce sont des chroniques qui se veulent un survol rapide de ce qui s'est passé chez nous au cours des siècles. Elles sont puisées un peu partout dans les livres des historiens québécois. Comme je le fais à la télévision, je veux tout simplement donner le goût aux Québécois d'aller plus loin à la recherche de leurs racines. Vous savez, il ne faut pas se surprendre de notre ignorance : on nous a souvent mal enseigné l'histoire quand on n'omettait pas tout bonnement de le faire.

Chers lecteurs, ne vous croyez surtout pas seuls à ne pas bien connaître ce qu'on vous a si peu appris. Si je faisais passer un examen à notre élite politique, vous verriez que la note ne serait pas très élevée. C'est pourquoi j'ai accepté de publier cet ouvrage sans prétention. Je veux vous présenter les personnages qui, à partir du début de la colonie, nous ont laissé leur nom. Or pour bien comprendre ce qu'ils ont accompli, il faut aller à leur rencontre doucement, simplement. C'est le but que je me suis fixé, en espérant vous donner l'envie d'aller plus loin et d'en savoir davantage. Car ne pas connaître son histoire, c'est comme de n'en pas avoir. Comme si nous étions sans passé, fragiles, pareils à des arbres sans racines.

Merci à Jacques, à Nicole, ma conjointe, et à Hélène Matteau qui a eu le travail difficile de me relire, de me corriger et de rassembler le fruit de mes recherches dans ce recueil.
Je vous souhaite une bonne lecture !

INTRODUCTION

Pour bien comprendre notre histoire, il est nécessaire de commencer par identifier ses étapes. C'est une façon simple d'éclairer notre route. Ainsi nous pourrons suivre plus aisément le cheminement de notre peuple, mieux situer les événements, et reconnaître à leur passage les hommes et les femmes qui défileront au long de ces pages. Les historiens s'accordent pour diviser l'histoire du Québec en trois parties.

Première partie : le Régime français (de 1534 à 1760)

En 1534, au nom du roi de France, Jacques Cartier plante à Gaspé une croix qui symbolise la prise de possession du territoire. La France vient donc coloniser ce coin du monde. Elle y envoie des explorateurs qui entrent en contact avec les Amérindiens. Les nouveaux arrivants découvrent des terres immenses, des cours d'eau poissonneux et, à perte de vue, des forêts pleines d'animaux dont la fourrure devient rapidement la richesse première de la petite colonie, et le restera pendant tout le Régime français. C'est durant cette période que le peuple canadien va naître.

Tous ces Français qui viennent s'établir ici vont en effet fonder une nation. Champlain (le fondateur de la Nouvelle-France), Paul Chomedey de Maisonneuve, Jeanne Mance, Marguerite Bourgeoys, Lambert Closse, les Le Moyne, Jean Talon, Frontenac, Cavelier de La Salle, Joliette, De La Vérendrye et bien d'autres établissent les coutumes, la culture d'une nouvelle nation dont la patrie, la Nouvelle-France, s'étend de l'Acadie, à l'est, et des Rocheuses, à l'ouest, jusqu'à la Louisiane, au sud du Mississippi.

Deuxième partie : le Régime anglais (de 1760 à 1867)

En Europe, la France et l'Angleterre sont des ennemies acharnées. Entre elles, c'est une guerre après l'autre. Bientôt leurs colonies d'Amérique (car l'Angleterre possède elle aussi des colonies sur ce continent) se joignent à elles : c'est la guerre de Sept Ans. Les Anglais, déjà maîtres de l'Acadie, de la baie d'Hudson et de Terre-Neuve depuis le traité d'Utrecht en 1713, vont s'emparer de tout le reste de la Nouvelle-France en 1760. À partir de ce jour, la colonie devient anglaise et le peuple canadien-français, qui est ici chez lui, devra se battre pour survivre. C'est l'époque des Murray, Carleton et Mgr Briand. Les constitutions vont se multiplier : la Proclamation royale, l'Acte de Québec, l'Acte constitutionnel de 1791. Au XIXᵉ siècle, viennent Papineau, La Fontaine et Mgr Bourget. Les Patriotes se soulèvent, ce qui amène au pays le fameux Lord Durham, chargé d'étudier la situation et de trouver des solutions. L'essentiel de son rapport propose d'assimiler les Canadiens français, pour leur propre bien, dit-il ; et pour faciliter la chose, il suggère l'union du Haut et du Bas-Canada, c'est-à-dire l'Ontario et le Québec, sous un seul gouvernement : ce sera l'Acte d'Union de 1840.

Troisième partie : la Confédération (de 1867 à nos jours)

En 1867, il y a six colonies indépendantes sur le territoire de l'Amérique du Nord britannique : le Canada-Uni (Québec et Ontario), le Nouveau-Brunswick, la Nouvelle-Écosse, l'Île-du-Prince-Édouard et Terre-Neuve. Les provinces maritimes parlent de faire bloc, ce qui faciliterait leur évolution économique. Le Canada-Uni va participer à ces négociations et, après trois conférences, une à Charlottetown en septembre 1864, une à Québec en octobre 1864 et finalement une à Londres en décembre 1866, on concrétise le projet par l'adoption, en 1867, de l'Acte de l'Amérique du Nord britannique.

Comme on le sait, l'Île-du-Prince-Édouard et Terre-Neuve n'accepteront pas d'entrer dans ce nouveau pays ; elles ne le feront que plus tard. Le Canada devient un dominion, c'est-à-dire un État du Royaume-Uni, ce qui lui confère un statut supérieur à celui d'une simple colonie, mais inférieur à celui d'un pays totalement indépendant.

Tirée de la Bible, sa devise est *A mari usque ad mare* (d'un océan à l'autre). Toutefois, le Canada n'aura pas de drapeau ni d'hymne national, puisqu'il n'est pas tout à fait un pays. Cette partie de notre histoire, au cours de laquelle deux peuples vont accepter de former une confédération, est riche en rebondissements : agrandissement du territoire, construction du chemin de fer transcanadien, établissement des relations entre les provinces et le gouvernement central, formation de partis politiques, batailles constitutionnelles. Et, plus près de nous, la menace très réelle de la rupture de cette association.

PREMIÈRE PARTIE

1534-1760

Le Régime français

1 | LES AMÉRINDIENS

Comme l'écrit Léandre Bergeron dans son *Petit manuel d'histoire du Québec*, « les explorateurs n'ont pas découvert les Amériques. Ces territoires avaient été découverts on ne sait pas quand par les premiers hommes qui y mirent les pieds. Quand les explorateurs blancs arrivèrent en Amérique, le pays était déjà peuplé d'hommes, d'hommes d'une autre couleur, oui, mais d'hommes tout de même. Les explorateurs blancs n'ont rien découvert. Ils ont exploré des territoires et conquis des territoires ».

En 1520, la population des Amérindiens du Canada atteint environ 220 000 personnes. Les Inuits vivent dans l'Extrême-Nord. D'autres peuples habitent la région du Pacifique et des Rocheuses, d'autres encore les plaines de l'Ouest. Et, bien sûr, il y a les tribus de l'Est, les premières que les Européens rencontrent. Ces Amérindiens sont arrivés en Amérique du Nord environ 15 000 ans avant Jésus-Christ. Ils sont venus d'Asie. Ils sont passés par le détroit de Béring reliant l'Alaska à la Sibérie, lors d'un abaissement des eaux, et se sont répandus partout sur le vaste territoire qui s'offrait à eux. Dans la vallée du Saint-Laurent et la région des Grands Lacs, ils sont environ 60 000 à l'arrivée des Blancs, dont 25 000 sur le territoire du Québec actuel. Du point de vue linguistique, les Amérindiens appartiennent à trois grandes familles: inuite, algonquienne et iroquoienne.

INUITS, ALGONQUIENS ET IROQUOIENS

Les Inuits, que les Blancs appelleront longtemps Esquimaux, vivent alors dans les régions de la baie d'Hudson et du Labrador.

Les Algonquins – Algonquins, Cris, Ojibwés, Micmacs, Naskapis, Montagnais – sont des nomades qui vivent de chasse et de pêche ; ils se nourrissent aussi de fruits sauvages, de plantes et de racines. Ils poursuivent le gibier en raquettes, se déplacent en canot d'écorce et habitent des wigwams. Leur organisation sociale se fonde sur la cellule familiale. Plusieurs familles forment une bande ou un clan ; chaque bande est conduite par un chef sans beaucoup d'autorité. Plusieurs bandes forment une tribu ou nation, par exemple les Cris, les Montagnais ou les Naskapis... Chaque nation occupe son propre territoire. Par exemple, les Abénaquis, les Micmacs et les Malécites vivent dans la péninsule gaspésienne et une partie du Maine ; et les Algonquins occupent la région de la rivière des Outaouais. Une nation est dirigée par un conseil de sages (les sachems). Chez les Iroquois, plusieurs nations s'unissent en une ligue. Ainsi, au sud du Saint-Laurent, les tribus des Agniers (Mohawks), des Onneiouts, des Onontagués, des Goyogouins et des Tsonnontouans forment la ligue iroquoise.

Les Iroquoiens, qui vivent dans la région des Grands Lacs et au sud-ouest de la rivière Richelieu, sont des semi-sédentaires qui pratiquent l'agriculture (maïs, courges, haricots) en plus de la pêche et de la chasse. Cette famille se divise en deux : les Hurons et les Iroquois. Ils cultivent le tabac, mais ne connaissent ni la charrue, ni les engrais, ni le système de jachère ; ils changent de territoire tous les 10 à 15 ans, car le sol s'épuise rapidement. Leurs habitations sont permanentes. Ce sont des maisons de troncs d'arbres, rectangulaires et de bonnes dimensions (environ 30 mètres de longueur sur 10 mètres de largeur) – ce sont les *long houses*. Elles sont regroupées en un village entouré d'une palissade. Un village abrite souvent une dizaine de familles descendantes de la même aïeule. En effet, chez les Iroquoiens, les femmes en mènent large ! Ce sont elles qui gèrent la vie quotidienne dans la maison longue où l'aïeule assure l'autorité. Quand un jeune homme se marie, il va vivre dans la maison de sa belle-mère. Tous les travaux qui assurent la subsistance des familles sont du ressort des femmes. Champlain nous donne des détails. Ce sont elles, dit-il, qui font presque tout. Elles labourent, sèment le maïs, font les provisions de bois pour l'hiver, tissent le chanvre, portent même les bagages de leurs maris. Quant aux hommes, ils vont à la chasse, pêchent, construisent les cabanes et font la guerre.

Les Amérindiens croient en une force supérieure. Chez les Algonquiens, c'est le Manitou et chez les Iroquoiens, l'Orenda. La force du vent, des rivières et des forêts leur vient de cet Être supérieur ; un esprit habite aussi les animaux et les objets. Il n'y a pas de prêtre à proprement parler, mais un chaman, ou sorcier, qui contrôle les esprits. Les Amérindiens croient aussi à l'immortalité de leur âme et à une vie après la vie, dans laquelle la chasse et la pêche seront les principales occupations.

LES GUERRES IROQUOISES

Sur la rive gauche du Saint-Laurent, au bord du lac Huron et plus loin, dans la région du Saguenay, vivent respectivement les Algonquins, les Hurons et les Montagnais. Ces tribus font en général bon accueil aux Français et à leurs missionnaires. Au contraire, les cinq nations de la ligue iroquoise, qui vivent du sud de l'Ontario actuel jusqu'au lac Champlain, font le commerce avec leurs voisins, les colons anglais de la Nouvelle-Angleterre et les colons hollandais de la Nouvelle-Amsterdam. Ils échangent des fourrures en retour de fusils qui leur seront utiles contre leurs ennemis, les Hurons, avec qui ils sont en guerre depuis des lunes.

Comme les Hurons et les Algonquins ont dès le début offert leur sympathie aux Français, ces derniers se sentent l'obligation morale de les appuyer contre l'Iroquois. D'autant plus que ces tribus amies, d'un abord plutôt conciliant, se sont déjà laissé gagner par la civilisation française et la religion catholique.

Première guerre : 1641-1665

La présence des Français à Ville-Marie – qui deviendra Montréal – est inacceptable aux yeux des Iroquois. En effet, c'est par Ville-Marie qu'il leur faut passer pour chasser le castor dans la vallée de l'Ottawa. Par ailleurs, Champlain les a déjà combattus sur la rivière Richelieu. Ils s'en souviennent. À partir de 1641 et jusqu'en 1645, les Iroquois attaquent autour de Ville-Marie. En 1648, ils pulvérisent la mission huronne de Saint-Joseph et en 1649, c'est celle de Saint-Jean qui tombe. Entre 1650 et 1660, c'est Montréal même qu'ils harcèlent. Paul de Maisonneuve et Lambert Closse deviennent les défenseurs et les héros de la petite colonie. En 1660, l'épisode de Adam Daulat dit Dollard des Ormeaux, qui meurt au Long-Sault avec ses 16 compagnons en se défendant contre les Iroquois, devient un symbole. Il faut attendre 1665 pour que le marquis de Tracy, fraîchement débarqué à la tête du fameux régiment de Carignan, ramène la paix. Pour une vingtaine d'années...

Deuxième guerre : 1687-1701

Le commerce des fourrures est à la base de cette deuxième guerre. Les Anglais de Virginie reluquent le Nord. Ils poussent les Iroquois contre les Français. En Europe, la guerre de la ligue d'Augsbourg débute. Aussitôt, les colonies française et britannique d'Amérique sont jetées dans la mêlée : en 1684, le gouverneur La Barre part en guerre contre les Amérindiens alliés des Anglais. Son successeur, Denonville, agit d'une façon tout à fait despotique : après avoir fait prisonniers les chefs iroquois envoyés au fort Frontenac, il les expédie aux galères en 1687.

La même année, les Iroquois répliquent. Ils attaquent Chambly et luttent dans toutes les directions. Du côté français, le scorbut s'en mêle et décime la garnison des forts de Niagara et de Frontenac. Le chef Kondiaronk, dit le Rat, fait échouer des négociations de paix. En 1689, c'est le massacre de Lachine ; on tue de nombreux colons et on fait beaucoup de prisonniers. Les attaques s'étendent à l'île Saint-Joseph et à la Chesnaie.

Le gouverneur Frontenac remplace Denonville. Il engage avec les Iroquois une guerre sans merci. Les combats sont durs, les coups portent. Frontenac veut humilier les Iroquois ; il poursuit les attaques en Nouvelle-Angleterre. C'est durant cette période, en 1692 exactement, que s'illustre Madeleine de Verchères. En 1697, le traité de Ryswick met fin à la guerre entre la France et l'Angleterre, mais il faut attendre 1701, lors d'une grande assemblée à Montréal, pour que la paix soit signée entre les belligérants d'Amérique. Kondiaronk, qui s'était converti au catholicisme, devient pacificateur et les deux ennemis s'engagent à ce qu'il n'y ait plus de guerre entre Français et Amérindiens. Même si la France et l'Angleterre devaient reprendre les hostilités, eux resteront neutres.

2 JACQUES CARTIER

Notre histoire n'aurait pas pu s'écrire sans Jacques Cartier : son rôle est primordial dans ce pays. Christophe Colomb, en 1492, atteint le nouveau continent, l'Amérique, aux Antilles. À sa suite, les Espagnols font de nombreuses traversées, les Portugais aussi. Parmi ces derniers nous mentionnerons les frères Corte Real, parce qu'ils viennent au nord plutôt qu'en Amérique latine. Gaspard se rend vers 1500 sur la côte du Labrador ; son frère Miguel, en 1502, touche Terre-Neuve et pénètre dans le golfe Saint-Laurent. Les Anglais aussi viennent dans le golfe, explorent les côtes de l'Atlantique et d'une grande baie qui portera le nom du plus fameux de ces explorateurs, Henry Hudson. On a souvent rappelé que les Vénitiens Jean et Sébastien Cabot, le père et le fils, avaient été les premiers (dès 1497 !) à avoir navigué près des côtes du futur Canada. Sans doute. Il est cependant bon de faire remarquer que l'Angleterre, pour le compte de laquelle ils naviguaient, ne donnait pas suite à leurs découvertes et ne faisait alors aucune tentative de colonisation.

Que fait la France, elle ? Bien sûr, des pêcheurs bretons, basques et normands viennent sur nos côtes après les Cabot et Corte Real. On rapporte même qu'en 1510, certains d'entre eux vendent leurs poissons à Rouen. Mais c'est tout. Jusqu'au jour où le grand François Ier monte sur le trône. C'est un homme qui a, disons, de la largeur dans les idées. « Le soleil brille pour le roi de France aussi bien que pour les autres, dit-il ; j'aimerais bien voir l'article du testament d'Adam qui m'exclut du partage de l'Amérique ! »

François Ier fait donc appel à l'Italien Giovanni da Verrazano en 1523 et l'envoie avec quatre vaisseaux sur la mer immense. L'explorateur débarque d'abord en Floride, puis longe les côtes de l'Atlantique jusqu'à l'île du Cap-Breton. Il fait deux autres voyages, mais hélas ! à sa troisième expédition, en 1528, il tombe entre les mains des Amérindiens... qui le dévorent. Quelle fin tragique !

UN P'TIT GARS DE SAINT-MALO

Pendant ce temps, un jeune marin malouin fait son apprentissage. Il s'appelle Jacques Cartier. Il est né en Bretagne en 1491, au bord de l'océan Atlantique. Fils de navigateur, il sait dès son jeune âge gréer un bateau de pêche et entend parler de Terre-Neuve, où plusieurs marins se rendent chaque année pêcher la morue. À l'âge de 15 ans, il s'engage comme mousse et part pour un long voyage sur les bancs de la terre lointaine. Il devient un excellent marin, maître pilote, capitaine

Fonds Famille Bourassa

JACQUES CARTIER

de vaisseau. Il se marie à Catherine des Granges, fille très riche de Saint-Malo. C'est un véritable notable qui fréquente la noblesse de sa ville et se met à rêver à la fameuse route de la Chine et des Indes.

Il parle de ses projets au grand amiral de France et lors d'un pèlerinage du roi à l'abbaye du Mont-Saint-Michel, Jean Le Veneur, le père abbé, qui est en même temps évêque de Saint-Malo, présente Cartier au souverain. François Ier lui dit quelque chose comme ceci : « Je vous accorde 2 navires et 60 hommes. Vous partirez à la recherche de terres nouvelles et m'en rapporterez de l'or et des épices. »

En avril 1534, après avoir recruté son équipage, Cartier quitte le quai de Saint-Malo avec 61 compagnons. Trois semaines plus tard – heureuse exception, la traversée est remarquablement rapide –, la vigie s'écrie : « Terre ! Terre ! » C'est la côte est de Terre-Neuve, au cap Bonavista. Cartier la remonte, il va vers le nord. En longeant le Labrador, il remarque combien ses côtes sont arides et désolées… « C'est la terre que Dieu donna à Caïn ! » s'exclame-t-il. Cartier se trompe, cette terre est bien la nôtre. Il prend possession de ce pays neuf en y érigeant une croix. Il franchit le détroit de Belle-Isle, débouche dans le golfe Saint-Laurent, en fait le tour, découvre les îles de la Madeleine et l'île Brion.

Soudain, il croit avoir trouvé la route de l'Ouest, celle de la Chine et des épices. Ça y est, il va toucher au but ! Tout heureux, il nomme spontanément le cap tout proche Bonne-Espérance. Mais il est bientôt déçu : les rives forment une baie. Il fait chaud ce jour-là. Cartier l'appelle la Baie de la Chaleur. Le 22 juillet, il pénètre dans une anse profonde où 200 Indiens, venus de Stadaconé (Québec) s'adonnent à la pêche. C'est la baie de Gaspé. Le capitaine Cartier fait ériger à cet endroit une grande croix, haute de 30 pieds. Au centre est une fleur de lys et au sommet, cette fière inscription : « Vive le Roy de France ! »

Il vient de prendre officiellement possession du territoire au nom de son souverain. Cartier fera deux autres voyages. Au cours du deuxième, il se rend à Montréal, visite un campement d'Amérindiens sur une montagne qu'il baptise mont Réal, c'est-à-dire royal, où il est très bien reçu par les habitants du pays. Il passe l'hiver à Stadaconé et en retournant en France, il se rend compte que Terre-Neuve et Anticosti sont des îles. En 1541, le Malouin revient, cette fois sous les ordres de Roberval. La jalousie s'installe entre les deux hommes. Cartier passe l'hiver à Québec, pense avoir trouvé de l'or et des diamants et retourne rapidement en France. Ce comportement lui fera perdre beaucoup de crédibilité. D'autant plus que son « or » n'était que de la pyrite de fer…

3 | SAMUEL DE CHAMPLAIN

Voilà l'homme à qui l'on a donné le titre de « Père de la Nouvelle-France ». Les historiens ont eu du mal à faire leurs recherches sur la naissance et la religion de ce valeureux géographe et explorateur français, né à Brouage en Saintonge, vers 1570, et décédé à Québec le 25 décembre 1635. C'est qu'à Brouage, les registres d'avant 1690 ont disparu dans un incendie. Nous ne possédons donc pas l'acte de naissance de cet illustre personnage ni son acte de baptême. Était-il catholique ? Protestant, peut-être, puisque Brouage était une ville huguenote, et que la jeune épouse de Champlain, Hélène Boulé, était protestante. On a leur contrat de mariage, signé le 27 décembre 1610 ; il a alors 40 ans, elle en a… 12 ; il est heureusement bien spécifié que le mariage ne prendra force qu'après deux ans. Mais nous avons la certitude, de par ses écrits, que Champlain est catholique quand il expose sa philosophie aux Amérindiens de Tadoussac, au début de sa vie ici.

C'est en 1598, après la signature du traité de Vervins qui met fin à une guerre civile dans laquelle il combat pour son roi, que Champlain entreprend sa carrière d'explorateur. En 1599, il se rend en Amérique espagnole une première fois. L'expédition dure deux ans et il se fait remarquer comme fin observateur. Il étonne par ses dessins minutieux et par la rédaction de son journal, dans lequel il consigne scrupuleusement les lieux, les mœurs et les coutumes des habitants. En 1603, c'est comme géographe du roi qu'il traverse l'Atlantique, accompagnant Pontgravé et le commandeur de Chastes, tous deux associés. Lors de ce voyage, il remonte le Saint-Laurent et séjourne à Tadoussac, admirant pour la première fois les rives majestueuses du grand fleuve.

En 1604, il prend la route de l'Acadie avec messieurs De Monts et Pontgravé, qui ont l'idée d'y établir une colonie.

SAMUEL DE CHAMPLAIN
Fondateur de Québec, capitale du pays de Canada

Après plusieurs excursions, Champlain suggère à De Monts de fixer sa colonie à Port-Royal (aujourd'hui Annapolis Royal, en Nouvelle-Écosse). En 1607, le privilège de commerce étant révoqué, De Monts ordonne à tout ce beau monde de rentrer en France...

LA NAISSANCE DE QUÉBEC

En 1608, le sieur de Monts venant d'obtenir pour un an un droit de traite sur les bords du fleuve Saint-Laurent, Champlain, devenu son lieutenant, va revenir en Amérique. En avril, on quitte le sol français à bord du *Don de Dieu*. On s'arrête à Tadoussac et on remonte le Saint-Laurent, en barque, jusqu'à Québec. Le 3 juillet, Champlain descend sur la plage au pied du cap Diamant. Voilà, se dit-il, l'endroit idéal pour fonder une colonie : on peut aisément accéder à la mer, le fleuve ouvre la porte sur l'intérieur du continent et, des hauteurs de Québec, il est facile de défendre le poste.

Champlain et ses hommes s'installent à peine qu'un complot éclate au grand jour : un nommé Duval, serrurier de son état, s'apprête à livrer le jeune établissement à des pêcheurs basques et espagnols de Terre-Neuve et à exécuter Champlain !

Duval n'est pas tout seul, il a acquis à son dessein plusieurs des compagnons de Champlain, dont son domestique. Mais un soir, discutant de leur sinistre projet, certains des conjurés sont pris de remords. Ils mettent le fondateur au courant de leur plan. Duval, se sentant isolé, demande pardon. Mais voulant sans doute établir fermement son autorité, Champlain demeure de glace et condamne Jean Duval à être pendu. Puis, selon la coutume, on exposera sa tête au bout d'une pique à l'endroit le plus visible du fort de Québec. Et le serrurier Duval entrera dans notre histoire comme le premier Blanc exécuté au Canada… Ce récit nous vient de Thomas Chapais, journaliste, homme politique et historien de la fin du XIXe siècle, qui ajoute : « Le complot organisé par Duval eût-il réussi, qu'il n'y aurait probablement pas eu de Québec, pas de Nouvelle-France, pas de nation canadienne, et la statue colossale de Champlain, le grand fondateur, ne se dresserait pas aujourd'hui au sommet du roc historique où il a jeté les fondations d'un pays catholique et français. »

La vie ayant repris son cours, Champlain bâtit à Québec ce qu'il décrit comme « un logis à 2 étages avec galerie entourée d'un fossé de 15 pieds de large ». C'est *l'abitation*, qui servira de résidence et de magasin. Le tout est entouré d'une palissade de pieux. Québec naît…

LES VOYAGES

DV SIEVR DE CHAMPLAIN

XAINTONGEOIS, CAPITAINE
ordinaire pour le Roy,
en la marine.

DIVISEZ EN DEVX LIVRES.
ou,

IOVRNAL TRES-FIDELE DES OBSERVA-
tions faites és defcouuertures de la Nouuelle France : tant en la defcri-
ptiõ des terres, coftes, riuieres, ports, haures, leurs hauteurs, & plufieurs
declinaifons de la guide-aymant; qu'en la creãce des peuples, leur fuper-
ftition, façon de viure & de guerroyer: enrichi de quantité de figures.

Enfemble deux cartes geografiques: la premiere feruant à la na-
uigation, dreffée felon les compas qui nordeftent, fur lefquels
les mariniers nauigent: l'autre en fon vray Meridien, auec fes
longitudes & latitudes : à laquelle eft adioufté le voyage du
deftroiĉt qu'ont trouué les Anglois, au deffus de Labrador,
depuis le 53e. degré de latitude, iufques au 63e. en l'an 1612.
cerchans vn chemin par le Nord, pour aller à la Chine.

A PARIS,
Chez IεAN BERJON, rue S. Iean de Beauuais, au Cheual
volant, & en fa boutique au Palais, à la gallerie
des prifonniers.

M. DC. XIII.
AVEC PRIVILEGE DV ROY.

Plusieurs difficultés assombrissent le paysage. Cet hiver
1608 est difficile : 17 des 27 compagnons de Champlain meurent du scorbut. Heureusement, quelques autres arriveront
de France le printemps suivant. En 1610, De Monts perd son
privilège de traite. Des compagnies se forment avec, à leur tête,

des marchands beaucoup plus intéressés aux profits qu'à une véritable colonisation. Ils tentent de mettre fin au rêve de Champlain. Mais de l'autre côté de l'océan, le cardinal de Richelieu arrive au pouvoir et sauve la colonie en mettant sur pied la Compagnie de la Nouvelle-France. Il donne son appui à Champlain. Puis des missionnaires débarquent. Les Récollets en 1615, les Jésuites 10 ans plus tard.

Champlain trouve tout de même le temps de faire des voyages d'exploration. Dès 1609, après le si dur hiver de la fondation de Québec, il pénètre le territoire par la rivière Richelieu et aboutit aux lacs Champlain et Saint-Sacrement. Il rencontre les chefs montagnais, algonquins et hurons de la Grande Alliance, formée six ans plus tôt, en 1603, à qui il a promis son aide dans une guerre contre les Iroquois, en échange de la permission de s'installer sur leur territoire. Le temps est venu de remplir sa promesse... Plusieurs blâmeront Champlain d'avoir utilisé les armes contre des Indiens. En 1613, il explore la rivière Ottawa jusqu'à l'île aux

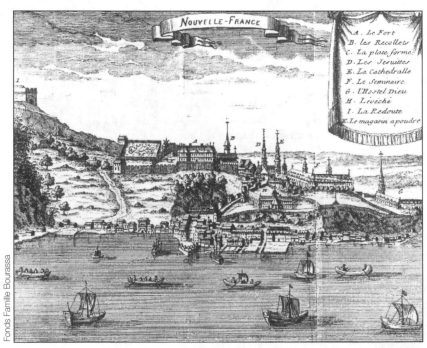

NOUVELLE-FRANCE

Fonds Famille Bourassa

ABITATION DE QUEBECQ
Voici la légende attachée au plan de L'Abitation de Quebecq

(A) Le magasin.
(B) Colombier.
(C) Corps de logis où sont nos armes et pour loger les ouvriers.
(D) Autre corps de logis pour les ouvriers.
(E) Cadran.
(F) Autre corps de logis où est la forge, et artisans logés.
(G) Galeries tout autour des logements.
(H) Logis du sieur de Champlain.
(I) La porte de l'abitation où il y a un pont-levis.

(L) Promenoir autour de l'abitation contenant dix pieds de large jusque sur le bord du fossé.
(M) Fossés tout autour de l'abitation.
(N) Plateformes en façon de tenailles pour mettre le canon.
(O) Jardin du sieur de Champlain.
(P) La cuisine.
(Q) Place devant l'abitation sur le bord de la rivière.
(R) La grande rivière de Saint-Laurent.

Allumettes. En 1615, il est chez les Hurons entre le lac Simcoe et la baie Georgienne.

Mais c'est en 1629 qu'il subit sa plus dure épreuve. En effet, la guerre éclate entre l'Angleterre et la France et les frères Kirke s'emparent de Québec. Il faut attendre le traité de Saint-Germain-en-Laye, en mars 1632, pour que Champlain puisse reprendre le chemin de sa chère colonie. À son retour, il fait élever une chapelle en l'honneur de Notre-Dame-de-la-Recouvrance, accomplissant ainsi un vœu… Le jour de Noël 1635, paralysé, il meurt, à Québec. On cherche encore ses restes… Mais son œuvre, la colonie, va survivre…

4 LES PREMIERS DÉFRICHEURS : HÉBERT, COUILLARD, GIFFARD

Au début de la colonisation en Nouvelle-France, le peuplement était entre les mains des compagnies. Mais celles-ci ne pensaient qu'à s'enrichir. Aussi ont-elles complètement négligé d'installer des colons sur le territoire.

Champlain, qui tente depuis 1608 d'établir une colonie viable, est bien forcé de constater ce grave manquement des compagnies. Et de le pallier. Comment ? Il va utiliser ses relations personnelles pour attirer à Québec quelques bons cultivateurs et quelques familles vaillantes. Naturellement, il compte bien que ces pionniers inviteront à leur tour leurs amis d'Europe à venir les rejoindre.

Quel avantage ! Les premières familles, parce qu'elles étaient déjà liées les unes aux autres, pouvaient former un véritable noyau. Sans faire l'histoire sociologique de nos ancêtres, on peut sûrement expliquer par cette façon de procéder la solidarité profonde qui existait alors au Canada français.

C'est en Acadie, en 1604, que Champlain a connu Louis Hébert, un bon apothicaire de Paris. Il se souvient combien l'homme adorait la terre, et combien il était courageux, pacifique et bon. Il fait donc appel à lui pour la colonie de Québec. Retourné en France après la perte de Port-Royal aux mains du pirate virginien Argall, en 1613, Louis Hébert répondra à l'appel de son ami. Il viendra s'établir définitivement à Québec avec sa famille en 1617. La compagnie lui accorde une concession de 10 arpents, au Sault-au-Matelot. Avec courage, pied carré par pied carré, il défriche son lopin. Il se bâtit une maison en pierres de 38 pieds de long sur 19 pieds de large. Rapidement, un jardin grandit près de l'habitation. Champlain et ses compagnons admirent ce premier colon installé définitivement sur le sol de la Nouvelle-France.

Joseph Rutché, dans son *Précis d'histoire du Canada,* se fait même lyrique : « C'est le premier de cette race de défricheurs qui versent leurs sueurs sur la motte de terre remuée par la bêche ou par la charrue, qui mettent un peu de leur être dans la terre nouvelle, qui mettent au cœur des enfants l'affection du petit domaine auquel la famille doit sa subsistance, qui créent en un mot la patrie nouvelle. » Charitable, respecté et aimé autant des Blancs que des Amérindiens, Louis Hébert agrandit son lot avec persévérance et sacrifices, et malgré les problèmes administratifs que lui cause le gouverneur de la compagnie, Guillaume de Caen.

En 1626, il obtient la seigneurie de Saint-Joseph, à la rivière Saint-Charles, avec le titre de seigneur de l'Espinay. C'est sur son domaine qu'il meurt, accidentellement, l'année suivante, le 23 janvier. Sa fille cadette, Guillemette, avait épousé Guillaume Couillard. Cette nouvelle famille continuera l'œuvre de Hébert.

LA SEIGNEURIE

En 1627, la Compagnie des Cent-Associés adopte la façon de procéder de Champlain. Ne voulant pas elle-même peupler la colonie, elle confie ce devoir à des seigneurs, à qui elle concède des terres. Aucun paiement n'est exigé. Mais le dépositaire d'une seigneurie s'engage à la défricher dans une période de temps donnée et à y installer des laboureurs – des censitaires –, qui reçoivent à leur tour une partie de la terre sans rien débourser. Bien sûr, le seigneur et ses censitaires ont des devoirs et des droits les uns envers les autres. C'est ainsi qu'apparaît la fameuse tenure seigneuriale du Canada. Cette façon de distribuer les terres n'a rien à voir avec le servage de l'époque féodale. L'habitant canadien n'est pas la « chose » du seigneur. Il est libre et propriétaire de sa ferme. Mais il doit la faire fructifier et remettre chaque année au seigneur de faciles redevances.

Robert Giffard est le premier de ces seigneurs. Il en est le modèle par excellence. En 1634, il reçoit la seigneurie de Beauport. Il fait rapidement venir des cultivateurs du Perche, son pays d'origine, pour l'aider à défricher ses concessions. Lorsque nous nous promenons le long du fleuve, de Québec au Petit Cap, nous foulons les terres qu'ont défrichées ces belles familles venues s'installer à la demande de Giffard et qui ont été parmi les premières à se nourrir et à vivre du sol québécois. Les progrès du colon sont ceux du seigneur qui, de son manoir, veille sur ses gens. Il est solidaire de ses censitaires; ensemble, ils ont construit le manoir, l'église, le moulin banal et tracé les chemins.

Et dire que tout avait commencé avec des huttes de branches arc-boutées les unes contre les autres...

5 LES MISSIONNAIRES FRANÇAIS

La sublime persévérance qui caractérise les pionniers de la Nouvelle-France est due, pour une large part, à la sollicitude des missionnaires. Ils ont uni leurs efforts, leurs connaissances, leur bravoure et leur foi et se sont associés aux fondateurs afin de bâtir ce pays. Qui sont ces missionnaires?

LES RÉCOLLETS

Les premiers arrivent au Canada en 1615. Ce sont les Récollets. C'est Champlain qui les a suppliés de venir en Amérique. Les pères Denis Jamay, Jean Dolbeau, Joseph Le Caron et le frère Pacifique Du Plessis arrivent donc à Québec le 25 juin. La première messe est célébrée dans la chapelle construite près de l'habitation.

À peine arrivés, les Récollets fondent le séminaire Saint-Charles pour les enfants indigènes. Ils se rendent chez les Hurons, les Montagnais et les Algonquins, où ils ouvrent de nombreuses missions. Ils se fixent surtout à Québec, à Tadoussac et aux Trois-Rivières. Plusieurs d'entre eux seront massacrés.

Pourquoi le dernier rapide de la rivière des Prairies a-t-il été nommé Sault-au-Récollet? C'est qu'un religieux de cet ordre, Nicolas Viel, s'y noya en revenant du pays des Hurons en 1625. Avec le père Le Caron et le frère Sagard, il avait accepté l'invitation des Hurons à descendre avec eux à la traite. Les hommes prenaient place dans plusieurs canots. L'un d'eux, poussé par un coup de vent, fut écarté du groupe. S'y trouvaient le père Viel, l'un de ses disciples, Ahuntsic, et trois Amérindiens. Ces derniers, par haine du religieux, en auraient profité pour le précipiter dans la rivière avec son catéchumène.

Les Récollets quittent le Canada en 1629, quand Québec doit capituler devant les frères Kirke. Mais ils reviendront en 1670, réclamés par l'intendant Talon.

LES JÉSUITES

Ce sont les Récollets qui insistent pour que les Jésuites viennent en Nouvelle-France. Ils ont besoin d'aide, car la besogne est énorme. En 1625, les pères Charles Lalemant, Ennemond Massé, Jean de Brébeuf ainsi que les frères François Charton et Gilbert Buret débarquent à Québec. Immédiatement, ils se mettent à la tâche et ouvrent des missions prospères. Nous devons au père Paul Le Jeune notre première revue historique : *Les Relations*. Elle est alors distribuée en France aux anciens élèves et amis des Jésuites. Ces comptes rendus contribuent à faire connaître et aimer la colonie, et vont pousser plusieurs personnes importantes à s'intéresser à la Nouvelle-France, comme nous le verrons plus loin. Comme les Récollets, les Jésuites retournent en Europe à la capitulation, mais après le traité de Saint-Germain-en-Laye, en 1632, ils reviennent, seuls, au Canada.

Le cardinal de Richelieu, dans sa politique d'évangélisation, tient à l'unité. En 1637, les pères jésuites sont au nombre de 23, les frères, seulement 6. C'est à ce moment qu'ils pénètrent chez les Iroquois, ennemis redoutables des Français. Nous connaissons le sort réservé à plusieurs d'entre eux. René

Goupil, Isaac Jogues, Jean de la Lande, Antoine Daniel, Brébeuf, Lalemant, Garnier, Chabanel, tous meurent à la suite des supplices les plus atroces. Les Jésuites installent aussi les premiers jalons de l'éducation. À Montréal et à Québec, ils ouvrent des écoles. Ils prennent aussi charge de paroisses à Québec, aux Trois-Rivières ainsi qu'à Ville-Marie.

Fonds Armour Landry

MISSIONNAIRE JÉSUITE

Nous verrons plus tard l'influence que les Jésuites auront sur les destinées de la colonie. Dans tous les domaines, ils s'imposeront et seront les piliers de la Nouvelle-France. Jamais il ne faut minimiser, dans l'enseignement de l'histoire, l'importance de ces religieux héroïques. Ils sont les ouvriers de la première heure.

6 LA FONDATION DE MONTRÉAL

À partir de 1657, les Sulpiciens desserviront l'île de Montréal et, en 1663, ils en deviendront les seigneurs. Ils ne sont pas les premiers. Le tout premier propriétaire de l'île fut Jean de Lauzon, conseiller au parlement de Bordeaux, qui obtint la concession en 1635. Mais il la céda quatre ans plus tard à la société Notre-Dame de Montréal, une entreprise pieuse dont le but était l'évangélisation de la Nouvelle-France.

Au port de La Rochelle, le 9 mai 1641, 37 paysans français vont s'embarquer sur deux vieux rafiots, traverser l'océan sans fin et établir une colonie dans un pays lointain couvert de neige et rempli d'Amérindiens. Sur l'un des navires se trouvent un aumônier, 25 colons et le jeune Paul Chomedey de Maisonneuve. Sur l'autre, une demoiselle de bonne famille qui s'est proposée pour soigner les malades : Jeanne Mance. Elle est sous

Fonds Famille Bourassa

JEANNE MANCE
Fondatrice des Hospitalières de Montréal

la protection du père Laplace, de la Compagnie de Jésus. Et sont aussi du voyage 12 colons, dont 2 emmènent leur femme. Un premier convoi était parti de Dieppe peu de temps auparavant, avec 10 hommes à bord. Tous ces gens sont en quelque sorte des missionnaires. Comment une telle épopée mystique a-t-elle pu s'organiser ?

À partir de 1625, les Jésuites, on l'a vu, publient dans leur réseau européen les récits de leurs activités en Nouvelle-France, sous la plume du père Le Jeune, qui plaide la cause de la colonie avec une ardeur remarquablement communicative. Au point qu'il réussit à se faire de puissants alliés qui délient généreusement les cordons de leurs bourses pour les missions. Certains d'entre eux y voient l'occasion de donner libre cours à leur zèle patriotique et chrétien.

Fonds Armour Landry

Jérôme Le Royer, sieur de La Dauversière, fut le premier à concevoir le projet de fondation. Ne disposant pas des moyens financiers nécessaires, il gagne à son idée un riche seigneur, le baron de Fancamp. Au même moment un saint prêtre, Jean-Jacques Olier, futur fondateur des Sulpiciens, rêve de son côté d'établir une mission sur l'île de Montréal. La Dauversière rencontre Olier à Paris, et fonde la société Notre-Dame de Montréal. Ses membres s'interdisent tout espoir de gain et promettent solennellement « de travailler purement à la gloire de Dieu ». Pour eux, Montréal sera un lieu de mission chrétienne et de civilisation française. Comme les Amérindiens traversent régulièrement cette région, on pourra plus facilement entrer en contact avec eux. Le père Lalemant, jésuite, présente à la Société un jeune officier d'une grande piété et d'un courage à toute épreuve : c'est le sieur de Maisonneuve. Il deviendra le chef de l'expédition. Une jeune fille de Langres, en Champagne, offre ses services comme ménagère et infirmière : c'est Jeanne Mance, soutenue par une riche bourgeoise, Madame de Bullion.

Fonds Famille Bourassa

PAUL CHOMEDEY DE MAISONNEUVE
Premier gouverneur de Montréal

Après une longue et périlleuse traversée, les 65 personnes hivernent à Sillery, chez M. de Puiseaux. Le gouverneur de Montmagny essaie de les faire changer d'idée et leur conseille de se fixer sur l'île d'Orléans, vu le danger extrême que représentent les Iroquois à Hochelaga… Nenni… « Monsieur, lui répond de Maisonneuve, ce que vous me dites serait bon si j'étais envoyé pour délibérer, mais je suis venu pour exécuter. Tous les arbres de Montréal seraient-ils changés en autant d'Iroquois, il est de mon devoir et de mon honneur d'aller y établir une colonie, et j'irai. »

Le 14 octobre 1641, Maisonneuve débarque à Hochelaga, prend possession des lieux et retourne à Québec attendre la belle saison. Le 18 mai 1642, accompagné de Montmagny, il revient avec sa troupe pour s'installer définitivement. Il met la colonie sous la protection de la Sainte Vierge en la baptisant Ville-Marie. Le père de Vimont célèbre la première messe à la Pointe Saint-Charles : « Je ne fais aucun doute, prophétise le prêtre, que ce petit grain ne produise un grand arbre, ne fasse un jour des merveilles et ne s'étende de toutes parts. » Ville-Marie est fondée…

7 GABRIEL SOUART

Sur le plan spirituel, Ville-Marie, à sa fondation, est desservie par les Jésuites. Mais à Paris, Jean-Jacques Olier a fondé la compagnie de Saint-Sulpice et le saint homme a aussi été l'un des initiateurs de la Société Notre-Dame de Montréal, dont le but était la mise sur pied d'un poste missionnaire en Nouvelle-France. La colonie est donc très proche des Sulpiciens. Et comme les Jésuites ne suffisent pas à la tâche, c'est à Olier que de Maisonneuve va demander des prêtres. En 1657, 15 ans après la fondation de Ville-Marie, quatre sulpiciens débarquent. Ce sont messieurs de Queylus, Galinier, d'Allet et Souart. De Queylus, docteur en théologie, est nommé le supérieur de ce groupe et Gabriel Souart, premier curé du petit établissement. À l'arrivée des Sulpiciens, les Jésuites leur remettent en quelque sorte les clés spirituelles de la colonie.

PREMIER CURÉ

Né dans la région parisienne vers 1610, Gabriel Souart appartient à une famille très à l'aise et bien en vue de la société française de l'époque. Avant d'entrer dans la compagnie de Saint-Sulpice et d'être ordonné prêtre en 1650, il a étudié la médecine à Paris. C'est après avoir exercé son ministère en France qu'il s'est volontairement offert pour venir servir en Nouvelle-France où son supérieur lui confie la mission de Ville-Marie.

Dès le 21 novembre 1657, le curé Souart réunit ses paroissiens en vue de l'élection des trois premiers marguilliers de la paroisse. Puis on s'attelle à la construction d'une église commencée en 1656. Maisonneuve offre un canon à monsieur Souart qui le fait fondre à ses frais pour en faire une cloche.

PREMIER INSTITUTEUR

Le nom de Marguerite Bourgeoys est inscrit profondément dans notre mémoire collective comme première institutrice de Ville-Marie. Elle fut en effet la première à enseigner à des filles. Mais le curé Souart fut le premier à ouvrir une classe pour garçons. C'est donc à juste titre qu'on le reconnaît aujourd'hui comme premier instituteur de la colonie naissante.

Le pape reconnaissant aussi les talents de l'abbé Souart dans le domaine de la médecine lui permet de la pratiquer. L'historien Étienne Faillon dit de lui qu'il « était à la fois médecin de l'âme et du corps ». On parle de lui comme curé « missionnaire », car la cure de Notre-Dame ne sera érigée canoniquement qu'en 1678. Souart exerce son ministère dans la chapelle de l'Hôtel-Dieu, rue Saint-Paul. Il le fera jusqu'en 1666. À partir de 1661, il remplace aussi De Queylus comme supérieur du Séminaire de Saint-Sulpice et, en cette qualité, il agit comme premier seigneur de l'île, car les Sulpiciens en sont devenus les propriétaires en 1663. Aumônier de l'Hôtel-Dieu et de nouveau supérieur de sa communauté de 1674 à 1676, il meurt à Paris en 1691. Par testament, il laisse ses biens à l'Hôtel-Dieu de Montréal.

L'ÉGLISE NOTRE-DAME

Lors de votre prochaine visite à la basilique Notre-Dame de Montréal, prenez le temps d'en examiner attentivement les vitraux. Comme l'écrit Robert Prévost dans son livre *Il y a toujours une première fois,* « ces vitraux racontent l'histoire du petit poste de Ville-Marie devenu une grande métropole. On en doit l'initiative au notaire Victor Morin, alors marguillier de la paroisse, qui lança une grande souscription pour orner artistiquement les fenêtres de la vaste nef. Il souhaitait créer ainsi un mémorial à l'occasion du centenaire de l'église ».

Parmi les éléments de cette verrière, vous pourrez apercevoir un vitrail qui représente l'arrivée des Sulpiciens. Gabriel Souart y est assis à une table, la tête recouverte, le doigt levé, enseignant à trois jeunes élèves.

8   MARGUERITE BOURGEOYS

Maintenant que nous avons rencontré le premier instituteur de Montréal, il serait intéressant de rencontrer la première éducatrice de Ville-Marie : Marguerite Bourgeoys. « Ah ! je la connais, dirait ma tante Juliette. C'est la fondatrice des sœurs de la Congrégation de Notre-Dame. » C'est tout à fait cela, tante Juliette. Et après ? D'où vient-elle ? Quelles traces historiques a-t-elle laissées ? Quels ont été ses combats ? Sa communauté a-t-elle été reconnue de son vivant ? « C'est vrai, reconnaîtrait Juliette, on ne sait pas grand-chose de sa vie... » Et bien voilà...

Marguerite vient au monde en France, à Troyes, le 17 avril 1620. Sa famille appartient à la bourgeoisie française du XVIIe siècle. Des documents montrent qu'elle est la sixième de 12 enfants, et qu'elle a 19 ans à la mort de sa mère. Marquée par son temps – elle a 18 ans quand naît Louis XIV, le Roi-Soleil. Elle aura connu la période troublée de la Fronde et le pouvoir du cardinal de Richelieu. Marguerite sera une profonde mystique et une avant-gardiste réaliste.

Fonds Famille Bourassa

MARGUERITE BOURGEOYS
Fondatrice des Sœurs
de la Congrégation de Villemarie

En ce temps-là, raconte Guy Laviolette dans sa biographie de Marguerite, les religieuses sont généralement cloîtrées. Pas question pour elles d'exercer leur mission à l'extérieur du couvent. Mais elles peuvent instruire des jeunes filles, réunies en congrégation, dans la religion et leur donner des leçons de pédagogie. Marguerite a toujours refusé d'entrer dans une congrégation, car elle ne voulait pas passer pour une sainte nitouche… Mais un jour, alors qu'elle participe à la procession du Rosaire, elle a comme une illumination. Sa vie est dès lors transformée… Rapidement, elle sollicite son entrée dans la société des Enfants de Marie. Sur le conseil de son confesseur, elle tente ensuite d'être acceptée chez les Carmélites, puis chez les Clarisses. On la refuse. La pauvre fille en ressent un immense chagrin.

UNE PLACE À MONTRÉAL

Sœur Louise de Chomedey, la sœur de Maisonneuve, dirige alors le couvent de Troyes. Ses religieuses, cloîtrées, rêvent d'établir une maison au Canada. Mais le fondateur de Montréal refuse leur offre : le moment n'est pas venu, dit-il, d'établir un cloître à Ville-Marie. Louise propose alors à son frère d'emmener avec lui Marguerite Bourgeoys, qui pourrait ouvrir une école et instruire les enfants. Et c'est ainsi que notre première maîtresse d'école arrive à Ville-Marie, le 16 novembre 1653. Voici un résumé – bien bref – des réalisations de Marguerite Bourgeoys en Nouvelle-France.

En attendant de pouvoir ouvrir une école, elle aide les malades et secourt les affligés. En 1657, elle organise une corvée pour la construction de la chapelle de Notre-Dame-de-Bon-Secours, la première église bâtie dans l'île de Montréal. Le 30 avril 1658, elle accueille ses premiers écoliers dans une étable. C'est la première école de Ville-Marie ! Elle effectue trois voyages en France pour recruter de jeunes éducatrices qui l'aideront dans sa tâche. C'est aussi elle qui accueille les Filles du Roy dans la maison Saint-Gabriel, à Montréal. Elle fonde une école d'enseignement ménager, l'ouvroir de la Providence, à la Pointe Saint-Charles. Elle ouvre, à la Mission de la Montagne, une école destinée aux jeunes Amérindiens – sur le terrain de l'ancien Grand séminaire de Montréal. Ses religieuses vont ouvrir des écoles partout le long du Saint-Laurent. À l'âge de 70 ans, Marguerite se rend à pied de Montréal à Québec pour aller y fonder un hôpital ! Après s'être battue contre Mgr de Saint-Vallier, qui voulait annexer sa communauté, la Congrégation de Notre-Dame, à celle des Ursulines, elle réussit à le convaincre d'approuver les Règles de son Institut, ce qu'il fait le 25 juin 1698.

La « Marguerite du Canada », comme on l'a surnommée, meurt le 12 janvier 1700. Par la fondation de sa communauté, Marguerite Bourgeoys a innové d'une façon extraordinaire pour cette époque. Pour la première fois, en effet, une communauté de femmes est non cloîtrée. Ses filles prononcent des vœux, mais elles sont séculières, ce qui leur permet de partir, à cheval aussi bien qu'en canot ou à pied, enseigner le long des côtes du Saint-Laurent et de travailler pour survivre.

Fonds Armour Landry

RELIGIEUSES DE LA CONGRÉGATION NOTRE-DAME

9 MONSEIGNEUR FRANÇOIS-XAVIER DE MONTMORENCY-LAVAL

L'Église a joué un rôle primordial dans la vie de la Nouvelle-France. Sans elle, notre peuple n'aurait pas pu survivre et résister à toutes les tempêtes qui l'ont assiégé. Grâce à l'Église, la langue, la culture, l'éducation et l'âme même des habitants de ce pays, bref toutes les pièces maîtresses qui assurent la structure profonde d'une société, sont restées bien vivantes. Les chefs spirituels ont ainsi forgé notre histoire, mais hélas ! nous les oublions souvent. Par exemple, le nom de Laval est peut-être familier à tous les Québécois, mais peu connaissent le géant qui l'a porté. Il s'agit pourtant du tout premier évêque de la Nouvelle-France.

François-Xavier de Montmorency-Laval descend de familles illustres et très anciennes de France : les Laval et les Montmorency. Son choix comme premier évêque de la Nouvelle-France est dû aux Jésuites, qui l'avaient eu comme élève au Collège royal de La Flèche. Il est ordonné prêtre en mai 1647. Il arrive à Québec en juin 1659, avec le titre de vicaire apostolique de la Nouvelle-France et évêque de Pétrie. Il est directement rattaché au Saint-Siège.

ÉTIQUETTE ET PRÉSÉANCE

Comme il n'y a encore jamais eu d'évêque au pays, l'annonce de la venue d'un chef spirituel sème la zizanie à propos de la préséance. Dans l'église, jusqu'ici, le gouverneur

FRANÇOIS DE MONTMORENCY-LAVAL
PREMIER évêque de Québec

Fonds Famille Bourassa

trône au milieu du chœur, où son prie-Dieu occupe la place d'honneur. Doit-il rester à cette place ou la céder au nouvel arrivant ? Cet épineux sujet suscite toute une controverse. Et, après plusieurs contestations, ce sont les partisans de Monseigneur qui ont gain de cause : le banc de l'évêque sera placé « en dedans des balustrades et celui du gouverneur, en dehors et au milieu ». Ces détails paraissent sûrement tout à fait insignifiants aujourd'hui ! Mais à l'époque, la « victoire » de Mgr de Laval sur le gouverneur a contribué à affirmer l'autorité ecclésiastique en Nouvelle-France.

LA TRAITE DES BOISSONS

L'alcool : voilà une question qui va préoccuper longtemps le premier prélat. En effet, les Hollandais de la Nouvelle-Amsterdam et les Anglais de la Nouvelle-Angleterre pratiquent alors la traite des boissons avec les Amérindiens. Quant aux Français, ils troquent régulièrement « l'eau de feu » contre les marchandises des autochtones. Cesser de le faire équivaudrait purement et simplement à saborder le commerce. Même Talon, Frontenac et les autres administrateurs ne prendraient pas ce risque.

Mais Mgr de Laval, comme les missionnaires d'ailleurs, doit constater que l'alcool ruine les Indiens, au physique et au moral, et provoque des dégâts infamants et des désordres indescriptibles parmi leur population. L'évêque se saisit donc du problème et fait trois voyages en France (en 1662, en 1671 et en 1679) pour tenter de le régler. C'est finalement en 1679, après des combats épiques contre les autres administrateurs, que le prélat voit une ordonnance royale lui donner raison.

QUÉBEC ÉRIGÉE EN ÉVÊCHÉ

En 1674, Québec devient diocèse. À partir de ce moment, la hiérarchie ecclésiastique est fondée en Nouvelle-France. Mgr de Laval prend ensuite l'éducation en main. Il fait construire des écoles primaires à Château-Richer, à Sillery, à

Sainte-Foy, à Pointe-de-Lévis et à Saint-Joachim, où il fonde aussi une école technique. C'est à cet endroit que les premiers artisans du Canada apprennent leur métier. Plus tard, on en fera une école normale où seront formés des instituteurs.

LE GRAND ET LE PETIT SÉMINAIRE

Le Grand Séminaire de Québec, c'est l'œuvre de la vie de Mgr de Laval. Au début de son ministère, il prend à sa charge de jeunes étudiants des Jésuites. Mais pour former dans de bonnes conditions les futurs prêtres de son diocèse, il veut un vrai collège, un séminaire. Il y consacrera toute sa fortune personnelle. Maison de formation, foyer pour ses prêtres malades ou fatigués, lieu de ressourcement spirituel, le séminaire devient le lieu de prédilection de l'épiscopat. Mgr de Laval appelle sa communauté « la sainte famille des missions étrangères ». Cinq ans plus tard, il ouvre le Petit Séminaire de Québec.

François de Montmorency-Laval démissionne en 1688. Mais il reviendra plus tard à Québec, où on le surnommera affectueusement Mgr l'Ancien. Il continuera à prier, à donner et à guider son peuple jusqu'à sa mort, en 1708. Tout comme Champlain est le père de la colonie, Mgr de Laval en est le père spirituel, le fondateur de l'Église en Nouvelle-France. De la mission, il fait accéder le peuple à la paroisse. En 1681, on compte ici 25 paroisses au sein desquelles nos ancêtres vivent intensément leurs croyances catholiques sous le regard bienveillant de leur évêque.

Grâce à son séminaire, Mgr de Laval aura aussi créé un clergé national, capable de bien comprendre les préoccupations de ses ouailles. Son successeur, Mgr de Saint-Vallier, continuera son œuvre à partir de 1688.

10 JEAN TALON

Qui donc est Jean Talon ? Un hôpital, une rue, un marché, une station de métro ? Tout cela, et plus encore.

Jean Talon est l'un des solides piliers de la Nouvelle-France. Il faut savoir que vers le milieu du XVIIᵉ siècle, la France, par l'entremise de Jean-Baptiste Colbert, ministre de Louis XIV, décide de prendre en main les destinées de sa colonie.

Fonds Famille Bourassa

JEAN-BAPTISTE COLBERT
Le plus grand ministre de Louis XIV

C'est que depuis l'avènement du régime des compagnies, l'économie de la Nouvelle-France piétine. Son peuplement, aussi. En effet, si 3000 personnes habitent la colonie, on compte une seule femme pour 17 hommes !

En 1663, le roi décide donc d'intervenir. Il change complètement sa politique. Dorénavant, la colonie sera soumise à l'administration directe du roi, procédure appelée « gouvernement royal ». Il délègue en Nouvelle-France un gouverneur, un intendant, un Conseil souverain nommé et aussi un régiment capable de maintenir la paix avec les Amérindiens. Bien sûr, le gouverneur et l'intendant sont, avec l'évêque, les principaux représentants du Roi-Soleil dans la colonie. Le rôle de chacun est bien défini. Ce qui n'empêchera pas tout ce beau monde de se piler sur les pieds à l'occasion et de créer ainsi des problèmes de gérance extrêmement compliqués. Plus ça change, plus c'est pareil... Ce n'est donc pas d'aujourd'hui que des ministres se disputent sur l'importance de leurs carrés de sable respectifs !

En 1665, le premier intendant du roi arrive en Nouvelle-France. Il se nomme Jean Talon. On lui a confié un rôle très influent. Celui de diriger, dans les faits, la colonie : la justice, l'administration intérieure, le peuplement, les finances, le commerce et l'économie, entre autres, sont de son ressort.

LA QUESTION DU PEUPLEMENT

Jean Talon s'attaque d'abord au problème du peuplement en encourageant l'immigration et en mettant au point une politique nataliste. Pour savoir exactement sur quelles bases fonder son action, il organise les premiers recensements officiels. Il se rend compte que le peuplement d'ici est très faible en comparaison de celui des colonies anglaises.

Il faut du monde ? Il engage des hommes qui viendront de tous les coins de France travailler dans la colonie pour une période de trois ans (on les appelle « les 36-mois »). Ils seront défrayés pour leur transport, recevront un salaire et s'ils acceptent de rester à la fin de leur contrat, on leur donnera une terre. Bien sûr, il pense aussi aux militaires qui, à la fin de leur service en Nouvelle-France, pourraient s'y fixer. On les nourrira pendant un an. Plusieurs officiers se verront offrir une seigneurie. Et parmi ces premiers seigneurs, plusieurs verront leur nom se perpétuer : Chambly, Contrecœur,

Boisbriand, Sorel, Saint-Ours, Lanoraie, Berthier... Presque le tiers des soldats du régiment de Carignan vont ainsi décider de rester ici. Le roi offrira aussi une somme d'argent à des familles françaises pauvres qui accepteront de venir s'établir dans la colonie. Puis on amènera de France des gens condamnés pour des délits mineurs (braconniers ou faux sauniers, par exemple). Il faut cependant savoir que la Nouvelle-France n'est pas une colonie pénitentiaire. Enfin, des huguenots et des esclaves s'ajouteront à cette liste. Parfait. Mais il manque toujours de femmes !

Où les trouver ? Eh bien, on aura recours aux Filles du Roy. Qui sont-elles ? Contrairement à ce que certains ont déjà cru, il n'y a aucun rapport entre « Filles du Roy » et « filles de joie » ! Les Filles du Roy sont des orphelines instruites hébergées dans des institutions protégées par le roi ; elles sont envoyées en Nouvelle-France et dotées aux frais du roi pour y épouser un colon. Elles doivent être robustes, saines et jeunes. Elles seront 1000 à traverser l'Atlantique entre 1663 et 1673. Ce sont elles qui donneront vraiment naissance à notre peuple. Cette politique nataliste permettra de doubler rapidement le nombre des habitants.

LA QUESTION ÉCONOMIQUE

Talon va ensuite s'occuper de l'économie. Comme il désire que la colonie puisse subvenir à ses besoins, il met l'accent sur l'agriculture. D'une part il enrichit le cheptel : chevaux, moutons, porcs... et d'autre part, il introduit des cultures de type industriel : du lin pour tisser des voiles, du chanvre pour faire des cordages, de l'orge pour brasser de la bière. Puis il trouve des débouchés pour ces produits. Par ailleurs, il installe des fabriques de chapeaux et de chaussures... et bien avant Molson, il fonde une brasserie. Il ouvre les premiers chantiers navals à Québec, ainsi qu'une tannerie et une fabrique de savon. Il organise le commerce extérieur et agrandit la colonie en envoyant des explorateurs aux quatre coins du territoire. À l'intérieur, il établit solidement le régime seigneurial.

Sous le Régime français, Jean Talon, en intendant efficace, est l'un des très grands artisans de notre histoire.

11 PIERRE LE MOYNE D'IBERVILLE

Soldat, capitaine de vaisseau, explorateur, commerçant, gouverneur, colonisateur... Pierre Le Moyne a été tout cela. Ce qui fait sans doute de lui le plus grand de nos héros militaires. En tout cas, des historiens ont parlé de lui comme du plus grand homme de guerre qu'ait produit notre pays ; ou encore comme du « Jean Bart canadien ».

Rappelons que le Français Jean Bart, un contemporain de Le Moyne d'Iberville, était marin, et plus précisément chef corsaire. Il réussit à s'emparer de plus de 4000 navires marchands anglais, ruinant ainsi pour longtemps le commerce de l'Angleterre. Un jour, à Louis XIV lui annonçant officiellement qu'il venait de le nommer chef d'escadre, Jean Bart avait répondu : « Sire, vous avez bien fait. » Naturellement, cela avait fait rire l'assemblée, mais le roi ne s'y était pas trompé : « Messieurs, avait-il ajouté, cette réponse est celle d'un homme qui sent ce qu'il veut, et qui compte m'en donner de nouvelles preuves. »

QUELLE FAMILLE !

Quelle famille que celle des Le Moyne ! Le père, Charles, est le fils d'un hôtelier de Dieppe. Il arrive ici en 1641. Il a 15 ans, il est pauvre ; mais il est intelligent, vigoureux, et il a la langue bien pendue. Il vit quatre ans chez les Hurons, apprend leur langue, passe un an à la garnison des Trois-Rivières, puis s'installe définitivement à Ville-Marie. En 1651, une quarantaine d'Iroquois attaquent les colons. Avec deux compagnons, il sauve Jeanne Mance et son hôpital. À son mariage avec Catherine Primot, il reçoit de Maisonneuve une terre considérable : la Pointe Saint-Charles. Il sera un peu plus tard le seigneur de Longueuil. Ses fils seront des héros : Jacques, sieur de Sainte-Hélène, Paul, sieur de Maricourt, Joseph, sieur de Sérigny, François et Jean-Baptiste, sieurs de Bienville, Gabriel, sieur d'Assigny, Louis et Antoine, sieurs de Châteauguay. Et bien sûr Pierre, sieur d'Iberville.

Fonds Amour Landry

CHARLES LE MOYNE
Second baron de Longueuil

Dès l'âge de 12 ans, Pierre s'embarque sur *La Jeannette*, le bateau de son oncle Jacques : il fuit sa famille qui veut le faire prêtre ! Quand Charles, son père, est nommé gouverneur de Montréal, Pierre a 22 ans. La Barre, gouverneur de la colonie, envoie Pierre en France solliciter le titre d'enseigne de la marine. C'est le début de sa fabuleuse carrière. Il traversera plusieurs fois l'Atlantique pour le service du roi.

EXPLORATEUR ET FONDATEUR, DU NORD AU SUD

En 1686, la baie James appartient à la France. Mais depuis les explorations d'Henry Hudson et de Thomas James, l'Angleterre ne se cache pas pour exercer le commerce des fourrures sur ce territoire. Elle y a même construit trois forts : Monsoni, Rupert et Albany. Le nouveau gouverneur de la Nouvelle-France, Denonville, décide de régler le problème une fois pour toutes. Il charge de cette mission le chevalier de Troyes, aux côtés duquel vont se trouver d'Iberville et son frère de Sainte-Hélène. Après plusieurs combats héroïques, les trois forts tombent aux mains des Français. D'Iberville devient alors gouverneur de la baie d'Hudson et sa tâche consiste à protéger ces postes importants. Puis, au début de la première guerre intercoloniale, Frontenac envoie d'Iberville attaquer le village anglais de Corlaer, près de Boston. C'est un massacre. La Nouvelle-Angleterre se souviendra longtemps des « terribles fantômes du Nord ».

De retour à Montréal, d'Iberville est confirmé dans ses fonctions de Commandant général des postes français en Amérique du Nord. Il repart à la conquête du fort Nelson, le seul que possèdent encore les Anglais à la baie d'Hudson. Il force le commandant du fort à se rendre. À la suite de ces victoires retentissantes, la France lui demande de détruire le fort Pemquid, en Acadie, son principal obstacle dans cette région. L'hiver suivant, celui de 1696-1697, d'Iberville détruit tous les postes britanniques de Terre-Neuve ; il aurait pulvérisé cette colonie anglaise si le traité de Ryswick n'avait mis fin à la guerre. Louis XIV décide alors de reprendre l'exploration de l'immense région du Mississippi commencée par Cavelier de La Salle. Il confie cette mission à d'Iberville, qui découvre l'embouchure du fleuve en 1699 et y établit une colonie, la Louisiane. Pierre Le Moyne est le premier Canadien à recevoir le titre de Chevalier de Saint-Louis.

C'est son frère de Bienville qui gouverne le nouvel établissement et fonde la Nouvelle-Orléans. Mais d'Iberville continue de s'intéresser à sa chère Louisiane. Il demande à la cour de France une douzaine de navires, car il rêve d'écraser la Jamaïque, puis Boston, pour consolider la position de la nouvelle colonie. En 1706, sa requête lui est accordée. Il reprend la mer sur son bateau amiral, *Le Juste*.

Mais le 9 juillet, la mort rôde à La Havane... Entouré de ses rudes soldats qui l'admirent passionnément, d'Iberville meurt d'une maladie tropicale. Il avait 45 ans.

On peut voir le monument de Pierre Le Moyne en face de l'église Sainte-Cunégonde dans le quartier Saint-Henri, à

Montréal, et admirer son fameux *Pélican,* reconstitué au port de Montréal, le bateau sur lequel, seul contre trois navires anglais, il a mené bataille et remporté victoire.

12 LES COUREURS DE BOIS

Certaines pages de l'histoire de la Nouvelle-France peuvent susciter chez le lecteur une admiration incontestable. C'est le cas des aventures extraordinaires de Radisson et de son beau-frère Médard Chouart, sieur Des Groseilliers.

LE COMMERCE DES FOURRURES

Durant tout le Régime français et même jusqu'au début du commerce du bois vers 1800, les fourrures représentent la ressource primordiale du territoire. Pour elles, les Français, les Anglais et les Amérindiens se battent et contractent des alliances. L'Amérindien joue ici le premier rôle. C'est lui qui trouve l'animal (le plus souvent du castor), le piège, le nettoie et, dans certains cas, le porte afin de l'assouplir. Puis, entre en scène notre coureur de bois ou voyageur. Son métier consiste à aller chercher les peaux là où elles se trouvent, soit dans des endroits de plus en plus éloignés. Il le fait dans des conditions d'une difficulté inouïe, encourant des dangers terribles. Une fois qu'il a obtenu les peaux en échange d'objets de troc, au poste de traite ou dans un village amérindien, il refait sa route en sens inverse, dans des canots chargés du précieux butin.

LE CONGÉ DE TRAITE

Les autorités n'ont pas beaucoup de considération pour ces aventuriers. C'est que plusieurs d'entre eux sont des colons qui quittent leur terre pour faire ce métier, plus lucratif, il faut bien le dire. Or, la colonie a grand besoin de ses défricheurs. À la fin du XVIIe siècle, on décide donc d'exercer une surveillance très sévère sur les activités de traite. On met sur pied le régime des « congés de traite ». Avant de s'enfoncer dans les Pays d'en haut, le colon doit en recevoir la permission ou être à l'emploi d'un traiteur. Mais ces mesures n'ont pas grand effet.

LE TRAITEUR

Le traiteur devient alors le troisième acteur de cette « industrie » après l'Amérindien et le coureur de bois. Il finance et organise les voyages de traite dans le territoire concédé par une compagnie. Il engage par contrat des voyageurs qui, à leur retour d'expédition, lui remettent leur chargement. Le traiteur les paie généralement en fourrures. (Bien sûr, le colon qui n'a pas bénéficié d'un congé de traite va plutôt liquider ses peaux en contrebande.) Si les risques du coureur de bois sont d'ordre physique, ceux du traiteur sont d'ordre financier. Un échec… et tout l'argent investi est perdu.

LES COMPAGNIES

L'Amérindien, le voyageur et le traiteur travaillent pour une compagnie qui exportera les fourrures outre-Atlantique. Elle est le pivot de ce commerce très lucratif et en retire les plus grands bénéfices. Aux XVIe et XVIIe siècles, plusieurs compagnies administrent la colonie et obtiennent le monopole du commerce des fourrures. La plus importante d'entre elles, la Compagnie des Cent-Associés, cède une partie de son territoire à la Communauté des Habitants en 1645. Pour la première fois, les habitants de la colonie peuvent alors participer à l'enrichissement de la colonie. On dit en effet qu'à partir de cette date, environ 80 % des profits demeurent dans la colonie. Après 1665, la Compagnie des Indes occidentales prend le contrôle de l'exportation. En 1739, 20 ans avant la Conquête, la fourrure représente encore 70 % de toutes les exportations. La marchandise déchargée sur le quai d'un port de France est vendue à des artisans venus de partout. Ils transforment les peaux en chapeaux ou en vêtements.

13 MÉDARD CHOUART DES GROSEILLIERS ET PIERRE-ESPRIT RADISSON

Médard Chouart des Groseilliers arrive à Québec en 1637. Il n'est âgé que de 16 ans. Il accompagne les Jésuites. Son beau-frère, Pierre Radisson, né en France, arrive aux Trois-Rivières avec ses parents en 1651. L'année suivante, il tombe entre les mains des Agniers et, pendant plusieurs mois, partage leur existence en tant que prisonnier. Grâce à son intelligence et à sa force de caractère, il réussit à déjouer ses geôliers et à rejoindre les Trois-Rivières deux ans plus tard. Après avoir accompagné les pères Ragueneau et Duperron comme interprète chez les Onontagués, il retrouve son beau-frère des Groseilliers. Les deux hommes s'associent et partent en exploration.

En 1659, ils explorent le Wisconsin, débouchent dans le Mississippi et reviennent, au printemps 1660, avec une énorme cargaison de fourrures. L'année suivante, ils repartent de Trois-Rivières, mais vers le nord cette fois, jusqu'à la baie d'Hudson. Durant ce voyage exténuant, toutes sortes d'aventures vont mettre leur vie en danger. Ils seront les premiers Blancs à traverser la baie James puis, plus tard, le lac Supérieur, le pays des Cris, le Manitoba, l'ouest de la rivière Rouge.

AU SERVICE DE L'ANGLETERRE...

Au printemps 1663, chargés d'une cargaison de fourrures d'une grande richesse, ils reviennent aux Trois-Rivières. Mais le gouverneur d'Avaugour, invoquant pour motif qu'ils étaient partis faire le commerce sans sa permission et sans permis, confisque leur cargaison. Les deux explorateurs réclament leurs droits auprès des autorités françaises. En vain. Frustrés, ils passent alors au service de l'Angleterre.

À Boston, ils rencontrent des représentants de Charles II qui les emmènent en Angleterre où ils informent le roi de la richesse énorme que recèle en fourrures l'immense territoire de la baie d'Hudson. Sous leur inspiration, on fonde la célèbre compagnie de ce nom. Le roi paie de sa bourse l'entretien des deux hommes à Windsor. Leurs voyages de 1668 à 1670 dans ces vastes régions auront un retentissement énorme non seulement en Angleterre, mais aussi en France. À Québec, ils feront parler d'eux dans les journaux. Même mère Marie de l'Incarnation fait état de la chose dans sa correspondance.

… ET DE LA FRANCE !

À partir de 1670, les deux beaux-frères établissent des postes stratégiques à la baie d'Hudson. Les Anglais refusent de leur verser le traitement promis. Mais les deux compères ont une grande faculté d'adaptation… En 1674, ils passent donc en France offrir leurs services à Colbert.

Par la suite, Radisson convole. C'est son troisième mariage. Il épouse la fille de Sir John Kirke, l'un des frères ayant pris Québec en 1629 et devenu depuis un personnage important dans la Compagnie de la Baie d'Hudson. Chouart Des Groseilliers est fait Chevalier de la Jarretière. Revenu au Canada, il meurt près de Sorel. Sa femme, qui lui aura donné deux enfants, est la fille d'Abraham Martin dont les terres verront la capitulation de Québec près d'un siècle plus tard, et en resteront tristement célèbres.

Radisson continue ses voyages, se dispute avec La Barre, le nouveau gouverneur, puis repasse au service de l'Angleterre. Témoin de la peste et du grand incendie de Londres, il assiste aussi au couronnement de Jacques II. Il est tantôt Français et catholique, tantôt Anglais et sans doute protestant. Il meurt pauvre, à Londres. La Compagnie de la Baie d'Hudson remet une modeste somme à sa femme, sans doute pour payer ses obsèques. La date exacte de sa mort (entre le 17 juin et le 2 juillet 1710) et le lieu de sa sépulture ne sont pas connus. Voici comment on le décrit dans le *Dictionnaire biographique du Canada* : « Personnage extraordinaire, amoureux de la vie, peu encombré de scrupules religieux, moraux ou patriotiques, il symbolise tout le pittoresque et la richesse d'une époque d'aventures, d'intrigues, de brutalité et d'imagination. »

14 L'ESCLAVAGE AU CANADA FRANÇAIS

Voilà un sujet épineux, rarement soulevé dans les annales historiques. Si leur passé d'esclavagistes hante les Américains, qui débaptisent l'école George-Washington parce que ce président était propriétaire d'une centaine d'esclaves, le nôtre a été presque complètement occulté.

SOUS LE RÉGIME FRANÇAIS

L'historien Marcel Trudel nous renseigne minutieusement sur cette question dans son livre *L'esclavage au Canada français*. D'après ses recherches, on peut relever, au XVIIe siècle, environ 4000 esclaves. Qui sont-ils ? Des Panis, Indiens originaires du Mississippi que d'autres Amérindiens vendent aux Français, ou des Noirs enlevés dans les colonies anglaises. En 1709, l'intendant Raudot instaure une législation favorable au trafic des esclaves. Les autorités de la colonie multiplient alors les demandes de « cargaisons de nègres » à la France. Ruette d'Auteuil, procureur général de 1680 à 1707, explique même que ces esclaves, pour affronter la rigueur des hivers canadiens, pourront être vêtus de fourrures de castor, lesquelles, devenues grasses des sueurs de leur corps, vaudraient sur le marché européen deux fois plus cher que le castor naturel...

L'esclavage persistera sous le Régime anglais. On peut donc lire dans la *Gazette* de Québec, en 1766 et en 1767, une annonce relatant la fuite d'un esclave activement recherché par son propriétaire, ou une autre se lisant textuellement ainsi : « *To be sold, a healthy negro boy, about 15 years of age, well qualified to wait on a gentleman as a body servant.* » (À vendre, jeune

Noir d'environ 15 ans, en bonne santé, pouvant servir de valet de chambre.)

ACHAT ET VENTE

Marcel Trudel nous dit que le premier esclave acquis à prix d'argent en Nouvelle-France est un Panis que le seigneur Tarieu de Lapérade, époux de la célèbre Madeleine Jarret de Verchères, achète le 15 juin 1709. La dernière vente d'esclave enregistrée sera faite par un prêtre, Louis Payet, curé de Saint-Antoine-sur-le-Richelieu. En septembre 1796, il vend Rose, sa servante noire de 31 ans.

Les esclaves sont considérés comme des biens, au même titre que les animaux. Trudel rapporte que lorsque le notaire Raimbault fait l'inventaire des biens que laisse l'époux de celle qui deviendra mère d'Youville, fondatrice des Sœurs Grises, il écrit : « Un Panis d'environ dix à onze ans, une vache et son second veau »... On peut acheter un esclave, mais on peut également l'échanger contre du bétail. Toujours selon Trudel, en 1722, un certain Laurent Lefebvre achète une négresse en échange d'un cochon et de petits pois ; et en 1785, un marchand de Montréal échange un nègre au profit d'un cheval. Ces esclaves font partie de l'héritage. En effet, Charles Le Moyne de Longueuil laisse à sa mort sept esclaves, que deux de ses fils se partageront.

LES PROPRIÉTAIRES

Sous le Régime français, les autorités possèdent leurs esclaves. Rigaud de Vaudreuil en avait 11, le marquis de Beauharnois 27, Vaudreuil Cavagnal 16 ; Hocquart et Bigot, deux intendants, comme plusieurs gouverneurs de Montréal et de Trois-Rivières, en ont aussi. De même que des militaires haut gradés comme De La Vérendrye, Lacorne ou Tarieu de Lapérade. Le clergé – Mgr de Saint-Vallier, Mgr Dosquet, Mgr de Pontbriand, les Sulpiciens, les Récollets, les Jésuites et plusieurs communautés de femmes – exploite aussi le « bois d'ébène ». Au XVIIIᵉ siècle, il est normal que des esclaves travaillent dans les couvents et les hôpitaux dirigés par des religieuses. Sous le Régime anglais, le gouverneur Murray, le lieutenant-gouverneur Cramahé, les membres du conseil, les juges et les députés pratiquent l'esclavage. Les marchands aussi, bien sûr. Ils possèdent en réalité le tiers de tous les esclaves. Même si les esclaves peuvent se marier, avec la permission de leur propriétaire, il va sans dire, la moitié des enfants d'esclaves sont illégitimes.

ABOLITION

C'est dans le Haut-Canada (l'Ontario) qu'on votera en 1793 une première loi pour interdire l'importation de nouveaux esclaves. Au début du XIXe siècle, le juge William Osgoode, de Montréal, sera le premier à refuser de condamner un fugitif. En 1833, l'Angleterre légiférera pour abolir définitivement l'esclavage.

15   PRIE-DIEU ET GOUPILLON

Les grands de ce monde se montrent parfois chatouilleux au sujet des préséances. C'est que les humains attachent beaucoup d'importance à leurs titres et à la place qu'ils occupent en public. Il n'y a là rien de nouveau… Déjà, sous le Régime français, les conflits nourrissent quasi quotidiennement les *Relations* des Jésuites.

L'AFFAIRE DU PRIE-DIEU

Dans la colonie française, les trois personnages les plus en vue et les plus importants sont le gouverneur, l'évêque et l'intendant. Mais quand ces trois grands se trouvent ensemble dans un même endroit, lequel d'entre eux a préséance ?

Nous sommes en 1694. À Montréal, les Récollets inaugurent leur église. Toute l'élite de la ville est invitée à la cérémonie : Mgr de Saint-Vallier (évêque de la colonie), M. de Champigny (intendant), M. de Callières (gouverneur de Montréal) et les Sulpiciens.

Normalement, le gouverneur général et l'évêque ont leur prie-Dieu côte à côte dans le sanctuaire de l'église. Or, à l'occasion de cette cérémonie, le gouverneur général est absent. C'est le gouverneur de Montréal, Louis Hector de Callières, qui préside. On installe donc son prie-Dieu à la place d'honneur. Quand Mgr de Saint-Vallier entre dans l'église, il constate cela aussitôt : sa place est moins importante que celle du gouverneur de Montréal. C'est la crise. Il ordonne à un prêtre de porter ses doléances au supérieur des Récollets : le prie-Dieu de l'évêque devrait occuper la place d'honneur, De Callières, après tout, n'étant pas gouverneur général mais simplement gouverneur de Montréal. Le supérieur accourt, échange quelques mots avec l'évêque et fait déplacer le prie-Dieu du gouverneur.

M. de Callières arrive dans le temple, remarque immédiatement le changement. À son tour, il devient furieux et ordonne à deux de ses officiers de remettre le prie-Dieu à sa place. L'évêque est déjà agenouillé. Alors ces personnages se mettent à discourir, le ton des explications monte. Préférant éviter le pire, Mgr de Saint-Vallier quitte donc sa place, laissant l'assemblée estomaquée. Mais le dossier n'est pas clos pour autant.

Le lendemain, l'évêque ordonne aux Récollets d'enlever tous les prie-Dieu de l'église. M. de Callières apprenant cela, il fait replacer son prie-Dieu, protêt notarié en main. Il lance une sérieuse menace : si tentative est faite de ne pas respecter son ordre, il fera garder l'église par sept sentinelles. Ce scandale alimentera longtemps les commérages de la colonie. Pire : l'évêque devra même aller s'expliquer à la cour du roi de France !

LE GOUPILLON

En 1717, Vaudreuil est gouverneur. Une ordonnance du roi donne au gouverneur général le droit, au cours des cérémonies religieuses, d'être encensé et de recevoir l'eau bénite immédiatement après l'évêque. Lors d'une cérémonie à Québec, Vaudreuil demande donc à Mgr de Saint-Vallier d'ordonner aux prêtres de la cathédrale de lui présenter le goupillon. L'évêque refuse. Cet esclandre échauffe si bien les esprits que le roi en est saisi. Le monarque devra finalement régler lui-même la question : il donne raison au gouverneur. Et pour mettre fin une fois pour toutes à ces querelles insignifiantes, il décrète que dorénavant le gouverneur et l'intendant auront leur prie-Dieu à la fois dans la cathédrale de Québec et dans l'église de Montréal. Le décret établit de plus tous les détails concernant les préséances, et cela dans toutes les cérémonies publiques.

ON NE BADINE PAS AVEC LA TENUE, À L'ÉGLISE...

Comme on le voit, l'église est un lieu public central dans la vie de nos ancêtres. Et pas seulement pour des questions d'étiquette chez les grands ! Le bon peuple aussi a ses obligations. Sous le Régime français, la plupart des cérémonies religieuses sont obligatoires et tous ceux qui y assistent doivent faire preuve de discipline et d'une tenue exemplaire, sous peine de mesures répressives sévères. On ne badine pas avec la bonne tenue à l'église. À ce propos, une histoire assez cocasse nous est racontée par Léon Trépanier.

UN SOLDAT NOMMÉ LAJOIE

On raconte qu'un jour, pendant la messe, un soldat nommé Lajoie est vu en train de jouer aux cartes ! Il est traduit illico devant la justice militaire qui l'accuse d'avoir scandalisé les fidèles de sa paroisse.

Le soldat amené devant le major commence ainsi sa plaidoirie : « Vous savez, major, je ne suis pas très cultivé et je ne possède aucune instruction. Les mots d'un livre de prières sont incompréhensibles pour moi. Alors j'ai pensé me servir d'un jeu de cartes pour méditer. Ce jeu remplace en quelque sorte le missel. » Peut-être illettré mais vif d'esprit, notre soldat poursuit : « L'as, pour moi, c'est Dieu, le grand Maître de l'univers ; le 2 représente le Nouveau et l'Ancien Testament ; le 3, bien sûr, c'est la sainte Trinité ; le 4, les évangélistes, Luc, Jean, Matthieu et Marc ; le 5 représente les cinq vierges sages aux lampes allumées ; le 6, la création du monde en six jours et le 7, la journée de repos du Créateur. » Voyant que le major est tout ouïe, le rusé Lajoie poursuit : « Le 8, d'après ce que je me rappelle de mon histoire sainte, me fait penser au déluge qui n'a laissé que huit survivants ; le 9 me ramène à Jésus qui guérit les neuf lépreux…

— Un instant, l'interrompt le major, ils étaient 10 lépreux, pas neuf…

— Je veux bien, réplique du tac au tac notre homme, mais le dixième était un ingrat qui jamais n'a remercié le Seigneur ! »

Et il continue : « Le 10 me fait réfléchir aux 10 commandements, que je pratique du mieux possible. Quant à la dame, c'est l'image même de la Vierge, et le roi me rappelle l'obéissance envers mon Créateur. Et ce n'est pas tout, major. Vous savez, les 52 cartes à jouer me parlent des 52 semaines de l'année durant lesquelles je me dois de méditer et de prier Dieu. Les 12 figures, ce sont les 12 apôtres et les 12 mois. Ainsi, pour moi qui ne peux pas lire un missel, les cartes me servent d'Évangile, de testaments et d'almanach. »

Le major s'amuse bien de cette plaidoirie. Mais il a lui aussi l'esprit fin :

« Votre explication est sensée, mon brave. Mais vous avez oublié le valet…

— Le valet ? Major, le valet représente le plus grand jureur que je connaisse dans le monde et qui se trouve être le sergent qui m'a arrêté et m'a injustement fait amener devant vous ! »

Comment résister à cet humour ? Le major sourit : « En guise de jugement, soldat Lajoie, voici deux louis d'or. L'un pour boire à ma santé, l'autre pour vous acheter un livre de messe ! »

16 CRIMES ET CHÂTIMENTS

Autrefois, la vie était dure. Les châtiments aussi. Même ceux qu'on infligeait pour des crimes qui nous paraissent aujourd'hui tout à fait anodins. Des châtiments tels la potence, le cheval de bois, le carcan, et même l'écartèlement, apparaissent dans les archives de la Nouvelle-France. On y apprend par exemple qu'un homme qui a volé une vache et une femme qui a subtilisé quelques ustensiles ont été marqués au fer rouge. Ce qui rend la punition plus dramatique encore, c'est qu'elle est infligée en public. À Québec, par exemple, un certain Pierre Nicolas dit Lavallée est pendu et étranglé en 1667. Lavallée était un dur. Il n'en était pas à sa première condamnation. Il avait déjà été marqué au fer de la fleur de lys pour vol qualifié. Il eut l'oreille droite coupée pour un autre vol. Il avait été condamné au carcan durant quatre heures pour une troisième infraction. Finalement, les autorités décidèrent d'en finir avec lui.

À Montréal, ces « spectacles » sont présentés place Royale. Les gens intéressés ont ainsi pu assister, en 1741, à l'exécution d'un dénommé Louis Mallet et de sa femme, reconnus coupables d'avoir fabriqué de la fausse monnaie de carte.

Un peu plus tard, le révérend Douglas Borthwick, chapelain militaire et civil, raconte qu'un soldat qui a désobéi aux ordres reçoit 500 coups de fouet et 300 autres pour avoir vendu de l'alcool sans autorisation. Cela se passe en 1759. Un autre est condamné à 500 coups pour avoir volé la boisson de son officier. Deux simples soldats en reçoivent 1000 pour avoir osé se révolter contre l'autorité. Comme nous pouvons le constater, nos ancêtres sont suivis de près. Et malheur aux récidivistes ! Même au XIXe siècle, la justice reste sévère. Ainsi peut-on lire dans les vieux registres de Montréal qu'entre 1812 et 1840, 54 personnes sont pendues : 13 pour vols de bestiaux, 12 pour cambriolages, 2 pour vols à la tire et 2 autres pour blasphème.

JEAN BERGER

L'histoire de Jean Berger vaut la peine qu'on s'y attarde. Pour l'anecdote, mais aussi pour la compréhension de la société des siècles passés.

Berger est un jeune homme de 27 ans, peintre de son métier. Il est marié et vit à Montréal depuis deux ans. Un beau matin, on vient l'arrêter : il est accusé d'avoir, en compagnie d'un caporal nommé Lambert Thuret, blessé sérieusement à coups de poing l'apothicaire Le Boiteux de Saint-Olive, au moment où ce dernier sortait de chez Daniel Dulhut, le célèbre explorateur, rue Saint-Paul, à Montréal, le soir du 24 février 1709. Mais Berger réussit rapidement à prouver son innocence. On arrête le vrai coupable : un soldat du nom de Latour.

Toutefois, durant les quelques heures qu'il passe en prison, Jean Berger a une bien mauvaise idée pour se remonter le moral : il compose quelques couplets ironiques sur sa mésaventure. Mal lui en prend, on le traite de pamphlétaire séditieux, peu respectueux de l'autorité établie, et on le condamne sur-le-champ au carcan. Il sera exposé pendant une heure, attaché par le cou, sur la place du marché. Un écriteau expliquera aux badauds : Auteur de chansons. Pire, il sera banni à jamais de Ville-Marie, en plus de payer une amende. Imagine-t-on les punitions qu'auraient à subir les humoristes d'aujourd'hui ? Il a beau supplier, expliquer que jamais il n'a eu l'intention de ridiculiser l'autorité, le pauvre Jean Berger doit subir sa peine. Puis il quitte la ville. On ne l'y reverra jamais.

Les deux soldats coupables sont emprisonnés. Mais une nuit, déguisés en femmes grâce aux vêtements que des amis leur ont fait passer, ils s'évadent. La justice suit son cours. Thuret et Latour, même disparus, sont condamnés à 200 livres d'amende et à être pendus et étranglés. La sentence sera exécutée en effigie « sur un tableau ».

LA DERNIÈRE PENDAISON PUBLIQUE

Le nom de D'Arcy McGee vous dit probablement quelque chose. Cet Irlandais, homme politique et père de la Confédération, dont le tombeau occupe une place de choix au cimetière de la Côte-des-Neiges, fut assassiné par un autre Irlandais nommé Thomas Whelan, le 7 avril 1868. Whelan était un Fenian, c'est-à-dire un Irlandais catholique qui vivait aux États-Unis et détestait l'Angleterre. À cette époque, pour les Irlandais fenians, D'Arcy McGee était un traître qui pactisait avec l'Angleterre.

En effet, McGee arrive en Amérique à l'âge de 17 ans. Il devient journaliste et éditeur du journal *Pilot*, organe irlando-américain de Boston. Daniel O'Connell, un patriote irlandais, remarquant les articles de McGee, lui demande de rentrer en Irlande pour combattre à ses côtés en 1845. McGee accepte. Il se bat dans le parti de la Jeune Irlande. En 1848, accusé et inculpé à la suite d'un soulèvement, il se déguise en prêtre et revient en Amérique la haine au cœur. Installé aux États-Unis, il lance le *New York Nation* à New York et le *American Celt* à Boston. Orateur et écrivain brillant, il accepte de s'installer au Bas-Canada en 1857, à la demande des Irlandais canadiens. Il y fonde un journal et se lance en politique. Mais il devient alors plus modéré envers l'Angleterre et se met à blâmer les raids des Fenians.

Le 7 avril 1868, vers deux heures du matin, McGee est tué d'une balle à la tête alors qu'il revient d'une séance de la Chambre des communes, par Whelan, qui l'attendait. Arrêté, puis exécuté le 11 février 1869, cet assassin est le dernier à monter sur l'échafaud devant public. En effet, le 22 juin 1869, le gouvernement du Canada abolit les exécutions publiques.

17 MONUMENTS ET PLACES

Vous vous promenez dans le Vieux Montréal. Entre l'hôtel de ville et le vieux palais de justice, vous remarquez une place magnifique où trône un monument gigantesque. On sent la liberté à cet endroit. Prenez votre temps, asseyez-vous et fixez le monument.

JEAN VAUQUELIN, COMMANDANT DE FRÉGATES

Vous admirez Jean Vauquelin. Né à Dieppe en 1727, dès sa jeunesse il accompagne son père capitaine au long cours qui l'initie à la marine et à l'art militaire. Il a 23 ans lorsqu'il commande son premier voilier. La guerre avec l'Angleterre entraîne rapidement le jeune Jean dans la mêlée. Il commande la frégate *Aréthuse* et il est envoyé à Louisbourg. En 1758, la ville de Québec est assiégée par Wolfe. C'est ici que Vauquelin entre dans notre histoire. On lui demande de retourner en France pour y quérir du renfort. Pris d'assaut par les Britanniques qui le harcèlent, il réussit à leur échapper grâce au brouillard, à sa hardiesse et à son habileté.

Il revient à Québec au commandement de la frégate *Atalante*. Québec est en ruine. Il soutient le siège. Après la capitulation, il se joint à Lévis à la tête d'une flottille, mais ses bateaux sont en très mauvais état et le 16 mai 1760, le commodore anglais Swanton l'attaque. Le combat est inégal. Rapidement, les bateaux français s'échouent. Vauquelin résiste. Près de l'église de la Pointe-aux-Trembles du comté de Portneuf, une plaque commémorative rappelle aujourd'hui les faits : « Le 16 mai 1760, la frégate française l'*Atalante*, armée de 16 canons, commandée par Vauquelin, s'est échouée à 400 pieds d'ici après avoir engagé le combat avec deux frégates anglaises, la *Laverstaff* de 40 canons, commandée par le capitaine Dean et la *Diana* de 36 canons, commandée par le capitaine Schomberg. Refusant de se rendre, le capitaine français a été fait prisonnier après avoir épuisé toutes ses ressources. »

Lorsque le commandant anglais prend possession de l'*Ata-lante,* Vauquelin est debout au milieu de ses blessés, en grande tenue mais sans épée, car il l'avait jetée à l'eau pour éviter de la rendre. L'Anglais demande alors au capitaine de lui apporter son drapeau. Mais Vauquelin lui dit : « Si j'avais eu plus de poudre, je causerais encore avec vous, monsieur. Quant à mon drapeau, si vous voulez le prendre, vous n'avez qu'à monter le déclouer. Mon devoir de Français est non pas de l'amener, mais de faire amener ceux des ennemis de mon pays. » Le commodore Swanton recevra Vauquelin comme un héros à Québec. Il lui demande même de lui faire savoir ce qui lui plairait le plus. Vauquelin lui répond : « Ce que je priserais par-dessus tout, commodore, c'est ma liberté et la permission de rentrer en France. » Les documents anglais de l'époque rapportent que l'ordre est alors donné « d'amener de suite un bateau pour le mener en Europe avec ordre d'obéir au capitaine Vauquelin et de le débarquer dans le port français qui lui plairait. » Mieux encore : l'Anglais laisse au Français le choix de rapatrier les membres de son équipage !

De retour en France, il reprend du service. En 1770, il est enfermé dans un château en Bretagne, accusé d'avoir fait la traite des esclaves. Libéré peu de temps après, il meurt à Rochefort en 1772.

Léon Trépanier nous informe que c'est Émile Vaillancourt, ancien ambassadeur canadien, qui réussit à trouver les fonds nécessaires à la création et à l'érection de la statue de Vauquelin dans le Vieux-Montréal et de sa réplique à Dieppe, ville natale du capitaine français.

UN ROI DE FRANCE À QUÉBEC

Les monuments, comme les illustres personnages qu'ils représentent, provoquent très souvent de véritables combats de coqs ! Encore de nos jours, que de mots, de clameurs et de rouspétances ont accompagné par exemple le dévoilement du monument du grand Charles de Gaulle à Québec !

Les deux premiers bustes à être fixés sur un socle au Canada furent ceux de deux rois, l'un français et l'autre anglais. Et tous deux connaîtront la controverse et l'outrage.

C'est dans la basse-ville de Québec, sur la place Royale, devant la petite église Notre-Dame-des-Victoires, qu'on installe en 1686 le buste en bronze du Roi-Soleil, Louis XIV. Une grande manifestation publique, lors de l'inauguration, se termine par un accident mortel : un certain Henri Petit, marchand de Paris de passage à Québec, est tué par Jean Gauthier dit Larouche, qui s'oppose à cette installation. Mais le buste est rivé à son socle, et il y reste jusqu'en 1700. Or, un jour, sans aucune raison apparente, il disparaît ! On ne le reverra jamais. Quelques méchantes langues ont répété que l'intendant Bochart de Champigny, écœuré des troubles que lui causait l'effigie du grand roi, l'a tout simplement remisée dans un coin de son palais, puis l'aurait emportée dans ses bagages quand il repartit pour la France.

Mais Louis XIV n'est pas au bout de ses peines...

Après la disparition de la statue, on installe à sa place une fontaine, qui fera jaillir son eau pendant plus d'un siècle. Or, en 1931, l'année du Statut de Westminster (c'est-à-dire de l'indépendance juridique du Canada par rapport à la Grande-Bretagne, mais c'est une autre histoire), après de nombreuses discussions entre les autorités municipales de Québec et les autorités françaises, on envisage de redonner son roi à la place Royale. Aussi cocasse que cela puisse paraître, c'est le consul général de France à Montréal, puis son successeur, qui s'y opposent, sous prétexte que les Anglais du Canada pourraient en être offusqués ! Mais il faut attendre que les représentants de la France donnent leur accord et règlent un problème crucial, celui du piédestal que l'on juge trop coûteux. Enfin, on sort la nouvelle statue d'un hangar municipal, puis on la fixe à un socle plutôt laid. Douze ans plus tard, en 1943, à la suite de protestations incessantes des chauffeurs de taxis et des cochers qui le trouvent décidément trop encombrant, le roi mal aimé disparaît de la circulation, et va reprendre sa place dans le hangar municipal aux côtés des camions, des chevaux et des traîneaux...

Les péripéties de Louis ne s'arrêtent pas là. En 1948, après une campagne des journaux et des sociétés historiques, la statue reprend sa place, mais cette fois sur un piédestal de granit blanc.

UN ROI D'ANGLETERRE CONTESTÉ À MONTRÉAL

À Montréal, c'est un monument de George III, roi d'Angleterre celui-là, qui est érigé sur la place d'Armes en 1765. Ce roi est devenu le souverain du Canada à la capitulation de Québec, en 1760. C'est aussi lui qui, par sa politique rigoureuse envers les colonies anglaises d'Amérique, aura déclenché la Révolution américaine en 1775.

En cette époque, de nombreux émissaires américains parcourent les cercles de Montréal pour inviter les Canadiens à les suivre dans leur révolution. Dans la nuit du 2 mai 1775, l'un d'eux barbouille de noir la face du roi, lui plante une mitre sur le crâne et lui accroche un collier de pommes de terre au cou. Puis il trace cette inscription : « Voilà le Pape du Canada, le fou anglais. » Malgré la promesse d'une récompense, on ne retrouvera jamais le profanateur. On refera une toilette à la statue du roi, mais quand les Américains occupent Montréal en novembre 1775, ils la décapitent et lancent la tête au fond du puits de la place d'Armes. On la retrouvera 60 ans plus tard ! Elle sera remise au Musée d'histoire naturelle, puis plus tard, à l'université McGill.

LA PLACE D'ARMES

Dans son livre *Les rues du Vieux Montréal au fil du temps*, Léon Trépanier décrit bien la place d'Armes. Avec la place Royale, la place d'Armes est l'endroit historique le plus important de Montréal. En fouler le sol, c'est pénétrer dans un monde où l'histoire a donné plusieurs rendez-vous. C'est en effet à cet endroit que le 30 mars 1644, Maisonneuve et une poignée de colons repoussent plus de 200 Iroquois. Le brave gouverneur de Ville-Marie abat d'un seul coup de pistolet l'ennemi qui veut s'emparer de lui. À partir de ce moment, les Montréalistes reconnaissent en lui le chef, le héros qui conduira leur destinée. Un monument, œuvre du sculpteur Philippe Hébert, rappelle cet épisode glorieux. Maisonneuve, debout sur un socle de 20 pieds de hauteur, tient dans sa main le drapeau fleurdelisé, symbole de la prise de possession de ce coin de pays au nom du roi de France. D'autres personnages importants de cette époque gravitent autour de lui. Jeanne Mance, hospitalière, soigne un Amérindien ; le major Lambert Closse, protecteur de la colonie, accompagné de sa chienne Pilote dont les aboiements, dit-on, ont averti les colons de l'attaque iroquoise de 1644, scrute l'horizon ; Charles Le Moyne, l'agriculteur, récolte le blé, faucille à la main et arquebuse en bandoulière. Tandis qu'un Iroquois, terreur de Ville-Marie, semble à l'affût...

En 1654, un cimetière occupe une grande partie de cette place. À cette époque, la rue Saint-Jacques n'est pas encore tracée et la petite chapelle du cimetière s'élève à l'endroit où se trouve aujourd'hui la Banque de Montréal. C'est en 1799 que le cimetière cessera de desservir la petite colonie.

En 1805, on démolit le puits de la place d'Armes qui fournissait les colons en eau potable depuis 150 ans. L'emplacement devient un marché où les cultivateurs viennent vendre leurs produits. Et lorsque besoin est, la place sert de terrain de parade pour l'armée. Elle sera aussi marquée par de nombreuses rencontres meurtrières. Le 1er mai 1832, lors d'une élection, trois partisans du Dr Daniel Tracy y sont tués par les supporteurs de Stanley Bagg. Au début des soulèvements de 1837, c'est là que débutent les batailles entre les Fils de la Liberté et les adversaires coriaces du Doric Club, qui mèneront aux affrontements entre Anglais et Patriotes.

En 1848, la ville y plante des arbres ; l'année suivante, elle y installe une magnifique fontaine entourée de fleurs, puis entoure la petite place d'une clôture de fer forgé. Le lieu devient un site de tranquillité et de verdure. Le monument de Maisonneuve remplace la fontaine en 1895. C'est là que l'on commémorera pour la première fois, le 29 mai 1910, l'exploit de Dollard des Ormeaux. Depuis plus de cent ans, de grandes institutions bancaires et de nombreuses compagnies trônent aux alentours de la place d'Armes qui, soit dit en passant, aurait pu appartenir par héritage aux Tessier dits Lavigne et à leurs descendants. Malheureusement pour moi et mes nombreux cousins et cousines, on dit que les papiers ont été égarés...

18 LES RAISONS DE LA DÉFAITE

À l'automne 1759, sur les plaines d'Abraham, le Français Montcalm perd la bataille contre l'Anglais Wolfe, et Québec capitule. Au printemps suivant, c'est au tour de Montréal de se rendre. Le sort en est jeté : la Nouvelle-France doit s'incliner devant le conquérant. Le pays, ses richesses et ses habitants passent sous gouvernement britannique. La situation est officialisée en 1763 par la Proclamation royale. Que s'est-il donc passé ? Pour comprendre les raisons de la défaite, il faut tracer le portrait de la France et de l'Angleterre en Amérique du Nord. Suivons les jalons que propose Joseph Rutché dans son *Précis d'histoire du Canada*.

DES LACUNES DANS LES MÉTHODES DE COLONISATION ET DE PEUPLEMENT DE LA NOUVELLE-FRANCE

Au début de la guerre de Sept Ans, en 1756, 80 000 habitants sont installés en Nouvelle-France, en comparaison de 1 200 000 dans les colonies anglaises, ce qui fait une bonne différence dans les effectifs des troupes coloniales. Le Canada a reçu de la France moins d'immigrants que la Nouvelle-Angleterre de la Grande-Bretagne. Pourquoi les Anglais viennent-ils en Amérique en plus grand nombre ? Parce que leur patrie est plus petite et moins riche que celle des Français. Ils vont ailleurs chercher la richesse. De plus, à la fin du XVIe siècle et au début du XVIIe, la Réforme divise les croyances religieuses en Grande-Bretagne. Il faut se souvenir que le pouvoir politique est alors aussi l'autorité religieuse suprême. Les dissidents ne sont donc pas les bienvenus. Beaucoup émigrent pour pouvoir pratiquer librement leur religion.

En revanche, la France est riche et nourrit bien ses habitants. Les questions de religion ne sont pas aussi violentes et l'ordre religieux est vite rétabli. C'est plus l'élite française que le peuple qui s'intéresse à la colonie d'outre-Atlantique.

LE MODE D'ADMINISTRATION

En Nouvelle-France, c'est Versailles qui mène la barque. Le gouvernement est donc centralisé à outrance. Ce qui se traduit par lenteur et stagnation. En Nouvelle-Angleterre, c'est différent. La métropole connaît déjà le parlementarisme, de sorte que ses colonies d'Amérique possèdent leur propre assemblée délibérante et pourvoient elles-mêmes à leurs besoins.

LES GUERRES CONTINUELLES DE LA FRANCE EN EUROPE

Même quand les guerres apportent la victoire, elles usent rapidement un pays, car elles mobilisent entièrement l'attention du gouvernement. De plus, elles coûtent extrêmement cher. Par suite des guerres de Louis XIV, les finances de la France sont dans un état déplorable. Sous Louis XV, les problèmes causés par le manque d'argent sont omniprésents et le roi lui-même, personnage insouciant, ne pratique aucune politique économique sérieuse.

LA SITUATION INTERNE

Dans la colonie, trois faits importants expliquent la défaite.

La personnalité de l'intendant Bigot

Voilà un personnage malfaisant, profiteur et voleur. Ce fonctionnaire cherche dans le pouvoir l'occasion de faire fortune et de s'amuser. Moyens illicites, fraudes, vols, profits illégaux sur les fournitures et le matériel de l'armée et sur la traite des fourrures ; François Bigot se permet tout et n'importe quoi. Il accapare les denrées et les revend à l'État avec 150 % de profit. Sous l'intendance de cette crapule, un climat de corruption règne dans toute la colonie. Certains ont bien essayé de porter plainte auprès de Versailles, mais François Bigot a des amis influents en France : les lettres de doléances sont interceptées et ne se rendent jamais au ministre. Ce n'est qu'après la guerre qu'un procès sera intenté à Bigot. Il ira visiter la Bastille et sera banni à perpétuité.

La rivalité entre les chefs

Il s'agit de celle qui sévit entre le chef du gouvernement, Vaudreuil, et celui des armées, Montcalm. Elle est sans doute explicable, mais n'en sera pas moins nuisible. L'armée française est composée de soldats qui ont fait leurs preuves sur les champs de bataille d'Europe ; à leurs yeux, les miliciens canadiens, qui ne connaissent guère la discipline militaire, ne valent pas grand-chose. Vaudreuil prend leur défense, ce qui travaille le grand Montcalm. Résultat : impossible pour les autorités de s'entendre sur les plans de batailles.

La famine

L'hiver 1756-1757 a réduit à néant les récoltes et c'est dans le plus grand dénuement que s'engage le combat. La famine a ruiné les forces, au sens propre comme au sens figuré.

Cette guerre marquera la fin de la colonie française d'Amérique. Les Canadiens français commenceront alors leur résistance pour conserver leur identité...

19 LE TRAGIQUE DESTIN DE L'ACADIE

On pense généralement que les Acadiens ont de tout temps habité le Nouveau-Brunswick, puisque c'est dans cette province que se trouve le plus gros noyau de cette population. On se trompe. C'est plutôt en Nouvelle-Écosse que les premiers postes acadiens furent fondés.

C'est Jean Cabot qui découvre cette région en 1497, mais ce sont des colons français qui l'explorent, l'habitent et la baptisent Acadie. En 1604, Pierre de Quast, sieur de Monts, et le navigateur et cartographe Samuel de Champlain s'installent à Port-Royal (aujourd'hui Annapolis Royal) et fondent le premier établissement français. C'est un endroit stratégique dans la région nord de l'Atlantique, et rapidement les Anglais de la Nouvelle-Angleterre veulent s'en emparer. La colonie naissante ne peut résister aux attaques constantes de ces prédateurs. En 1621, le roi Jacques Ier d'Angleterre la cède à William Alexander, un poète écossais, tuteur des enfants royaux ; elle prend alors le nom de Nova Scotia, Nouvelle-Écosse.

UNE COLONIE BALLOTTÉE...

En 1632, le traité de Saint-Germain-en-Laye redonne l'Acadie à la France. Mais elle tombe de nouveau aux mains des Anglais en 1654. Le traité de Bréda, en 1667, fait de nouveau de l'Acadie une colonie française. Puis les Anglais, en la personne du colonel Nicholson, reviennent à la charge en 1710 et reprennent l'Acadie.

En 1713, cependant, c'est terminé pour la France. En effet, le traité d'Utrecht cède définitivement le territoire de l'Acadie à l'Angleterre. La France ne conserve que l'île Royale (aujourd'hui île du Cap-Breton), sur laquelle on érige la célèbre forteresse de Louisbourg, réputée imprenable... mais qui ne résistera pas longtemps à la guerre de Sept Ans. Elle est en effet rasée par le conquérant en 1758...

UN PEUPLE DÉPORTÉ

Les Acadiens avaient accepté de ne pas prendre part au conflit entre les Français et les Anglais. Cela ne les protégera pas pour autant. En effet, à partir de 1749, les Anglais essaient de les convertir au protestantisme. Mais ils ne se laissent pas convaincre. Le conquérant, redoutant alors ces descendants de Français, veut les obliger à prêter serment d'allégeance au roi d'Angleterre. On connaît la suite.

Devant le refus des Acadiens, on ordonne leur déportation en 1755. Entre 13 000 et 18 000 personnes – hommes et femmes séparés, familles divisées – sont embarquées sur des bateaux et déportées sur les côtes de la Nouvelle-Angleterre et jusqu'en Louisiane. Cette déportation dure sept ans. Jamais, dans notre histoire, ces actes despotiques ne seront oubliés…

Des Acadiens se cachent dans les bois ou se sauvent vers la Gaspésie, les îles de la Madeleine ou ailleurs au Québec. Certains ne réussissent pas à semer les maîtres et sont faits prisonniers à Halifax ou encore condamnés aux travaux forcés. En 1664, sous condition qu'ils prêtent le serment d'allégeance, le gouvernement anglais consent à leur remettre quelques terres dans des bourgs éloignés. Après la Conquête, les Acadiens de Nouvelle-Écosse ne peuvent même pas avoir leurs écoles. Heureusement, des religieux s'occupent de l'éducation des enfants. Il leur faudra attendre 1864 pour que soit adoptée une loi, le *Free School Act,* qui établit l'école publique. Mais c'est une école neutre et anglophone. De 1864 à 1902, les Acadiens de la Nouvelle-Écosse essaient dans l'illégalité de propager par l'éducation leur culture française. En 1902, une commission d'enquête réclame des concessions. Les Acadiens pourront, à partir de ce moment, recevoir l'enseignement de certaines matières en français jusqu'en neuvième année. L'Université de Sainte-Anne est la seule institution d'enseignement supérieur de langue française en Nouvelle-Écosse.

Si les Québécois d'origine britannique, qui représentent environ 7 % de la population de leur province, s'arrêtaient à comparer leur mode de vie à la façon dont on a traité et dont on traite encore la minorité française en Nouvelle-Écosse, trouveraient-ils encore légitime de se plaindre de la majorité ?

DEUXIÈME PARTIE

1760-1867

Le Régime anglais

20   UN RAPPEL HISTORIQUE

Rappelons-nous ici certains faits de notre histoire. À partir de 1608, une poignée de Français défrichent à la sueur de leurs fronts cette terre immense qui, avant la Conquête, occupait la partie la plus importante de l'Amérique du Nord.

L'habitant canadien est loin d'inspirer la pitié comme le paysan européen. Il est propriétaire de sa terre, pour laquelle il n'a à payer au seigneur que de légères redevances. Il sait lire, écrire et compter, car à l'exception des endroits très isolés, il y a des écoles un peu partout sur le territoire. D'après les documents d'époque, 80 % des adultes possèdent au moins assez de rudiments d'instruction pour pouvoir signer leur nom, ce qui n'est pas le cas en France à la même époque.

Tous de langue française à l'époque, nos ancêtres forment théoriquement une nation nouvelle, à la fois semblable et différente de la nation mère dont ils sont originaires.

Les Samuel de Champlain, Paul de Maisonneuve, Jeanne Mance, Marguerite Bourgeoys, Jean Talon comme les Frontenac, Marquette, LaSalle ou d'Iberville ont fondé et fait grandir en Amérique du Nord une société coloniale étonnamment vivante, mais surtout, quoi qu'en disent ceux qui prêchent encore le contraire, ces Français du Canada ont donné naissance à un peuple, le nôtre.

L'ANGLICISATION

Puis vient 1760... C'est le début de la descente vers l'assimilation. La Conquête et la Proclamation royale de 1763 commencent cette ignoble tâche. On ampute à notre pays une

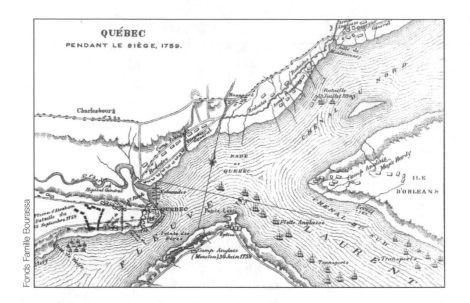

Fonds Famille Bourassa

partie de son territoire : le Labrador, l'île d'Anticosti, les îles de la Madeleine, l'île Saint-Jean et celle du Cap-Breton, la région sud des Grands Lacs. Le reste de l'est du pays est nommé *Province of Quebec*.

L'ordre d'angliciser est donné : serment du Test, lois civiles et criminelles anglaises, etc. Le conquérant se prononce ouvertement pour l'assimilation. Les 65 000 Québécois (ils se nomment Canadiens, à cette époque) laissés à eux-mêmes, car leur élite a été étêtée, serrent les rangs autour de leurs clochers. Ils n'accepteront jamais le sort qu'on leur réserve. Ils décident de durer à tout prix, de s'affirmer et de se battre s'il le faut. Bien sûr, le conquérant s'empare du commerce et du pouvoir politique ; il domine ! L'ère du porteur d'eau commence.

1774 : L'ACTE DE QUÉBEC

« Parce qu'il y avait eu 1760, dans notre histoire, une race a pu grandir sous le signe de l'impérialisme, tandis que l'autre a dû subir la gêne du colonialisme. Un tel fait ne peut pas ne pas avoir eu chez l'une ou l'autre des répercussions psychologiques profondes. » C'est le grand nationaliste Rosaire Morin qui parle.

Ayant peur de perdre le Canada devant la menace de la Révolution américaine, le conquérant britannique va se montrer magnanime et changer notre constitution. De toute manière, les Canadiens n'ont pas accepté de changer de culture et de religion. Le 22 juin 1774, une loi impériale, l'Acte de Québec, reconnaît donc l'existence en Amérique du Nord d'un peuple français et catholique : agrandissement du territoire, abolition du serment du Test, droit de dîme, lois civiles françaises, etc. Mais cette constitution ne prévoit pas de Parlement ; le gouvernement détient tous les droits et les 100 000 habitants de l'époque dépendent entièrement du conquérant.

21 PREMIÈRE CONSTITUTION

Nous entendons encore aujourd'hui des politiciens clamer à tout vent, dans le but inavoué de nous faire oublier certaines malhonnêtetés politiques, que le bon peuple est écœuré d'entendre parler de constitution. Il préfère, ce peuple, que ses dignes élus l'entretiennent de choses pratiques ! Énoncer des affirmations semblables, c'est dire que le simple citoyen est trop bête pour comprendre ses droits et ses devoirs, ou d'en décider. Car la constitution d'un pays représente la base de la démocratie. Elle représente l'ensemble des valeurs qui régissent la vie d'une société, qui fondent son développement. C'est son présent et son avenir.

Après la conquête de la Nouvelle-France par les Britanniques, deux documents importants vont devenir la base de notre première constitution. Ils changeront complètement la vie quotidienne de nos ancêtres.

LE TRAITÉ DE PARIS

Trois ans après la capitulation, le 10 février 1763, la France et l'Angleterre signent le traité de Paris, qui met fin à leur guerre de Sept Ans. Ce qui reste de l'Acadie, le Canada, la rive gauche du Mississippi… bref toute l'Amérique française, sauf les îles Saint-Pierre et Miquelon, passe à l'Angleterre.

Quant aux Canadiens (à cette époque, l'appellation « Canadiens » désigne les habitants de la Nouvelle-France), ils ont 18 mois pour décider de quitter le pays ou d'y demeurer.

LA PROCLAMATION ROYALE

La Proclamation royale, qui entre en vigueur le 10 août 1764, détermine les frontières : la *Province of Quebec* est limitée à la vallée du Saint-Laurent et on crée un territoire amérindien – ce sera tout le bassin des Grands Lacs.

On assiste à la création d'un premier gouvernement civil. Le *gouverneur,* nommé par le roi, est responsable de la colonie. Il peut faire des lois, imposer son veto, établir des cours de justice, lever des troupes, etc. Le *conseil,* nommé par le gouverneur, est composé de 12 membres, tous des Anglais. Si le gouvernement le juge opportun, il pourra établir une Assemblée élue.

Le système juridique est changé. Dorénavant, les lois civiles et criminelles anglaises remplacent les lois civiles et criminelles françaises.

La Proclamation royale impose aussi le serment du Test, par lequel un Canadien doit renier sa religion s'il désire devenir fonctionnaire. La religion catholique peut se pratiquer, mais il est devenu impossible de faire venir des prêtres de l'extérieur. Mgr de Pontbriand étant décédé en 1760, il n'y a plus d'évêque pour consacrer de nouveaux prêtres. Le conquérant interdit la dîme, ce qui a pour but d'asphyxier les paroisses.

Cette première constitution vise à angliciser les Canadiens, à les exclure de tout emploi public et à limiter la pratique de leur religion. Bien sûr, on favorise et on stimule l'immigration anglaise. L'Angleterre souhaite l'assimilation du peuple canadien.

Collection initiale

TOUTE LA VIE CHANGE...

Cette première constitution, qui établit officiellement le Régime anglais, attache les mains du peuple. En effet, la Conquête de 1760 avait fait très mal. Bien des Canadiens avaient perdu leur maison, leurs meubles et leurs outils au cours des bombardements de Québec. L'armée avait réquisitionné leur bétail, leurs fermes avaient été incendiées, surtout à Québec, dans le bas Saint-Laurent et dans la région de Sorel. Une bonne partie de l'élite française avait fui. Rapidement, des profiteurs venus d'Angleterre ou des colonies anglaises s'emparent de toutes sortes de façons des ressources commerciales. Murray, le premier gouverneur britannique, écrit en 1764 : « Il n'a pas été facile de satisfaire une armée conquérante, un peuple conquis et une coterie de marchands qui se croient supérieurs en rang et en fortune au soldat et au Canadien, se plaisant à considérer le premier comme un mercenaire et le second comme esclave de naissance. »

La franchise du gouverneur Murray lui coûtera bientôt son poste. Car les *Montrealers* (c'est ainsi qu'on nomme les nouveaux arrivants britanniques qui, de Montréal où ils se sont installés, contrôlent l'économie) le trouveront trop francophile...

22 | JAMES MURRAY

Le premier gouverneur anglais à représenter le roi dans la colonie est Jeffrey Amherst. C'est le chef des armées anglaises de Louisbourg et de Ticonderoga. Il administre la colonie sous le régime militaire (de 1760 à 1763). Son successeur, James Murray, s'efforce de comprendre et d'administrer avec justice les nouveaux sujets britanniques.

Murray est un militaire, brigadier général et commandant de l'aile gauche dans l'armée de Wolfe à la bataille des plaines d'Abraham. Après la victoire anglaise, il est nommé gouverneur de la ville de Québec, sous l'autorité d'Amherst. Au départ de ce dernier, Murray est nommé gouverneur de la nouvelle colonie, le 10 août 1764. Il s'entoure de sept conseillers anglo-protestants et d'un huguenot. Son mandat est très délicat. En effet, la première constitution britannique remplace les lois civiles et criminelles françaises par les lois anglaises. Le territoire de la province est réduit à la vallée du Saint-Laurent, l'Église est sous tutelle, le terrible serment du Test empêche les catholiques de participer à l'administration de la colonie et la justice est entre les mains d'ignorants et de malotrus.

MURRAY S'INTERPOSE...

Murray, se rendant compte de la situation et des injustices flagrantes qu'une poignée de personnes font subir au peuple conquis, s'interpose. Il écrit au gouvernement de Londres, en 1764 : « Peu, très peu suffira à contenter les nouveaux sujets, mais rien ne pourra satisfaire les fanatiques déréglés qui font le commerce, hormis l'expulsion des Canadiens, qui constituent la race la plus brave et la meilleure du globe peut-être, et qui, encouragés par quelques privilèges que les lois anglaises refusent aux catholiques romains en Angleterre, ne manqueraient pas de vaincre leur antipathie nationale à l'égard de leurs conquérants... »

Murray attaque de front « ces aventuriers de basse éducation ou vieux faillis en fuite, tous avides de faire fortune sans grand souci des moyens qui les y conduisent ». Il refuse de se plier aux caprices de ces nouveaux spéculateurs. Rapidement, ces derniers, nouveaux arrivants qui se sont fixés à Montréal, se liguent contre lui. Ils l'accusent de prendre position en faveur du peuple conquis ; de ne pas faire respecter la constitution ; et surtout, de ne pas prôner la cause du protestantisme anglais.

... ET LE PAIE CHER

Ces fanatiques demandent le rappel du gouverneur. James Murray doit donc regagner l'Angleterre en 1766. Mais une fois là-bas, il va continuer de défendre la cause des Canadiens. Loyal, il adopte le même discours que dans ses lettres, et lance cette terrible condamnation : « La plupart des Anglais sont venus à la suite de l'armée, gens de peu d'éducation ou soldats licenciés... Tous ont leur fortune à faire et je crains que plusieurs ne soient guère scrupuleux quant aux moyens d'y parvenir. » Mais les mises en garde de Murray n'empêchent pas les assoiffés de la nouvelle colonie de faire leur œuvre. Londres finit par désavouer Murray. Il est remplacé par Guy Carleton.

James Murray peut être considéré comme un personnage honnête qui, voyant la situation dans la nouvelle colonie anglaise, n'hésita pas un instant à remettre les pendules à l'heure. « Je me fais gloire d'être accusé d'avoir accordé une ferme et chaleureuse protection aux sujets canadiens du roi et d'avoir fait tout ce que je pouvais pour gagner à mon royal maître les affections de ce peuple brave et vigoureux dont l'émigration, si jamais elle se produisait, serait une perte irréparable pour cet empire. »

23 LES JUIFS AU CANADA

André Champagne nous apprend qu'au tournant du XXe siècle, avant la révolution bolchévique de 1917, des Juifs arrivent de la Russie impériale. Ils sont originaires de Lituanie, d'Ukraine, de Roumanie ou de Pologne. Ils passent par chez nous dans le but de gagner les États-Unis, car c'est l'économie nord-américaine qui les attire. Mais comme Montréal, à cette époque, offre des emplois qui leur conviennent, plusieurs restent chez nous.

Mais ce n'est pas d'hier que des Juifs sont venus au pays. Déjà, vers 1752, on peut relever leur présence à Halifax. Après la Conquête de 1760, ils vivront ici en permanence.

AARON HART

L'historien et archiviste juif Louis Rosenberg nous fait découvrir que le premier Juif qui va immigrer au Québec est un officier de l'état-major du général Amherst. Il arrive à Montréal en 1760 avec les conquérants. Son nom : Aaron Hart. Il part s'établir aux Trois-Rivières et deviendra même plus tard seigneur de Bécancour. D'autres officiers de l'armée anglaise se fixent de façon permanente et participent aux guerres indiennes. Parmi les plus importants, citons Emmanuel de Cordova, Hananiel Garcia, Isaac Miranda et Samuel Jacobs. On apprend aussi qu'un autre capitaine d'origine juive, Alexander Schomberg, commandait la frégate *Diana* qui, en 1760, empêcha les Français de reprendre la capitale.

Le premier groupe juif à s'installer pour de bon à Montréal fait partie de la communauté hispano-portugaise. Plusieurs noms importants sont à retenir. Jacob Frank, qui devient un des plus importants négociants de fourrures indépendant de l'époque. Henry Joseph, qui fonde avec d'autres la marine marchande canadienne et qui est le premier à faire du commerce avec l'Angleterre en utilisant des bateaux canadiens. Son fils, Jacob Joseph, est l'un des fervents promoteurs de la première ligne téléphonique au Canada. Il travaille aussi à la construction de lignes ferroviaires. On doit à Jesse Joseph, un autre membre de cette famille, la création des premières compagnies de gaz à Montréal. Il s'intéresse aussi à l'établissement de lignes de tramways à Montréal. Et nous n'oublions pas l'ingénieur Sigismund Mohr qui, le premier, réussit à introduire le système d'énergie hydro-électrique au Canada après avoir installé l'éclairage électrique à Québec.

L'ÉMANCIPATION POLITIQUE

Louis-Joseph Papineau, le patriote dont la politique va aboutir aux soulèvements de 1837-1838, revendique l'émancipation politique de ses compatriotes juifs au Canada. En effet, en 1807, Ezekiel Hart, fils d'Aaron, est élu député des Trois-Rivières à l'Assemblée législative du Bas-Canada. Élu, oui, sauf que la majorité des députés lui refusent la permission de siéger ! Simplement parce qu'il insiste pour prêter serment suivant le rituel juif, c'est-à-dire tête couverte et main sur l'Ancien Testament plutôt que sur l'Évangile.

Comme nous le rapporte Robert Prévost dans *Il y a toujours une première fois* : « En 1825, la communauté juive compte environ 90 citoyens. Elle demande l'autorisation de tenir ses propres registres d'état civil. Une loi à ce sujet est adoptée en 1830 et sanctionnée par Londres. En mars 1831, John Nielson, député du parti de Papineau, présente un projet de loi qui accorde aux Juifs les mêmes droits et privilèges qu'à tous les citoyens du Bas-Canada. On adopte la loi en deuxième lecture le 18 mars et en troisième, le lendemain. Elle sera sanctionnée à Londres le 5 juin 1832. Par cette loi, c'est dans la province francophone que, pour la première fois et dans tout l'Empire britannique, les Juifs obtiennent le complet affranchissement politique. La législature accorde aux Juifs la permission d'exclure du serment d'office les mots : « Je fais serment sur la foi d'un chrétien. »

24 MARIE-JOSEPHTE CORRIVEAU

Tout le monde ou presque a entendu parler de la Corriveau, pendue en 1763 et exposée dans une cage à la vue de tous pendant plus d'un mois, à un carrefour de la Pointe-de-Lévis. Pourquoi cette fin si cruelle?

La vie de Marie-Josephte aurait pu être si simple! À l'âge de 16 ans, en 1749, elle se marie à Charles Bouchard. Le couple a trois enfants et la petite famille vit simplement et joyeusement lorsque la mort tragique de Charles, victime des fièvres putrides à l'âge de 35 ans, vient tout bouleverser.

Après les funérailles de Bouchard, le père et la mère de Marie-Josephte prennent en charge la petite famille. La Corriveau, elle, rencontre Louis Dodier, un beau Brummel, cultivateur que l'on dit paresseux, et se remarie en juillet 1761.

LE MARI DISPARAÎT

Or le nouveau mari disparaît en janvier 1763. Les voisins et les amis entreprennent des recherches, et on retrouve Dodier mort dans son écurie, la tête écrasée sous les sabots d'un cheval. C'est ici que l'histoire va se tortiller.

Les mauvaises langues s'agitent. Rapidement, on se répète que la vie du couple n'était pas des plus calmes. Plusieurs affirment avoir assisté à de nombreuses querelles entre les tourtereaux. Le capitaine de milice appelé sur les lieux rédige son rapport. Le soir même, le corps de Dodier est inhumé, malgré les protestations de son frère, en présence de plusieurs personnes.

PROCÈS ET SENTENCE

Les biens du couple Dodier-Corriveau sont vendus à l'encan. Entre-temps, le frère de Louis, Joseph Dodier, faisant siens les ragots voulant que le mari aurait été tué par le père de sa femme, Joseph Corriveau, dépose une plainte auprès du gouverneur James Murray. Le gouverneur examine et étudie la plainte. Il ordonne l'exhumation du corps.

Après plusieurs examens, le rapport médical confirme que les soupçons sont fondés. Dodier a peut-être été assassiné…

Immédiatement, on arrête Joseph Corriveau et sa fille. Le 29 mars, une foule de curieux se rassemble au couvent des Ursulines, à Québec, où le procès doit avoir lieu. En 1763, nous sommes en plein régime militaire et c'est devant une cour martiale qu'il va se dérouler. Tous les membres de cette cour sont anglophones. De commérages en commérages, plus de 24 témoins, tous de langue française, viennent rapporter à leur façon des situations, des disputes, des secrets d'alcôve. La Corriveau, selon certains, est une putain qui s'offre à qui la veut. Selon d'autres, elle est toujours saoule et elle déteste son mari. D'autres encore, plus pointilleux, l'accusent de la mort de son premier mari.

Après toutes ces tergiversations, on condamne Joseph Corriveau à être pendu. Sa fille, reconnue coupable de complicité, devra être fouettée publiquement à trois endroits différents de la ville de Québec, puis marquée au fer rouge de la lettre M (pour meurtrière).

COUP DE THÉÂTRE !

Au fond de sa prison, Joseph Corriveau a droit au sacrement de pénitence. Le 9 avril 1763, le père Glapion vient le confesser. Le prêtre fait comprendre à son pénitent que mentir en un moment aussi crucial, c'est mettre son ciel éternel en péril. Impressionné, Corriveau craque : il n'a pas tué son gendre. C'est pour protéger sa fille qu'il s'est laissé accuser du crime.

Mise devant ce témoignage, Marie-Josephte confirme que son père est innocent. Elle avoue avoir tué son mari pendant qu'il dormait. On fait donc un deuxième procès, le 15 avril. La Corriveau est condamnée à la pendaison. Elle demande à la cour un peu de temps pour se préparer à la mort. Elle est pendue le 18 avril. Elle a 30 ans.

La mémoire de la Corriveau habite encore plusieurs de nos villages…

25 L'INSURRECTION DES INDIENS

Pontiac, c'est une marque d'automobiles très ancienne et toujours très populaire. Mais c'est d'abord le nom d'un chef amérindien. Dans les documents historiques, on écrit Pondiac, Pondiag, Pondiak, Pontiak et finalement Pontiac. Mais son vrai nom était Obwandiyag. On rapporte que ce très grand chef de guerre des Outaouais de Detroit, né entre 1712 et 1725, aurait pris le nom d'un officier béarnais de l'armée française qu'il admirait particulièrement.

HAUTEUR ET MÉPRIS

Après la Conquête, les nouveaux maîtres du Canada devaient régler bien des problèmes. D'abord celui de la cohabitation avec les colons établis dans le pays conquis, mais aussi celui de la question indienne. Les Hurons et les Algonquins avaient entretenu de très bonnes relations avec les Français. Comment les Anglais allaient-ils se conduire maintenant ? Quelle politique allaient-ils adopter envers les premiers occupants du territoire ? Sans se tromper, on peut dire que l'Angleterre n'a rien fait pour s'attirer l'amitié des Indiens...

Les nouveaux conquérants se montrent hautains et méprisants envers eux au lieu de leur témoigner de la compréhension, du respect et de la bonté. De plus, très rapidement, ils reprennent le trafic très lucratif des spiritueux, ce qui déplaît souverainement aux chefs amérindiens. Regrettant les Français, les autochtones décident donc de se débarrasser de l'envahisseur anglais.

PONTIAC ET L'INSURRECTION

C'est le chef Pontiac qui planifie l'insurrection. Il veut réunir toutes les tribus de la région des Grands Lacs ; et, comme chef d'une Confédération libre des nations indiennes, établir sa capitale à Detroit. Il rassemble 50 000 guerriers, finance les opérations en imprimant des billets de crédit portant son sceau, et part à l'assaut des postes anglais. Il réussit à s'emparer de huit forts dans la région de Niagara et remporte plusieurs victoires à l'issue de sanglantes batailles.

LA RÉACTION DES CANADIENS

Le rôle des Canadiens dans cette insurrection aurait pu être déterminant. Un petit nombre d'entre eux se joint en effet à Pontiac, mais la majorité se tient en dehors du mouvement, jugeant qu'il tient à des raisons strictement amérindiennes. Nombreux même sont ceux qui, estimant qu'il vaut mieux se résigner aux réalités de la capitulation, se rangent du côté des Anglais, les nouveaux maîtres.

Durant un très long siège à Detroit, le général Gladwin résiste à Pontiac, mais le chef indien ne se résigne pas. Il s'acharne au combat, repousse les premières troupes de renfort, les attire dans une embuscade à Bloody Bridge.

Amherst, gouverneur de la colonie depuis la Conquête, décide d'en finir à tout prix. Il envoie d'autres renforts, sous la direction du général Bradstreet, du brigadier Bouquet et du major Wilkins. Tous les moyens sont mis en œuvre pour mettre fin à l'escalade. On va même jusqu'à distribuer des couvertures contaminées dans les camps indiens! Pontiac recule, mais poursuit le combat durant près d'un an. En 1765, le brigadier Bouquet force les Indiens à signer la paix, après la défaite de Edge Hill et grâce aux remontrances françaises.

DES CONSÉQUENCES MULTIPLES

Finalement, ce soulèvement n'aura avantagé personne. Et il aura coûté très cher en vies humaines. Environ 800 soldats auront été tués, plusieurs marchands massacrés, des propriétés ravagées. Plusieurs colons anglais quitteront la région, ce qui fera un tort énorme au développement. Des familles françaises fuiront vers le sud, franchiront le Missouri et iront jeter les fondements de la future ville de Saint-Louis.

Défait, Pontiac erre de tribu en tribu, toujours bien accueilli par les Français et par ses compatriotes, toujours considéré comme un héros. Il se retire finalement chez les Illinois. En 1769, il est assassiné par un membre de cette tribu, soudoyé par un marchand anglais. Les Britanniques tireront leçon de cette insurrection. Désormais, ils se montreront plus humains envers les autochtones. Attitude profitable : apprivoisés, les Indiens ne se feront pas prier pour servir fidèlement les nouveaux maîtres dans les guerres de 1775 et de 1812.

26 LA RÉVOLUTION AMÉRICAINE

En 1774, l'Angleterre possède 13 colonies au sud de l'Amérique du Nord britannique. Ces colonies sont devenues de plus en plus autonomes. Elles élisent des députés et font du commerce indépendamment de leur mère patrie. Mais l'Angleterre sort de la guerre de Sept Ans tellement endettée, qu'elle désire mettre à contribution ses colonies d'Amérique pour l'aider à payer ses dettes. Alors elle resserre l'étau sur le commerce de ses colonies afin d'éviter la concurrence, et surtout, elle leur impose des taxes.

AGITATION DANS LES COLONIES ANGLO-AMÉRICAINES

Les coloniaux réagissent violemment : « *No taxation without representation!* » La résistance s'organise. On boycotte les produits venant d'Angleterre, des émeutes éclatent, on assiste à un massacre à Boston... Les colonies menacent l'Angleterre de se séparer et de devenir souveraines.

En 1774, entre le 5 septembre et le 26 octobre, elles se réunissent en congrès pour la première fois, à Philadelphie. À cette occasion, elles invitent clairement les Canadiens français à se joindre à elles dans cette marche vers la libération, par l'intermédiaire de représentants élus. Les Canadiens restent muets.

Les colonies américaines continuent de protester auprès de Londres qui, disent-elles, les saignent à blanc en leur imposant des taxes injustifiées. Peine perdue. On convoque donc un deuxième congrès, toujours à Philadelphie. Cette fois, on décide de prendre les grands moyens : les colonies se dotent d'une armée, sous la direction de George Washington. On lance encore une fois un appel aux Canadiens. C'est le silence.

POURQUOI CE MUTISME ?

Les Canadiens sont encore sous le coup de la Conquête. Ils se sont battus durant sept ans dans une guerre qui les a ruinés et meurtris. Le conquérant anglais les a ligotés dans une constitution sévère, et le peuple ronge son frein depuis 1763.

Mais en 1774, conscient que le mouvement révolutionnaire qui bouillonne au sud pourrait bien attirer le petit peuple du nord dont il a absolument besoin s'il ne veut pas que toute l'Amérique du Nord lui échappe, le gouvernement de Londres va lui faire un cadeau extraordinaire : une nouvelle constitution. C'est l'Acte de Québec.

S'il ne donne pas un régime démocratique au peuple canadien (le gouverneur Carleton reste en place), le maître britannique va tout de même s'arranger pour plaire à ceux qui le dirigent...

D'abord, il agrandit le territoire, ajoutant la région des Grands Lacs, la rive nord de l'Ohio, Anticosti et le Labrador, ce qui permettra à la minorité anglophone du Québec de conserver économiquement sa domination sur les Canadiens français. Ensuite, il rétablit les lois civiles françaises, ce qui plaît aux seigneurs qui reprennent ainsi leurs privilèges. La religion retrouve aussi ses droits : le serment du Test est aboli, la dîme est permise et le rôle de l'évêque reconnu. Enfin, même s'il n'y a pas de Chambre d'Assemblée, les Canadiens ont accès au Conseil législatif.

Après avoir reçu ces jolis cadeaux, il devient bien difficile pour les Canadiens de répondre aux appels enflammés des futurs Américains. D'autant plus que vivant sous le Régime anglais, ils ne peuvent pas compter sur une élite politique, ni, désormais, sur les seigneurs ou sur l'Église, trop reconnaissants envers le colonisateur pour ne pas collaborer avec les autorités anglaises.

L'ARMÉE AMÉRICAINE ENVAHIT LE CANADA

Constatant la neutralité des Canadiens, deux armées américaines marchent sur la *Province of Quebec* en août 1775. Sur leur route, elles s'emparent de quelques forts. L'armée du général Arnold échouera devant Québec. Mais celle de Montgomery prend Montréal en novembre, et s'y installe. Les Américains tentent encore de rallier par la douceur les Canadiens. Par exemple, ils distribuent des tracts publiés ici par un imprimeur de Philadelphie venu avec sa propre presse, Fleury Mesplet, un ami de Benjamin Franklin. Mais ses écrits ne convainquent personne. Les Canadiens n'offrent pas de résistance et restent neutres. À leur avis, le conflit regarde l'Angleterre et ses colonies anglo-américaines, et ils n'ont pas à se mouiller.

Une année plus tard, les envahisseurs seront refoulés... Le bon peuple gardera le silence, attendant peut-être d'autres invitations. Quant aux Américains, ils déclarent leur indépendance le 4 juillet 1776.

L'ACTE CONSTITUTIONNEL DE 1791

Quinze ans après la Déclaration d'indépendance, la Révolution américaine aura une conséquence directe très lourde chez nous : une nouvelle constitution.

Certains Américains refusent l'indépendance des colonies. Ce sont des monarchistes qui veulent rester fidèles à la Couronne britannique. On les appelle les « loyalistes ». Considérés comme des traîtres chez eux, ils doivent fuir leur pays. Certains retournent en Angleterre ou partent s'établir dans d'autres colonies anglaises. Mais plusieurs restent en Amérique du Nord. Ils vont s'installer dans les Maritimes ou viennent ici, dans les Cantons-de-l'Est. Cependant, plusieurs de ces loyalistes ne veulent pas vivre dans une province où la religion est catholique et les lois civiles, françaises. C'est donc pour eux qu'en 1791 Londres octroie l'Acte constitutionnel, qui divise le territoire de la province en deux parties : le Bas-Canada (Québec) et le Haut-Canada (Ontario). Chacune des parties obtient sa Chambre d'Assemblée. C'est le début du parlementarisme chez nous. Cependant, on ne leur accorde pas la responsabilité ministérielle. Le gouverneur demeure le chef véritable. Il choisit les membres du Conseil exécutif et du Conseil législatif. De plus, il a un droit de veto. Ce sera le commencement d'une lutte dans le Bas-Canada entre le Parti canadien et le Parti tory. Le Parti canadien, représentant la majorité, aura plus tard à sa tête Louis-Joseph Papineau et se battra pour protéger la nation canadienne. Le Parti tory, représentant les habitants d'origine britannique, a pour but de réaliser, par l'immigration et par un système scolaire anglophone, l'assimilation des Canadiens français. Afin d'atteindre cet objectif tout en favorisant le développement économique, le Parti tory va proposer l'union du Bas et du Haut-Canada.

27 LES CANTONS-DE-L'EST

Au temps de la Nouvelle-France et au début du Régime anglais, les Blancs n'habitent pas cette région qu'on appelle aujourd'hui les Cantons-de-l'Est. Mais des Amérindiens y sont installés, ce qui fait l'affaire des Français et des Anglais, car les tribus autochtones servent en quelque sorte de rempart contre les Américains.

L'ARRIVÉE DES LOYALISTES

Après la guerre de l'Indépendance américaine (1776-1783), des loyalistes viennent vivre dans cette région. On se souvient que les loyalistes sont des colons anglais qui fuient les États-Unis, car ils entendent demeurer fidèles à la Couronne britannique. Si environ 5000 d'entre eux vont s'établir au nord du lac Ontario, un bon millier va gagner les Cantons-de-l'Est. Ces loyaux sujets de l'Angleterre n'aimeront pas vivre dans une colonie où les lois civiles sont françaises et où la division du territoire, en seigneuries, leur est étrangère. Ils vont bientôt exiger un territoire séparé : ce sera la naissance du Haut-Canada, l'Ontario d'aujourd'hui.

Les loyalistes n'ont aucun droit de propriété sur les territoires situés près de la frontière américaine, qu'ils habitent. Naturellement, le gouvernement de Londres est heureux de reconnaître la loyauté de ces nouveaux colons et la Constitution de 1791 règle le problème. Les terres sont divisées en *townships,* à la mode anglaise, dans les deux Canadas créés aussi par l'Acte de 1791. Les *townships* du Bas-Canada sont baptisés *Eastern Townships.* Ce qui donnera, en français, Cantons-de-l'Est.

SPÉCULATION

Benoît Dionne, de la Société d'histoire des Cantons-de-l'Est, nous raconte que 50 ans plus tard, en 1838, 105 propriétaires terriens, tous influents et tous britanniques, possèdent dans les Cantons-de-l'Est 1 500 000 acres de terre. Mais seulement six de ces grands spéculateurs habitent la région ! Pendant un certain temps, on tente bien de distribuer des terres, mais c'est un échec. Un peu plus tard, on mettra sur pied des compagnies de colonisation. La plus connue étant la British American Land Company, qui recevra un million d'acres. En revanche, on lui demandera d'ouvrir des chemins de fer, de bâtir des ponts et des moulins, et de diviser le territoire en lots. Le but : attirer des immigrants britanniques. Mais ils préféreront s'établir dans le Haut-Canada. Des Écossais et des Irlandais seront invités à s'y installer mais très peu accepteront. La région mettra donc beaucoup de temps à se développer. Isolés, les Cantons-de-l'Est souffrent d'un sérieux problème de transport.

LE CHEMIN DE FER

Au milieu du XIXe siècle, le commissaire de la compagnie, Alexander Tilloc Galt décide de tracer un chemin de fer reliant Montréal à Portland, via Saint-Hyacinthe et Sherbrooke. Du même coup, il presse les Canadiens français de venir dans les Cantons. C'est ainsi que la région, qui était destinée à être habitée par des Britanniques enrichis de loyalistes déjà enracinés, commence à recevoir des colons canadiens-français, lesquels, dans plusieurs cas, sont ravis de cette invitation, car à cette époque, plusieurs d'entre eux doivent s'exiler aux États-Unis pour fuir la misère. Petit à petit, des paroisses se formeront.

Au moment de son élection à la tête du Parti libéral du Québec en 1998, Jean Charest faisait l'éloge de sa région, les Cantons-de-l'Est, en rappelant que les deux groupes ethniques ont réussi à y progresser ensemble sans heurt, donnant ainsi l'exemple au reste du Canada. Malheureusement pour le chef politique, l'histoire ne lui donne pas raison. Quand on fouille un peu le passé, on est bien obligé de constater que nos ancêtres ont dû au contraire se battre en diable pour être acceptés et faire leur chemin dans cette région qui ne leur était pas destinée.

28 « MONSIEUR LE CURÉ, C'EST ASSEZ DE PRENDRE POUR LES ANGLAIS ! »

Lorsque les Américains envahissent le Canada, en 1775, plusieurs paroisses de la région de Québec, sur la rive sud du bas Saint-Laurent, se montrent très sympathiques envers eux. Pourquoi ? C'est que les colons se souviennent comment, pendant des mois avant l'assaut de Québec par Wolfe, leurs paroisses ont été dévastées et massacrées par les troupes anglaises.

Léon Trépanier raconte, dans ses chroniques *On veut savoir,* ce qui se passa dans la petite église de Saint-Michel-de-Bellechasse, un dimanche de l'année 1775.

Il faut d'abord se souvenir qu'au mois d'août 1759, le curé de Saint-Joachim était mort, abattu à coups de sabre par les soldats anglais. Les villages de Cap-Saint-Ignace, de L'Islet et de Saint-Jean-Port-Joli avaient été pillés. De plus, après la prise de Québec, le seigneur de Rivière-du-Sud, Jean-Baptiste Couillard, son fils et deux de leurs amis avaient été tués à Saint-Thomas-de-Montmagny. À l'arrivée des Américains, précédés de la propagande qui couvre le Québec en 1774, les habitants de cette région vont revivre intensément tous les affreux moments que nous venons de décrire.

Or, ce dimanche, à l'église de Saint-Michel-de-Bellechasse, un incident va démontrer jusqu'à quel point des paroissiens sont révoltés de la conduite de l'Église qui réprime toute tentative de critique ou d'insubordination envers le pouvoir établi, qui encourage plus que fortement ses ouailles à rester fidèles à l'Angleterre et s'oppose absolument à l'idée que les Canadiens se joignent aux indépendantistes américains.

Le curé Lacroix a invité ce dimanche un missionnaire, le père Lefranc, à monter en chaire. Le curé répond ainsi au désir de son évêque, Mgr Briand, qui a insisté pour qu'on invite des prédicateurs à entretenir les fidèles du devoir de soumission et d'obéissance de tout bon catholique envers les puissances temporelles, donc envers l'Angleterre.

Le prédicateur commence à peine son sermon qu'il est interrompu par la voix d'un homme emporté par la colère : « Monsieur, lance-t-il d'une voix forte, c'est assez longtemps prêché sur les Anglais ! » Consternation. Certains paroissiens appuient secrètement le héros du jour, d'autres poussent des cris d'indignation.

La chose parvient aux oreilles de Mgr Briand. Il exige que le curé lui fasse connaître le nom du malheureux qui a osé se révolter contre l'autorité ecclésiastique. Il va plus loin : il menace d'interdire les paroisses de Saint-Michel et de Beaumont si on n'accède pas à sa demande ! Demande à laquelle le curé doit bien se rendre. Mais l'individu dénoncé refuse de s'excuser. Mgr Briand l'excommunie donc, avec quatre autres paroissiens. Plusieurs autres, qui ont soutenu le rebelle, sont réprimandés ; ils se réconcilieront avec les ordonnances.

À leur mort, les cinq larrons, n'ayant pas manifesté de remords, seront enterrés dans un champ à moins de 20 pieds de la route. On entourera le lieu d'une petite clôture, et on y plantera une croix. Avec le temps... clôture et croix disparaîtront. Il faudra attendre 1880 pour que le curé de Saint-Michel obtienne la permission des autorités de transférer les corps dans le cimetière des enfants morts sans baptême. Les paroissiens assistèrent respectueusement à la translation des restes...

LA NAISSANCE DES PARTIS POLITIQUES

Avec la Constitution de 1791, pour la première fois de notre histoire, nous pourrons élire une Chambre d'Assemblée. Mais il se passera plusieurs années avant que les parlementaires ne se regroupent à l'intérieur de partis politiques officiels.

LE PARTI TORY

Les luttes électorales et parlementaires vont réunir des élus selon les mêmes intérêts, les mêmes sympathies, les mêmes préoccupations. Les gens qui possèdent le vrai pouvoir, c'est-à-dire les membres des Conseils législatif et exécutif, les députés anglais, les fonctionnaires, les commerçants et marchands de Montréal, de Québec et de Sorel, vont rapidement comprendre que pour faire face à la majorité canadienne-française élue, il leur faudra absolument se regrouper pour défendre leurs intérêts.

Leur parti, auquel les Canadiens donnent le nom de « parti des bureaucrates », est le Parti tory. La majorité française n'étant pas familière avec la démocratie, elle met du temps à s'organiser. Au début, les Canadiens se laissent tondre. En effet, aux premières élections de 1792, ils élisent dans le Bas-Canada, c'est-à-dire au Québec, 15 députés anglais qui représentent le tiers de la députation totale. Montréal et Québec élisent trois députés anglais sur quatre, malgré une population majoritairement francophone !

LE PARTI CANADIEN

Le Parti tory, avec la force que lui donnent le pouvoir et l'argent, ne se gêne pas pour attaquer les députés francophones en les traitant de grossiers ignorants, de députés déloyaux. Il va sans dire que les Canadiens français se sentent vite bafoués au Parlement. Ils vont donc se créer un parti politique, pour se donner les moyens se défendre et de faire front commun face au pouvoir. C'est ainsi que naîtra le Parti canadien.

Aux élections de 1808, le Parti tory est battu. Pour la première fois, les Canadiens, unis au sein d'un même parti, font élire à la Chambre 15 avocats, 14 agriculteurs et quelques seigneurs. Le clergé, pour sa part, restera à l'extérieur de la scène politique. Il sera cependant omniprésent en coulisses. Et lorsqu'un conflit se présentera, comme celui du soulèvement des Patriotes, il prendra position pour le Parti tory.

NOUVEAUX PARTIS

Après la défaite des Patriotes, le rapport Durham proposera une nouvelle constitution. Ce sera l'Acte d'Union, imposé en 1840, qui réunira le Haut et le Bas-Canada en une seule Chambre d'Assemblée. C'est à cette époque que naîtront de nouveaux partis politiques.

Dans le Bas-Canada, l'alliance entre deux chefs politiques, La Fontaine et Baldwin, permettra de leur donner la majorité au Parlement. Le nouveau parti ainsi formé est le Parti réformiste. Ses membres sont des modérés, des petits bourgeois qui se battent pour un gouvernement responsable. Ils partagent le pouvoir avec les tories (marchands et colons anglais) et les rouges, héritiers des Patriotes et anticléricaux qui dénoncent l'Union. Les tories et les modérés vont finir par s'unir pour former les bleus, avec Augustin-Norbert Morin et George-Étienne Cartier à leur tête.

Dans le Haut-Canada, les réformistes de Baldwin représentent la petite bourgeoisie. Les tories défendent les intérêts des administrateurs et des marchands. Et les *clear-grits,* des fermiers radicaux, s'opposent aux intérêts des villes, exigent des écoles non confessionnelles, veulent l'élection du gouverneur, sont anti-Canadiens et proposent le *Rep by Pop* (*representation by population*). Naturellement, ils n'avaient pas fait cette demande lorsqu'ils étaient minoritaires... Comme dans le Bas-Canada, les réformistes et les tories d'Ontario vont former ensemble le *Liberal Conservative Party* sous la gouverne de John A. Macdonald. Les mêmes intérêts réuniront les bleus et les *Liberal Conservative,* et tout ce beau monde formera la grande famille conservatrice. Les rouges deviendront pour leur part le Parti libéral.

JOHN A. MACDONALD

Fonds Famille Bourassa

30 | SIMON MCTAVISH

En 1804, McTavish meurt de chagrin. Marie-Marguerite Chaboillez, sa femme qui lui a donné quatre enfants, l'a quitté pour s'installer en Angleterre, le jugeant trop tyrannique. Mais la North West Company, la compagnie de fourrures qu'il a créée, règne toujours sur la ville de Montréal. Le regretté Louis Martin Tard nous renseigne sur ce tyran dans une chronique parue dans *L'actualité* en 1991.

VENU D'ÉCOSSE

En 1750, Simon a 13 ans à peine. Il quitte l'Écosse pour gagner l'Amérique. Il s'installe à Albany, où il s'engage comme commis dans la traite des fourrures. Il fait plusieurs voyages aux Grands Lacs à partir de la Nouvelle-Angleterre. À 25 ans, il vient s'installer à Montréal. Déjà les colonies américaines menacent de se soulever contre la mère patrie, mais Simon McTavish se sent plus à l'aise dans la province du Canada qui restera attachée à l'Angleterre.

Avant la Conquête, les Canadiens français régnaient sur des réseaux de traite qui s'étendaient de Montréal au lac Arthabaska et qui pouvaient s'ouvrir plus encore vers le nord-ouest. Ce sont des experts dans ce domaine.

Simon McTavish connaît bien cette main-d'œuvre canadienne. Pourquoi ne pas l'exploiter? Robustes, passés maîtres dans le commerce avec les Amérindiens, ces gens possèdent déjà de petites compagnies qui ont survécu à la Conquête. Peut-être pourraient-elles être fusionnées à celles que des anglo-saxons créeraient? L'idée est bonne. Il ne restera plus qu'à monter une flotte de voiliers transatlantiques pour transporter les fourrures si recherchées à Londres, et faire de Montréal la capitale internationale de la fourrure, fermant ainsi la porte à la Hudson's Bay Company de Londres, fondée en 1670...

LA FONDATION DE LA NORTH WEST COMPANY

Simon McTavish, les frères Frobisher et plusieurs magnats écossais de Montréal, dont James McGill, fondent alors la North West Company. Mais le vrai patron de l'entreprise, c'est McTavish. Combien de fois ce bonhomme autoritaire et hautain, assis dans son canot propulsé par 14 voyageurs canadiens-français qui chantent leurs chansons à ramer, va-t-il se rendre de Lachine à Thunder Bay, à l'extrémité du lac Supérieur ! Travailleur acharné, entrepreneur radin et vicieux en affaires, il réussira à tenir son bout et à faire de sa compagnie la reine des pelleteries. Avec son cousin John Fraser, il agrandit encore son champ d'action en formant à Londres la McTavish Fraser of London. Cette compagnie transporte des marchandises provenant de contrées aussi lointaines que la Chine et les Indes.

Il a cinquante ans. C'est le plus gros employeur de Montréal. En 1798, dans son entrepôt de la rue Saint-Paul, on comptabilise les fourrures de 106 000 castors, 25 000 ours, 32 000 martres, 17 000 rats musqués, 1650 chevreuils, 700 élans et 500 bisons...

LE BEAVER CLUB

À cette époque de grand luxe, McTavish et ses amis bourgeois se réunissent régulièrement au *Beaver Club,* club sélect et fermé. C'est là que se règlent les disputes concernant leurs affaires. N'entre pas au *Beaver Club* qui veut. Pour en être membre et porter la médaille Fortitude dans le péril, il faut avoir voyagé dans l'Ouest en canot et y avoir passé au moins un hiver. Bon vivant, McTavish s'offre des boissons de luxe, se régale de fine cuisine et apprécie la compagnie des jolies dames. On le surnomme « Le Premier » ou encore « Le Marquis ».

Cependant, ni l'argent, ni les amis, ni la notoriété ne réussiront à le rendre heureux. McTavish claironne au *Beaver Club* qu'il est l'un des plus riches de la ville. N'a-t-il pas acheté la seigneurie de Terrebonne ?

Loyaliste invétéré, il organise en 1798 une campagne de financement pour aider l'Angleterre dans sa lutte contre la France. À sa mort, en 1804, il laisse une fortune de 125 000 livres. Le château qu'il rêvait de se faire construire à la limite nord du Golden Square Mile ne sera jamais bâti. Il fait partie des *Montrealers,* ces marchands anglophones de Montréal qui contrôleront l'activité politique et économique de la province de Québec durant toute cette période. Une rue et un réservoir municipal portant son nom nous rappellent sa mémoire.

31 L'INSTITUTION ROYALE

Vous voilà au début du XIXᵉ siècle. Trois personnages vont inspirer une recrudescence de la francophobie. Depuis 1791, l'Acte constitutionnel a divisé la colonie du Canada en deux. Même si on y trouve une Chambre d'Assemblée, c'est-à-dire des députés élus par le peuple, il s'agit d'un gouvernement qu'on dit « non responsable », puisque les vrais dirigeants sont encore nommés par la Couronne britannique. Je résume ici les propos de l'historien Albert Tessier qui nous expose si bien la situation.

LE TRIO FRANCOPHOBE

Dans le Bas-Canada, Jacob Mountain, évêque anglican, Jonathan Sewell, procureur général, juge en chef, président des Conseils exécutif et législatif, et Hermann Wilsius Ryland, secrétaire civil du gouverneur et greffier du Conseil exécutif, emploient leur influence à opprimer les francophones, à bafouer leurs droits et à les soumettre à la minorité anglophone.

Ainsi Ryland écrit, en 1804 : « J'appelle papiste le clergé de cette province pour le distinguer du clergé anglican et pour exprimer mon mépris envers une religion qui abaisse et dégrade l'esprit humain et qui est une malédiction pour tout pays où elle prévaut... Il faut s'efforcer, par tous les moyens conformes à la prudence, de saper graduellement l'influence et l'autorité des prêtres catholiques romains. »

Sewell, lui, rêve tout bonnement de faire disparaître les paroisses catholiques et d'intensifier l'immigration anglophone pour « noyer » les Canadiens français.

Quant à l'évêque Mountain, il désire surtout stopper l'expansion du catholicisme. Comment ? Il planifie de commencer par les écoles. En 1779, dans un mémoire qu'il fait parvenir au

JACOB MOUNTAIN

Fonds Armour Landry

107

gouverneur Robert Shore Milnes, il se pose des questions sur l'instruction publique dans le Bas-Canada. Il fait remarquer au gouverneur que « les Canadiens ne font aucun progrès dans la connaissance de la langue du pays (l'anglais, bien sûr) sous le gouvernement duquel ils ont le bonheur de vivre ». Et il obtient l'accord du Conseil exécutif en faveur d'un projet de loi d'écoles gratuites avec des instituteurs anglais payés par le gouvernement !

Ce nouveau système faciliterait, juge-t-il, la formation « d'une nouvelle race d'hommes[...] formée au pays, supprimerait l'ignorance, stimulerait l'industrie et confirmerait la loyauté du peuple par l'introduction graduelle des idées, coutumes et sentiments anglais[...] le mur qui sépare Canadiens et Anglais serait abattu ».

LE PROJET DE LOI

Sewell et Ryland entrent dans la campagne du prélat et, en 1801, Robert Shore Milnes présente aux députés un projet de loi, le *Royal Institution for the Advancement of Learning*. Les députés approuvent le projet sans se rendre compte de sa portée, même si Joseph-François Perrault prépare sans succès une autre loi pour la contrer. Bien sûr, des subsides seront accordés uniquement aux écoles de l'Institution royale, à même les biens des Jésuites, confisqués en 1800. Bien entendu, ces écoles devront être non confessionnelles. On ne se gêne pas : même Mgr Plessis est invité à faire partie du comité présidé par Mountain ! Naturellement, il refuse.

DES ÉCOLES DE FABRIQUES

L'Institution royale profitera à la population anglophone du Bas-Canada, mais les Canadiens français la bouderont. En 25 ans, à peine 22 écoles ouvriront leurs portes. En 1824, pour contourner les méfaits que pouvait engendrer cette loi, les catholiques, grâce à des démarches du supérieur du Séminaire de Québec, feront voter une loi dite *des écoles de fabriques*. Par cette loi, les fabriques paroissiales pourront, à même leurs revenus, ouvrir des écoles. En quatre ans à peine, on en ouvrira 48. En 1829, une nouvelle loi sera votée et sept ans plus tard, 1500 écoles, baptisées par le peuple « écoles de l'Assemblée législative », ouvrent leurs portes. Les tentatives d'anglicisation de Mountain, Sewell et Ryland auront échoué.

On ne peut s'empêcher de rappeler qu'à cette époque et sans appui officiel, des collèges classiques dirigés par le clergé se mettent à pousser un peu partout : Nicolet (1803), Saint-Hyacinthe (1811), Saint-Roch-de-Québec (1818), Chambly (1825), Sainte-Thérèse (1825), Sainte-Anne-de-la-Pocatière (1829) et L'Assomption (1832). Se peut-il que le trio Ryland, Mountain et Sewell se soit un peu trompé sur les valeurs éducatives des Canadiens « papistes » ?

32 JOS MONTFERRAND

Tous les peuples du monde acclament leurs héros et entretiennent leurs mythes. Nous, petit peuple souvent menacé d'assimilation, n'échappons pas à cette règle : des héros occupent une place très importante dans toute notre histoire. De Dollard des Ormeaux à Maurice Richard, les Canadiens français vouent à ces vedettes du dépassement une admiration sans bornes. Jos Montferrand est l'un de ces héros légendaires mais tout à fait réels.

UN COLOSSE

Jos Montferrand naît dans le faubourg Saint-Laurent à Montréal, en 1802. Il descend de François Favre dit Montferrand, soldat sous le chevalier de Lévis. Ce surnom nous indique que sa famille serait originaire de Montferrand, en Flandres.

À son époque, le faubourg Saint-Laurent est peuplé de marins, de voyageurs et d'hommes forts. Dans ce quartier populaire, Jos, doté d'une taille gigantesque, de jambes bien musclées, de bras démesurément longs et d'une force inouïe, devient rapidement le redresseur de torts. Celui qui défend ses compatriotes. Le colosse est un homme d'honneur, modeste, au regard doux ; il a été éduqué selon les règles de la religion. Les hommes forts sont nombreux alors ; ils se mesurent dans les centres de boxe, dans les tavernes et souvent dans les rues, au pied de la place Jacques-Cartier.

PREMIER COMBAT

C'est au Champ de Mars que Jos livre son premier combat. Un boxeur anglais, proclamé champion des Canadas, promène sa gloire à Montréal. Il apostrophe les boulés (hommes forts) de l'époque, les Canadiens français surtout. Montferrand ne peut supporter qu'un Anglais se pavane sur son territoire, étalant sa force et cherchant la bagarre. Il le défie donc publiquement et saute dans l'arène en « chantant le coq ». D'un seul coup de poing, il terrasse son adversaire, devant des centaines de personnes rassemblées pour acclamer leur héros. Sa réputation d'homme fort se répand rapidement de Terre-Neuve à la Colombie-Britannique. De partout on lance des défis à cet extraordinaire « Mufferon » ou « Maufree » ou « Murphy », selon les régions. Et de la Nouvelle-Angleterre jusque dans les camps de bûcherons du Michigan et du Wisconsin, il ne refusera aucun combat.

MÉTIER : VOYAGEUR

Il a vingt et un ans lorsqu'il s'engage sur la route du commerce des fourrures comme voyageur pour la compagnie de Joseph Moore. Un peu plus tard, le commerce du bois devient plus lucratif que celui de la fourrure. On a besoin de bras et d'hommes endurcis. Bowmann et McGill, dont les exploitations s'étendent dans tout le nord de l'Outaouais, l'engagent comme contremaître. Durant trente ans, il partage la vie de ses bûcherons. Il est le roi des cageux[1].

---

1. Ouvrier qui fait et conduit des cages, c'est-à-dire des assemblages de bois liés ensemble pour leur faire descendre la rivière. (Léandre Bergeron)

CONTRE LES SHINERS

Dans la vallée de l'Outaouais, les travailleurs canadiens-français sont minoritaires. Les Irlandais nouvellement immigrés veulent les éliminer de cette région. Jos devient alors le protecteur des fils du Québec. On raconte qu'un jour, 150 Shiners (bûcherons payés en pièces neuves) irlandais décident de traverser le pont entre Bytown (Ottawa) et Hull pour en finir avec leurs rivaux. Jos Montferrand part seul de son côté. Seul face à l'ennemi. Au milieu du pont, les Irlandais lui sautent dessus. Les coups pleuvent. Jos saisit un de ses attaquants par les pieds, le fait tournoyer dans les airs, s'en sert comme massue et le lance dans la rivière. Un grand nombre d'autres bûcherons subissent le même sort. Les Shiners reculent, puis rebroussent chemin. Le pont est libre ; les hommes de Jos Montferrand peuvent traverser.

LA MARQUE DU GRAND HOMME

Un automne, en route vers les chantiers de l'Outaouais avec ses hommes, il fait comme d'habitude quelques arrêts dans des auberges où il leur paie la traite. Mais à la dernière, il constate qu'il n'a plus d'argent. Il demande qu'on lui fasse crédit. La patronne accepte. En guise de reconnaissance, le géant laisse sa carte de visite : il lève la jambe et, d'un saut, imprime le talon de sa botte sur le plafond de l'auberge. On viendra de partout voir sa « signature » !

Jos Montferrand meurt en 1864, admiré pour son honnêteté, son travail, sa force légendaire et la fierté qu'il avait de ses racines. En 1902, on pouvait lire dans *Le Monde Illustré* : « Jos Montferrand fut le Samson du peuple canadien, l'émancipation de sa race. » C'est un peu fort ! Mais l'histoire retient tout de même que grâce à lui, les Canadiens français de son époque ont franchi la rivière Outaouais vers l'ouest et fait un bon bout de chemin derrière ce héros authentique.

33 | JAMES CRAIG

S'il existait un trophée du pire gouverneur du Régime anglais, ou de l'échec politique le plus monumental de cette époque, c'est à James Craig qu'on l'accorderait. Il le mérite de bien des façons : par ses agissements, sa personnalité, sa violence verbale et par sa vanité !

Ce militaire raide, orgueilleux et fat arrive à Québec en 1807. Il a 58 ans. Les Britanniques, qui le connaissent, l'ont baptisé « *the little king* ». Il a vu le jour à Gibraltar. Il arrive donc dans la colonie avec l'idée de remettre ces Canadiens à leur place. Ryland, son secrétaire, ne perd pas de temps pour le hérisser contre ces « conquis ignorants, insoumis et grossiers ».

À cette époque, même si les Canadiens sont majoritaires à la Chambre, les députés sont souvent absents des débats, car leur situation financière ne leur permet pas d'aller siéger. Les représentants du peuple, en effet, ne sont alors pas rémunérés. Aussi, à la session de 1808, le Parti canadien propose-t-il un projet de loi par lequel une indemnité parlementaire serait versée aux députés des secteurs les plus éloignés de la capitale. Le juge De Bonne s'élève contre cette loi. Il n'en faut pas plus pour que les députés du Parti canadien proposent une autre loi, celle-là visant à rendre les juges inéligibles à l'Assemblée. Votée par les députés, cette motion est rejetée par le Conseil législatif. Les élections sont déclenchées...

CAMPAGNE ÉLECTORALE

La campagne électorale est violente. *Le Canadien*, journal francophone, mène le bal contre le parti anglais, qu'il accuse d'être l'outil du gouverneur. Puis le journal dévoile un scandale dans lequel le gouverneur est pris la main dans le sac : Craig concéderait des terres à des Américains dans les *townships*. Fou de rage, le gouverneur visé destitue plusieurs députés et fonctionnaires qui travaillent à la rédaction du *Canadien* : Pierre Bédard, Jean-Antoine Panet, Jean-Thomas Taschereau,

François Blanchet... Et d'autres. Le secrétaire Ryland se jette dans la bataille et accuse le Parti canadien de vouloir avilir le gouvernement de Sa Majesté. Les Canadiens se battent durement et sont réélus avec une grosse majorité. Cependant, le juge De Bonne et un Juif du nom de Hart sont aussi réélus.

À la première session de 1809, la Chambre vote pour l'expulsion du juge, ramenant la loi concernant l'inégibilité des juges. Du même coup, on conteste le droit de siéger à Ezekiel Hart, le premier député juif à être élu non seulement au Canada, mais dans tout l'empire britannique. Notre bon gouverneur se cabre et semonce les décisions de la Chambre.

Jacques Viger, témoin de ces faits, rapporte : « Il leur a chanté une gamme, il leur a monté une garde à les faire écumer de rage ou à les faire sourire de pitié l'un ou l'autre. » Il proroge la Chambre. Il faut refaire des élections !

ENCORE !

Elles ont lieu en octobre 1809. Encore une fois, le Parti canadien est réélu avec une grosse majorité. Hart s'est retiré, le juge De Bonne est réélu. Mais cette fois, Londres donne raison au Parti canadien sur les deux litiges. En effet, la métropole entérine la décision des députés de ne donner le droit de siéger ni aux juges ni aux Juifs. La Chambre exige donc l'application de la décision de la mère patrie et somme De Bonne de se retirer. Craig fulmine à nouveau, annonce la dissolution de la Chambre et commande d'autres élections ! Il court partout dans la province, ordonne à l'évêque de se mettre au service de l'État, fait saisir le journal *Le Canadien* et emprisonne l'imprimeur Charles Le François. Une vingtaine de personnes sont arrêtées et les presses, saccagées. Les députés Bédard, Blanchet et Taschereau sont emprisonnés.

Malgré tout, en 1810, le Parti canadien est reporté au pouvoir, et avec une plus grande majorité encore ! Même les députés prisonniers sont réélus. Pauvre Craig ! Encore une fois perdant. Lui, ses alliés bureaucrates, des membres du clergé soumis à ses décisions, tout un joli monde docile qui gravite autour de lui, dont quelques Canadiens français, ne sont pas venus à bout de la volonté du peuple. Comme il est alors impensable de mettre les Canadiens en minorité dans cette Chambre d'Assemblée reconnue par la Constitution de 1791, le roitelet n'a d'autre choix, en 1811, que de retourner chez lui bredouille et sûrement dégoûté.

34 LA GUERRE DE 1812

Il nous est difficile aujourd'hui d'imaginer que le Canada puisse être en guerre contre les États-Unis. Cependant, dans notre histoire, les Américains ont envahi le pays deux fois, espérant rallier les Canadiens à leur cause ; en 1775, au moment de leur révolution, comme nous l'avons vu ; et plus tard, en 1812, alors que Madison, président des États-Unis, déclare la guerre à l'Angleterre, et donc, au Canada.

UN BLOCUS CONTINENTAL

En 1803, l'Angleterre et la France sont de nouveau en guerre. Napoléon est au sommet de sa gloire. Les vieilles chicanes se réveillent et les Américains rêvent à nouveau de s'emparer du Canada. Napoléon décrète un blocus continental en réponse au blocus maritime de l'Angleterre. Par ces blocus, les deux ennemis se donnent la permission de visiter tous les bateaux. Dans le but de garder de bonnes relations avec les Américains, l'empereur des Français ménage les vaisseaux américains, contrairement aux Anglais qui mettent un surcroît de zèle à fouiller les navires de l'oncle Sam.

En 1807, le *Léopard*, un navire appartenant à l'Angleterre, arraisonne un bateau américain, le *Chesapeake*. Les Anglais prétextent devoir s'emparer de quatre déserteurs qui se cacheraient dans la frégate. Cette intrusion cause cependant la mort de trois matelots américains. L'incident échauffe l'opinion publique. Le président Jefferson fait voter un embargo sur le commerce venant de l'extérieur.

ÉLECTIONS AMÉRICAINES

Lors des élections de 1811, les Américains remplacent leurs dirigeants. Une équipe très nationaliste, dirigée par Madison, prend
le pouvoir. Elle cherche à agrandir le territoire. Au sud, on pourrait annexer la Floride, qui appartient aux Espagnols, alliés de
l'Angleterre ; et au nord, bien sûr, le Saint-Laurent, voie d'eau
très importante pour le commerce, est bien tentant. Déjà en 1803,
on a acheté la Louisiane ; on contrôle donc le Mississippi. Alors
pourquoi ne pas foncer vers le Canada et punir ainsi l'Angleterre, cette ancienne mère patrie qui se permet, par toutes sortes
de moyens, de violer la neutralité américaine ?

C'EST LA GUERRE

Le 1er juin 1812, le président Madison déclare la guerre à
l'Angleterre. À cette époque, la population du Canada est de
500 000 habitants ; celle des États-Unis est de 7 millions...
Toutes proportions gardées, le Canada ne peut donc opposer
qu'environ 12 000 hommes à 150 000 Américains. La victoire
des États-Unis semble certaine, même si leurs soldats sont
mal entraînés, faibles et indisciplinés.

Trois armées attaquent en 1812. Une à Detroit, une autre
dans la région de Niagara. La troisième vise Montréal, via le
lac Champlain. Comme en 1775, les Américains invitent les
Canadiens à joindre leurs rangs, leur promettant « les avan-
tages inestimables de la liberté ». Peine perdue. À Detroit, le
général Hull se rend au lieutenant-gouverneur Isaac Brock et
le Michigan devient possession britannique. Au centre, les
Américains s'emparent de Queenston mais, mollement dirigés par le général Alexander Smith, chef incapable et sans
talent, ils rebroussent chemin. En apprenant la nouvelle, le
général Dearborn, qui doit marcher vers Montréal, retourne
aussi chez lui. Les Américains penauds n'ont rien gagné.

DEUXIÈME ATTAQUE

En 1813, ils récidivent. L'armée de l'ouest reprend le territoire du Michigan, au centre, et remporte la victoire. En effet,

York (Toronto), la capitale du Haut-Canada, est brûlée. Le Haut-Canada est perdu. Ils sont 20 000 Américains qui foncent vers Montréal. Mais, surprise ! l'armée venant du lac Ontario est mise en pièces par les troupes de Harrisson. Une autre armée de 7000 hommes venant du lac Champlain et commandée par Hampton rencontre, à Châteauguay, Charles-Michel de Salaberry et ses 300 voltigeurs, aidés de 600 miliciens. Les tactiques du « Léonidas canadien » vont faire battre en retraite l'armée de Hampton après quatre heures de combat.

En 1814, une troisième attaque s'organise. Sans succès. Sur le Vieux continent, la défaite de Napoléon permet à l'Angleterre d'envoyer des troupes en Amérique. Elles marchent sur Washington et incendient le Capitole, mais sont repoussées à Baltimore. Le 24 décembre 1814, après plusieurs combats, la paix européenne est signée à Gand, en Belgique. France et Angleterre acceptent de revenir à la situation d'avant-guerre... Trois ans de combat, résultat nul, des milliers d'hommes tués ou blessés...

LES CONSÉQUENCES

La guerre de 1812 va permettre de sauver la *British North America*, car le Canada va éviter l'annexion aux États-Unis. Les Britanniques qui vivent ici vont se sentir plus Canadiens que Britanniques, et l'idée d'unir toutes les colonies d'Amérique du Nord britannique va commencer à faire son nid dans la population. Les Canadiens français commencent à voir plus clairement la différence entre l'annexion aux États-Unis et leur appartenance à l'empire.

35 LAURA SECORD

Si vous lisez ce qui suit, vous vous souviendrez, quand vous offrirez ou dégusterez de délicieux chocolats Laura Secord, de l'héroïne qui leur a donné son nom. Nous sommes en 1812. Les États-Unis sont en guerre contre les colonies anglaises du Nord. C'est surtout dans le Haut-Canada, dans l'Ontario, que les combats ont lieu. À ce moment-là, plusieurs des Canadiens établis dans cette région sont d'anciens habitants des États-Unis venus s'installer après la Révolution américaine de 1775. Ce sont les loyalistes. Laura Ingersoll est l'une des leurs.

Laura a uni sa vie à James Secord, un colon américain venu s'établir à Queenston. Les Secord ont encore beaucoup de parenté aux États-Unis, mais ont décidé d'émigrer dans la colonie anglaise du Canada parce qu'ils sont très attachés à la Couronne britannique et bien déterminés à défendre leurs possessions.

L'ENVAHISSEUR CHEZ LAURA

Les Américains ont donc envahi la région et investi, un peu partout, les maisons des colons. Le 21 juin 1813, chez les Secord, plusieurs officiers américains sont là, installés comme chez eux. Rustres conquérants, ils ordonnent à Laura de leur apporter à dîner. Rapidement, la jeune femme effrayée exécute les ordres de ses geôliers et leur prépare un festin à s'en lécher les babines. Volailles, boudin, ragoûts arrosés de vin s'étalent sur la table. Les militaires s'empiffrent. Le vin aidant, les conversations deviennent plus libres et le ton plus élevé. Les officiers relâchent leur vigilance. Ils discutent des plans envisagés pour venir à bout de la résistance des armées britanniques installées près de la région de Beaver Dams.

S'appliquant à laver la vaisselle dans la pièce à côté, Laura entend : « Nous attaquerons Fitzgibbon par surprise à Beaver Dams. Nous détruirons le quartier général et capturerons tout le détachement. » N'en croyant pas ses oreilles, Laura échappe le bol qu'elle tenait dans ses mains. Son mari, assis près d'elle, se tait. Six mois plus tôt, il a été blessé lors d'une embuscade et ne peut plus marcher. Leurs regards se croisent. Que faire ? Ne pas agir, si Fitzgibbon ne se méfie pas déjà, pourrait équivaloir à livrer toute la région du Niagara aux conquérants. Alors Laura prend sa décision.

L'EXPLOIT DE LAURA

Le lendemain matin, au lever du jour, elle sort de la maison par-derrière. Vêtue comme d'habitude, elle laisse croire qu'elle vaque à ses occupations quotidiennes. Seau en main, elle quitte le terrain de sa concession et s'engage en pleine forêt. Des soldats cachés un peu partout surveillent les alentours. (N'oublions pas qu'à cette époque, un espion est fusillé sur-le-champ.) Enjambant les troncs d'arbres, traversant les ruisseaux, évitant les pièges, Laura se rend à la maison de son beau-frère. Seule sa nièce Elizabeth est présente ; mise au courant, elle décide d'accompagner sa tante dans son périlleux voyage. Mais 30 kilomètres les séparent du quartier général du lieutenant Fitzgibbon. Après trois heures de marche, Elizabeth, exténuée, perd conscience. Réanimée, la petite retourne chez elle, et Laura continue seule sa folle randonnée.

La chaleur l'accable. Elle arrive au marais Black. Humidité, ronces, lacérations… rien ne vient à bout de sa détermination. Elle doit joindre à tout prix le quartier général. Elle franchit le marais. La peur des loups, nombreux dans les environs, l'arrête un instant. Il fait nuit. Elle se sent poursuivie. Elle escalade la falaise, traverse un sous-bois et débouche dans une clairière. Et se retrouve encerclée par des Iroquois ! Elle s'évanouit de peur. À son réveil, elle croit percevoir de la compassion dans le regard que les Amérindiens portent sur elle. Elle leur explique l'importance de sa mission. Les Iroquois délibèrent, puis, peut-être impressionnés par le courage de cette femme, l'accompagnent jusque chez Fitzgibbon. Une fois son message livré, Laura tombe, épuisée. Le lieutenant évitera la catastrophe.

En 1860, le Prince de Galles, lors d'une visite au Canada, remet à la courageuse Laura, alors âgée de 85 ans, une somme de 100 livres en guise de remerciement.

LA FONDATION DU MONTRÉAL GENERAL HOSPITAL

Après la guerre de 1812 contre les Américains, les sans-abri – des vétérans, des immigrants, des miséreux – sont nombreux à errer dans les rues de Montréal, au point qu'il devient nécessaire, l'Hôtel-Dieu ne suffisant pas, de créer une institution pouvant accueillir ces nécessiteux.

En 1816 se forme la Female Benevolent Society, vouée au service de ces malheureux. En 1818, l'œuvre établit une soupe populaire et ouvre au Square Chaboillez une petite maison de quatre pièces qu'on baptise House of Recovery. Un médecin, le Dr Blackwood, s'y dévoue d'une façon admirable. L'année suivante, rue Craig, à deux portes de Saint-Laurent, on ouvre une grande maison qui peut recevoir 24 malades : c'est le Montreal General Hospital. L'année suivante, on présente à l'Assemblée législative de Québec une demande d'octroi pour bâtir un hôpital protestant à Montréal.

C'est John Molson, alors député, qui plaide d'une façon très éloquente en faveur de la demande. Mais à peine Molson a-t-il terminé son plaidoyer que le député Michael O'Sullivan, de Huntingdon, se lance dans une charge à fond contre le projet. Il fait remarquer que Montréal possède déjà un vaste hôpital : c'est l'Hôtel-Dieu des Sœurs Grises, et que le meilleur moyen d'aider les miséreux est d'accorder plutôt l'octroi à l'hôpital catholique. Le discours du député irlandais déclenche un débat dur et agressif entre les députés catholiques et les protestants. Finalement, le projet est enterré.

Quelques jours plus tard, un article non signé du *Daily Courant,* journal anglais de Montréal, tombe à bras raccourcis sur le député O'Sullivan, mettant même son courage en doute. Choqué, l'intimé exige de l'éditeur le nom de l'auteur de l'article. Il s'agit de William Caldwell, l'un des directeurs du General Hospital.

LE DUEL

Le 11 avril 1819, un dimanche, à 10 heures, Caldwell, ancien chirurgien de l'armée anglaise et O'Sullivan, député irlandais catholique, se présentent chacun avec son témoin à la Pointe-du-Moulin-à-Vent. Ils se sont provoqués en duel. Ils échangent cinq balles, dont trois atteignent O'Sullivan et deux, Caldwell. Le député restera plusieurs jours entre la vie et la mort ; le médecin a le bras fracassé. L'événement bouleverse la société montréalaise.

Deux ans plus tard, le 1er mai 1822, l'hôpital anglophone obtient sa charte et ouvre ses portes rue Dorchester, à l'endroit où se trouve aujourd'hui l'hôpital Saint-Charles-Borromée ; 72 lits sont à la disposition des 818 patients que l'on recevra la première année. John Molson et plusieurs notables montréalais recueillent des souscriptions. On peut noter pour l'anecdote que le Montreal General Hospital est l'un des premiers immeubles au Canada à être chauffé par circulation d'eau dans des tuyaux reliés à un poêle dans la cave. En 1826, John Molson est nommé président du comité de régie de l'hôpital. Il devient président de l'hôpital en 1831.

37 DES JOURNALISTES PIONNIERS : PIERRE-STANISLAS BÉDARD ET ÉTIENNE PARENT

édard a laissé sa marque dans notre histoire comme l'un des fondateurs du premier journal voué à la défense des droits des Canadiens français. *Le Canadien* publie son premier numéro le 23 novembre 1806.

UN HOMME POLITIQUE

Né à Charlesbourg, près de Québec, le 14 septembre 1762, Pierre-Stanislas Bédard entreprend ses études au Séminaire de Québec. Il étudie ensuite le droit et s'inscrit au Barreau le 6 novembre 1796.

Cinq ans plus tôt, le 26 décembre 1791, l'Acte constitutionnel avait divisé le territoire de la *Province of Quebec* en deux : le Haut et le Bas-Canada. Le Bas-Canada était à son tour divisé en comtés : 6 urbains et 21 ruraux. En 1792, aux premières élections permises par la nouvelle constitution, Bédard se présente dans le comté de Northumberland. Il est élu. Il siégera à l'Assemblée législative jusqu'en 1812. D'une éloquence vive et foudroyante, il est surnommé le « lion canadien ». Dès son élection au premier parlement, il se fait l'un des plus grands défenseurs de la langue française comme langue législative, avec les Chartier de Lotbinière, Bourdages, Borgia et Papineau père. Lorsque le despote Craig arrive comme gouverneur, Bédard devient l'âme dirigeante de son peuple devant l'insolence des fanatiques anglophones au pouvoir qui s'unissent pour assimiler les Canadiens français.

Ainsi, un journal anglais, le *Quebec Mercury,* publie des articles de propagande pour l'assimilation. En 1806, on pourra lire dans ses colonnes, par exemple : « Cette province est déjà beaucoup trop française pour une colonie britannique... Lorsque la France travaille de tout son pouvoir à franciser le monde, c'est pour nous un devoir urgent de manifester un zèle égal pour l'angliciser... Il faut faire en sorte que l'administration des affaires publiques soit conduite en anglais par des Anglais ou des hommes de principes anglais. »

UN JOURNAL DE COMBAT

C'est pour répliquer à ce genre d'attaque virulente que le journal *Le Canadien* voit le jour. Ses journalistes mènent un combat épique contre les « anglicisateurs » de tout acabit et le gouverneur James Craig, leur chef de file, en particulier. En mars 1810, ce dernier, irrité par des articles du *Canadien,* décide de faire arrêter et jeter en prison, sans procès, messieurs Bédard, Blanchet et Taschereau. Craig ordonne d'autres élections. Or, même en prison, Bédard et Blanchet sont réélus! Un peu plus tard, on libère Blanchet et Taschereau, gravement malades. Bédard insiste pour être jugé officiellement, mais le gouverneur s'y oppose.

Un an plus tard, on décide de libérer Bédard. Mais le député refuse de sortir de prison sans procès. Après 10 jours, le geôlier, impatienté, le force à quitter les lieux. Bédard retourne au Parlement, reprend la défense des intérêts de ses concitoyens.

Craig est rappelé en Angleterre. Un gouverneur plus tolérant à la cause des Canadiens français, Prevost, le remplace. Le nouveau gouverneur reconnaît rapidement les mérites de Bédard et le nomme juge à Trois-Rivières. C'est là qu'il meurt, le 26 avril 1829. Un autre grand journaliste, Étienne Parent, dira de lui : « Bédard fut un profond penseur ; froid logicien, esprit lucide, intelligence rigoureuse... c'était surtout dans la réplique que ses moyens oratoires se manifestaient. »

TEL PÈRE TEL FILS : ELZÉAR BÉDARD

L'un des fils du célèbre patriote, Elzéar, étudiera lui aussi au Séminaire de Québec, et comme son père, se dirigera vers le droit et se lancera en politique. En 1830, il sera défait à Kamouraska, mais il sera élu député de Montmorency en 1832. Conseiller municipal de la ville de Québec en 1833, il en deviendra le premier maire la même année. Il participa à l'élaboration des 92 Résolutions en 1834 mais, dès le début de 1835, il se séparera de Louis-Joseph Papineau, trop radical à ses yeux. En 1836, toujours comme son père, il sera nommé juge, par Lord Gosford. En remerciement?

ÉTIENNE PARENT

C'est en 1801, à la ferme paternelle de Beauport, près de Québec, qu'Étienne Parent voit le jour. Il fait ses études au collège de Nicolet et au Séminaire de Québec, puis retourne à la maison aider son père durant deux ans. On raconte qu'un jour, trop pauvre pour s'acheter un livre qu'il convoite, il le copie entièrement à la main. Attiré par le journalisme, il entre au service du journal *Le Canadien* dont il devient rédacteur en chef en 1822. Le journal disparaît en 1825. Parent entre en droit, puis est admis au Barreau. En 1832, il ressuscitera *Le Canadien*. Sa devise : « Nos institutions, notre langue, nos droits. »

À cette époque, les francophones du Bas-Canada sont sérieusement menacés dans leurs droits. En effet, on concocte en haut lieu un projet d'union des deux Canadas. Si cette décision était entérinée par Londres, les acquis de l'Acte constitutionnel seraient en danger. Parent s'élève contre ce qu'il

Fonds Famille Bourassa

ÉTIENNE PARENT
Journaliste

appelle « un système parlementaire truqué ». Effectivement, même si les Canadiens majoritaires votent des lois à l'Assemblée, le gouverneur, par son droit de veto, peut en tout temps empêcher une loi d'être adoptée, même si elle est jugée importante par les députés, pour le bien des Canadiens français. On doit s'accommoder d'un gouvernement non responsable. Les élus ne détiennent pas un vrai pouvoir. Ils n'ont de plus rien à dire concernant l'économie et les finances de la colonie.

AVEC, PUIS SANS PAPINEAU

En 1830, le Parti canadien a à sa tête Louis-Joseph Papineau. Étienne Parent monte dans le bateau. « C'est le sort du peuple canadien d'avoir non seulement à conserver la liberté civile, mais aussi à lutter pour son existence comme peuple. » Avec acharnement, il transmet l'actualité, il travaille à faire prendre conscience aux Canadiens français qu'ils forment un peuple et il demande justice pour ce peuple. Il devient le conseiller de Papineau et c'est à sa suggestion que Ludger Duvernay fondera la Société Saint-Jean-Baptiste.

Mais vers 1835, Étienne Parent prend une décision qui le marquera. Trouvant le Parti « patriote » et son chef, Papineau, trop révolutionnaires, il les abandonne et se range du côté des modérés. À Montréal, Duvernay, qui publie le journal *La Minerve,* renie Parent et son journal. Il devient son ennemi acharné.

On connaît la suite politique : les 92 Résolutions, la réponse de Russell et de l'Angleterre, la révolte des Patriotes, les soulèvements de 1837-1838. Au cours de ces années, Parent souffre. Il espère que son peuple va résister, mais refuse la violence : « Nous ne sommes pas prêts pour l'indépendance : prenons patience, faisons nos preuves, la législation reprendra son cours... » Déchiré, il est honni, et par les Patriotes, et par les amis du pouvoir qu'il ne cesse d'invectiver par ses écrits virulents contre le despote Colborne. On l'emprisonne. Dans son cachot, il continue son travail de journaliste, grâce à la complicité d'un gardien.

L'HOMME POLITIQUE

Une fois le cynique rapport Durham adopté et l'Acte d'Union des Canadas accepté, le rêve d'autonomie politique du peuple canadien-français se dissipe. Parent devient fataliste. Mais il s'acharne toujours à mettre le peuple en garde contre l'assimilation : « Nous demandons que la majorité qui va se trouver dans la législature unie traite la langue française comme la majorité française qui se trouvait dans la Chambre d'Assemblée du Bas-Canada sous l'ancienne constitution traitait la langue anglaise. »

L'Union instaurée, Papineau est remplacé par Louis-Hippolyte La Fontaine, qui invite Parent à se présenter comme député. Ce qu'il fait. Élu député de Saguenay le 6 avril 1841, il démissionne l'année suivante, atteint de surdité. Il continue de servir le gouvernement à différents postes importants tout en se consacrant à des travaux sur l'histoire, la sociologie et l'économie politique. Nommé sous-secrétaire d'État à Ottawa, il se retire en 1872 et meurt dans la capitale canadienne en 1874.

38 JOSEPH MASSON

Eh oui ! le seigneur de Terrebonne, Joseph Masson, fut le premier Canadien français à devenir millionnaire ! Joseph naît le 5 janvier 1791 à Saint-Eustache. En 1803, il a 12 ans. Il met dans un grand mouchoir rouge une chemise, une paire de bottes et quelques victuailles. Il quitte Saint-Eustache à pied, avec le dessein bien affirmé de se rendre à Montréal. À l'angle de la rue Sherbrooke et du chemin de la Côte-des-Neiges, il s'arrête enfin. Il s'assied sur une grosse roche, enlève ses souliers de « beu » et chausse ses bottes, puis jette un regard sur la ville et jure d'y devenir riche.

Quelques jours plus tôt, à une partie de sucre chez son oncle, il a rencontré un riche négociant de Montréal, un dénommé Robertson qui possède un commerce d'import-export et qui cherchait un commis. Sur la recommandation de son oncle, Joseph est donc parti pour la ville. Chez l'importateur, il remplit toutes les tâches. Tantôt commis, tantôt balayeur, il finit par devenir l'homme de confiance de la maison. Il s'inscrit à des cours du soir en comptabilité. Vingt ans plus tard, la maison Robertson connaît de gros problèmes financiers, et les créanciers d'Angleterre et d'Écosse exigent que Masson prenne la société en main. En quelques mois, les dettes sont payées, les affaires rebondissent et la maison réalise des gains colossaux. Joseph sauve l'entreprise et en devient le directeur. Il s'empresse de participer directement aux profits. C'est ainsi que sa fortune atteint puis dépasse rapidement le million.

Fonds Famille Bourassa

RODRIGUE MASSON

Joseph Masson occupera plusieurs postes importants dans la société québécoise : vice-président de la Banque de Montréal, membre du Conseil législatif... Il mourra en 1847. Son fils Rodrigue sera lieutenant-gouverneur du Québec de 1884 à 1887.

Mais l'histoire retient aussi le nom de Joseph Masson comme seigneur de Terrebonne. Il a en effet acheté la seigneurie, payée comptant, en 1832.

LA SEIGNEURIE DE TERREBONNE

La seigneurie de Terrebonne a connu cinq seigneurs sous le Régime français ; elle en connaîtra quatre sous le Régime anglais. Entre 1665 et 1672, l'intendant Jean Talon, puis Frontenac, avaient décidé, pour répondre au désir de la mère patrie, d'établir le plus grand nombre possible de colons et, pour cela, de distribuer des seigneuries. Il y en aura quatre au nord de Montréal. C'est en 1673 que celle de Terrebonne est concédée à Daulier des Landes. C'est le début de la colonisation des Basses-Laurentides.

C'est toutefois l'abbé Louis Lepage, de Sainte-Claire, premier seigneur résident de 1718 à 1745, qui est considéré comme le fondateur de Terrebonne. Il y fait construire une église en 1734, puis un manoir. Ce seigneur ecclésiastique ne perd pas de temps. Sur les bords de la rivière des Mille-Îles, il édifie rapidement un moulin à farine, un moulin à scie et une place de marché. Bien sûr, il y installe des colons qui viennent de Ville-Marie, de Rivière-des-Prairies, de l'Île Jésus, de Boucherville et même de Québec. Mais l'abbé Lepage comprend vite qu'il ne suffit pas d'établir des colons pour créer une ville. Il faut aussi une infrastructure. Alors il trace des chemins et construit des ponts. Il ne ménage ni ses efforts ni son argent. Au point, malheureusement, que bientôt criblé de dettes, il doit vendre sa seigneurie. Il aura cependant eu le temps d'établir à Terrebonne une colonie viable, la première sur la rive nord de la rivière des Mille-Îles.

Louis Lacorne achète la seigneurie de Louis Lepage. Il continue son œuvre de développement. Mais sa cadence est loin d'être celle de son prédécesseur. Il n'est pas non plus habité par la même passion. En 1802, il trouve acheteur : l'Écossais Simon McTavish.

McTavish, on l'a vu précédemment, est un riche marchand de fourrures, l'un des fondateurs de la Compagnie du Nord-Ouest. Lui, ce qui l'intéresse, c'est l'argent et le commerce. Rapidement, Terrebonne occupe donc une place importante dans le commerce des fourrures. Les moulins de l'abbé Lepage font aussi rouler les affaires : production de farine, de biscuits, de tonneaux ; boulangerie, moulin à scier la pierre, etc. D'autres grands barons de la fourrure et riches personnages viennent s'y établir.

En 1832, Joseph Masson, à l'époque vice-président de la Banque de Montréal, se porte acquéreur de la seigneurie. Plusieurs bourgeois francophones le suivent. Des maisons splendides apparaissent en haut du talus. Un forgeron, Matthew Moodie, met sur pied une entreprise de « machines à battre le grain » et renforce l'économie de la région. On bâtit des ponts, on établit un service de navigation à vapeur, un service de diligences vers Montréal et on trace même un chemin de fer.

Après la disparition de Joseph, sa veuve, Geneviève-Sophie Raymond-Masson, prend les choses en main. Terrebonne doit beaucoup à cette femme brillante. Amie de Mgr Bourget, c'est elle qui fait reconstruire l'église, le presbytère et le couvent près du château Masson, troisième et dernier manoir seigneurial. Elle est également la mécène de Louis Riel et d'Adolphe Chapleau, futur premier ministre du Québec.

Pendant deux siècles, l'île des Moulins a été au cœur de toute la vie économique et sociale de Terrebonne. Aujourd'hui, c'est un magnifique parc culturel où je vais souvent flâner. Des recherches historiques ont permis de retrouver sur ce site une quinzaine de bâtiments balayés autrefois par les inondations ou par le feu. Cinq tiennent toujours le coup : le moulin à farine et le moulin à scie, qui abritent la bibliothèque municipale, puis le bureau seigneurial, la boulangerie et le moulin neuf.

39 VERS L'AFFRONTEMENT

Depuis l'Acte constitutionnel de 1791, même si les anglophones ne représentent que 10 % de la population du Bas-Canada, ils contrôlent les deux conseils, occupent la majorité des postes de la fonction publique et cumulent souvent deux emplois ou même plus.

DU CÔTÉ DE LA MINORITÉ ANGLOPHONE

Ils se regroupent dans un parti politique, le Parti tory, dont le programme veut accélérer l'anglicisation du Bas-Canada par l'immigration intensive, un système d'écoles publiques anglaises et surtout par l'union des deux Canadas. Le but avoué : placer les Canadiens en minorité. Le Parti tory peut compter sur l'appui de deux journaux : la *Montreal Gazette,* fondée en 1785, et le *Quebec Mercury,* fondé en 1805. Trop souvent, les deux journaux attaquent la langue et la culture des Canadiens. Ils peuvent difficilement comprendre qu'un peuple conquis ne soit pas dominé par son conquérant.

DU CÔTÉ DE LA MAJORITÉ FRANCOPHONE

Depuis 1796 cependant, à l'Assemblée du Bas-Canada, il existe un autre parti politique : le Parti canadien. Une nouvelle élite, composée de la petite bourgeoisie professionnelle et commerçante, est aux commandes. Elle s'est donné le mandat de défendre la nation canadienne-française.

Le Parti canadien s'oppose à l'immigration britannique et américaine ainsi qu'à la division des terres en lots carrés (*townships*) et refuse de voter des taxes qui ne servent pas les intérêts de la majorité. Il dénonce les tories qui occupent la majorité des postes de l'administration. De plus, il réclame le contrôle des finances, le gouvernement responsable, et surtout, il s'objecte fermement à l'union des deux Canadas.

Ce parti ne se bat pas tant contre les institutions britanniques que contre la bourgeoisie d'affaires. Et, bien sûr, certains membres importants de ce parti sont aussi anticléricaux. Ils accusent le clergé de coucher dans le même lit que les autorités britanniques et espèrent le remplacer comme leader du peuple canadien. C'est après plusieurs refus et plusieurs déceptions que certains des chefs patriotes prêcheront l'indépendance du Bas-Canada ou l'annexion aux États-Unis.

Les principaux chefs de ce parti sont Pierre Bédard et Louis-Joseph Papineau. Eux aussi peuvent compter sur des journaux qui appuient leurs combats : *Le Canadien,* fondé en 1806, *La Minerve,* fondée en 1827 par Ludger Duvernay, et le plus percutant de tous, le *Vindicator.*

LA GUERRE DES PARTIS

De 1805 à 1834, les députés vont s'affronter sur le plan politique. Récapitulons. Tout d'abord, le Parti tory veut percevoir une taxe sur la propriété, tandis que le Parti canadien veut taxer les produits importés. Le gouverneur, James Craig, impose son veto, provoquant une grave crise politique. Il déclenche trois élections en trois ans, toutes gagnées par le Parti « patriote ». Le journal *Le Canadien,* qui s'oppose au gouverneur, est saccagé ; on met en prison ses rédacteurs. Finalement, l'union des deux Canadas est impensable pour les Canadiens, car elle leur ferait perdre leur Parlement.

C'est la crise. Pour bien comprendre ce qui se passe dans ces années 1830, il faut se souvenir des mauvaises récoltes, des épidémies de choléra (10 000 décès au Bas-Canada en 1832), provoquées par l'arrivée de nombreux immigrants qui ont dû traverser l'océan dans des conditions terriblement insalubres. Le peuple est révolté aussi par la violence d'un geste qui a fait les manchettes : lors d'une élection partielle à Montréal, des soldats anglais ont tué trois Canadiens.

Le 17 février 1834, le Parti « patriote » présente donc 92 résolutions à l'Assemblée du Bas-Canada. Il s'agit de l'ensemble des revendications des Canadiens. Les députés décident de ne pas voter le budget tant qu'ils n'auront pas de réponse.

Il y a des élections cette année-là : Papineau remporte 77 des 88 sièges. Un nouveau gouverneur, Gosford, arrive en 1835 et l'Angleterre refuse les 92 Résolutions en 1837. Non seulement refuse-t-elle d'accorder le gouvernement responsable, mais elle accroît le pouvoir du gouverneur, en lui permettant de puiser dans les fonds publics sans la permission des députés. Ce sera la guerre...

Fonds Famille Bourassa

L'HONORABLE LOUIS-JOSEPH PAPINEAU
Troisième président de l'Assemblée législative

LES FILS DE LA LIBERTÉ

Nous sommes en novembre 1837. Ça brasse dans le pays ! Papineau et le Parti « patriote » ont refusé de voter le budget. La Chambre d'Assemblée est dissoute. Le peuple est dans la rue. Le 5 novembre 1837, lors d'une assemblée à l'hôtel Nelson, place Jacques-Cartier, à Montréal, on fonde l'Association des Fils de la Liberté. Robert Nelson, André Ouimet et

Édouard Rodier soulèvent la foule. Fanfare en tête, tout ce beau monde va rendre hommage à Louis-Joseph Papineau, le chef incontesté des Canadiens français. Les Fils de la Liberté, c'est une association civile et militaire divisée en deux branches. L'une travaille aux discours et aux écrits, l'autre s'engage à prendre les armes si nécessaire, afin d'obtenir les droits exigés par le Parti « patriote » et refusés par le gouvernement de Londres.

Lors de cette historique assemblée, Thomas Chevalier de Lorimier et George-Étienne Cartier (qui deviendra un des Pères de la Confédération) sont élus secrétaires de l'Association. Ordinairement, les Fils de la Liberté s'habillent d'étoffe du pays. Ils tiennent des assemblées publiques toutes les semaines, pratiquent des exercices militaires, et de 500 à 600 d'entre eux paradent tous les mois dans les rues de Montréal au son d'une musique militaire. Ils disposent d'une centaine de fusils de chasse et de bâtons. On parle, à l'époque, d'acheter des armes aux États-Unis, mais Papineau s'y oppose. Leur devise : « En avant ! »

La veille de la grande assemblée que tiendront les Patriotes à Saint-Charles, ils sont 1200 hommes décidés à se rendre à la réunion. Les Anglais, observant cette marée de revendicateurs, prennent peur et les membres du Doric Club, une association anglaise similaire à celle des Fils de la Liberté, décident d'intervenir. Les rues de Montréal deviennent ainsi le terrain des tout premiers combats.

40   LE PREMIER TRAIN CANADIEN

Le train n'est plus un moyen de transport très populaire chez nous. Mais au XIXe siècle, il faut voir avec quelle fierté les gens d'affaires et les hommes politiques encensaient cet engin révolutionnaire !

MONTRÉAL, 1830

Le port de Montréal n'est plus simplement le petit frère de celui de Québec. Il doit donc être équipé convenablement. Pour cela, il lui faut un chemin de fer qui acheminera les marchandises arrivées au port. En 1831, le premier chemin de fer obtient sa charte. Aux États-Unis, il y a déjà trois compagnies ferroviaires. Depuis quelques années, la *Gazette* s'était d'ailleurs faite propagandiste d'une ligne qui joindrait le Saint-Laurent au lac Champlain. De cette façon, les villes de Montréal et de New York seraient reliées si un chemin de fer partant de La Prairie se rendait jusqu'à Saint-Jean. Il faut se souvenir que les bateaux passaient par la rivière Richelieu pour atteindre Saint-Jean via Sorel.

Sur ce sujet, et comme cela se passerait encore aujourd'hui, des discussions pointues et interminables s'engagent à la Chambre d'Assemblée. Qui doit payer ? On forme une compagnie composée de 74 hommes d'affaires et qui réussit à ramasser 50 000 livres sterling pour financer le projet.

LA PRAIRIE–SAINT-JEAN

Le 21 juillet 1836, tout est prêt. De nombreux curieux ont envahi les lieux. Plusieurs invités de marque attendent pour prendre place dans les wagons : il y a le gouverneur, Lord Gosford, Sir Charles Grey, homme d'État anglais, puis George Gipps, futur gouverneur de la Nouvelle-Galles du Sud, et enfin Louis-Joseph Papineau qui, en cette année 1836, est en guerre contre l'administration et son gouverneur. On est, souvenons-nous, en plein chaos politique. Le Parti « patriote » a présenté ses 92 Résolutions et s'apprête à déclencher le boycottage qui mènera à la dissolution du Parlement. Mais aujourd'hui, tout ce beau monde se côtoie avec civilité, car c'est une journée historique. Des centaines de personnes assistent à ce départ fameux.

Robert Prévost nous rappelle qu'en ce temps-là, les rails sont en bois. En chêne plus précisément et on recouvre ces lisses d'une bande métallique. D'où vient la locomotive ?

D'Écosse. Elle appartient à George Stephenson, de Newcastle. Pour la payer, les actionnaires, qui ont manqué d'argent liquide, ont dû hypothéquer leurs biens. Toute petite, elle fait 13 pieds et 6 pouces de longueur ; si bien qu'on doute de sa capacité à tirer plusieurs wagons. On fait des essais. Finalement, on lui en attache deux, dans lesquels prennent place les principaux dignitaires. C'est un départ... Bruit, vapeur et suie sortent de l'engin déjà fatigué ! Doucement, la locomotive glisse sur les rails. Laissons l'historien Albert Tessier continuer : « On installe les autres invités sur des plates-formes garnies de bancs traînées par des chevaux qui furent vite distancés par le train filant à la vitesse de 15 milles à l'heure ». Quel début !

La Dorchester (la locomotive) quitte La Prairie à 12 h 30 et arrive à Saint-Jean à 13 h 29. Enfin, les distances ne seront plus un obstacle au progrès ! Mais plusieurs s'inquiètent. Ces engins ne sont-ils pas dangereux ? Et les feux de forêt ? Et la santé des animaux ? La pureté de l'air ambiant ? Mais, comme dit l'adage, petit train va loin. Rien ne peut arrêter le progrès. Le chemin de fer étend ses bras. À la fin du XIXe siècle, il contribuera à la naissance d'un pays s'étendant d'un océan à l'autre.

LES SCANDALES POLITIQUES

Que d'argent ! Que de compagnies ! Que de chicanes ! Les hommes politiques vont se couvrir de scandales par la faute de ce nouveau monstre. En 1873, le grand Macdonald passera dans le tordeur à cause du scandale du C.P.R. Honoré Mercier se servira d'un autre scandale, celui du Grand Nord, pour mettre fin au règne du Parti conservateur du Québec. Lui-même périra sous ce glaive, lorsque le grand argentier de son parti, Ernest Pacaud, acceptera un pot-de-vin pour la construction du chemin de fer de la Baie-des-Chaleurs, en 1891. Seul le curé Labelle semblera avoir Dieu à bord de son p'tit train du Nord.

La voie ferrée qui a le plus favorisé le pays est sans aucun doute le Grand Tronc qui, en 1860, relie Sarnia, à l'ouest du Haut-Canada, à Rivière-du-Loup, à l'est du Bas-Canada. Les

Canadas ennemis sont réunis. Plus tard on raccordera le Nouveau-Brunswick et la Nouvelle-Écosse à cette ligne, ce qui permettra de parler de Confédération. Les gens d'affaires seront intéressés à parler d'un pays.

41 ON LES ENTERRAIT VIVANTS

Voici des moments terrifiants de notre histoire. Il s'agit de deux épidémies qui ont semé la mort à un rythme infernal.

LE SCORBUT

Les lecteurs qui ont l'âge d'avoir appris l'histoire à la petite école se souviennent tous du moment où le professeur racontait avec beaucoup de détails comment Jacques Cartier, installé à Stadaconé (qui allait devenir Québec) pour l'hiver, en décembre 1535, s'aperçut que dans la poignée de colons et de marins qui vivaient autour de lui, plusieurs étaient atteints d'un mal étrange et mortel. Décrivant la maladie, le Malouin écrit que les jambes du malade deviennent grosses comme des troncs d'arbres, et sont tellement boursouflées qu'elles laissent voir les nerfs noircis. En quelques jours, les hanches, les cuisses, les épaules, les bras, puis le cou sont atteints. Enfin la bouche : les gencives pourrissent, les dents tombent. À cet instant du récit, toute la classe attendait la suite avec angoisse. Chacun imaginait l'horrible « bibitte » qui l'attaquait à son tour sournoisement.

En fait, des 110 hommes de la petite colonie, seulement 10 n'ont pas contracté la maladie. On a beau prier, faire des vœux, installer des images saintes aux arbres, s'accrocher au miracle, rien n'arrête la marche de l'épidémie. Cartier exige un jour que l'on ouvre un cadavre, dans le but de trouver la cause : « Le cœur était blanc et flétri, écrit-il, environné d'un pot d'eau rousse. Le sang et les poumons, dit-il, étaient noirs. »

Cela décide le brave capitaine à demander de l'aide. Son bateau retenu par la glace, il quitte son campement et va, marchant dans la neige jusqu'à mi-corps, vers celui des Indiens. Il s'adresse au chef Domagaya qui, lui-même atteint de cette maladie, s'est guéri en ingurgitant le jus de l'écorce d'épinette. Le capitaine Cartier rapporte aussitôt la recette chez les siens. Trois ou quatre traitements plus tard, les malades sont guéris! Une simple décoction d'écorce de conifère réussit là où les dévotions ont échoué…

LE CHOLÉRA

C'est au mois de juin 1832 que le choléra se déclare chez nous. Venu de très loin, il a d'abord attaqué l'Europe. Un immigrant fraîchement débarqué tombe un jour malade dans un hôtel de Québec et meurt. Il était atteint du choléra dans sa phase la plus contagieuse. En peu de temps, des centaines de personnes sont touchées par l'affreuse maladie. On relève 145 décès rien que durant la première semaine! Il est trop tard pour arrêter la marche de la mort. À l'automne, on dénombre 4000 décès. Bientôt, la contagion atteint Montréal et galope même jusqu'en Ontario. On estime qu'au moins 7000 personnes sont foudroyées.

Dans les rues de Montréal, des charrettes ramassent les cadavres et font constamment la navette entre la ville et le cimetière de l'ouest, sis à cette époque au square Dominion, place du Canada. Au cours de leur tournée macabre, plusieurs charretiers s'arrêtent dans quelque taverne pour refaire leurs forces et s'immuniser contre la maladie.

Entassés au cimetière, les corps attendent qu'on puisse creuser des fosses. On parle alors de les brûler. Finalement on opte pour un enterrement rapide. Voici ce que rapporte Hector Grenon: « À cette époque, on donnait des pastilles à base d'opium aux malades. L'inévitable devait se produire: plusieurs malades passant pour morts furent jetés vivants dans une fosse. On rapporte que des défunts ayant repris conscience se sauvaient vêtus de leur linceul, effrayant ainsi les voisins. En outre, plus tard, lorsqu'on a creusé à cet endroit pour exécuter de nouveaux travaux, il fut découvert que des personnes enterrées avaient visiblement tenté de sortir de leur impasse mais en vain, à cause des obstacles que l'on devine. » Le choléra frappera encore chez nous en 1834, 1849, 1851 et 1854.

42 JACQUES VIGER

J'ai commencé ma carrière de prof à la fin des années 1950, dans le quartier Saint-Henri, à Montréal. J'enseignais à l'école primaire Jacques-Viger, rue Saint-Philippe, au sud de la rue Notre-Dame. Cette école, hélas! comme plusieurs bâtisses historiques de ce quartier, a été rasée pour faire place au progrès. Le nom de Viger vous dit certainement quelque chose.

Fonds Famille Bourassa

L'HONORABLE JACQUES VIGER
Historien

À tout le moins, vous savez qu'une rue parallèle au fleuve porte encore aujourd'hui ce nom. C'est celui du premier maire de Montréal.

Désigné en 1833, réélu en 1834 et en 1835, il assainit la ville. En 1834, il devient le premier président de la Société Saint-Jean-Baptiste de Montréal. Fondateur de la Société historique de Montréal, il consacre sa vie à la recherche archéologique et historique. Son père, qui est député du comté de Kent, qui recevra plus tard le nom de Chambly, siégera à l'Assemblée législative de Québec. Jacques est le quatorzième enfant de la famille et naît à Montréal le 7 mai 1787.

JOURNALISTE, MILITAIRE, ARCHIVISTE...

C'est comme journaliste au journal *Le Canadien,* de Québec, que Jacques Viger commence sa vie publique. L'année suivante, il revient à Montréal et s'enrôle dans le célèbre régiment des Voltigeurs canadiens commandé par Michel de Salaberry. Rapidement, il est nommé lieutenant, puis capitaine, quand en 1812 éclate la guerre contre les Américains qui tentent d'envahir le Canada. C'est à la tête de sa compagnie qu'il participe à la bataille de Sackett's Harbour, dans le Haut-Canada, en 1813. À cette occasion, il voisine les régiments suisses de Watterville et de Meuron dont les soldats parlent allemand. De cette langue, il retiendra le mot *sabestashe* (havresac) qui deviendra pour lui « saberdache » quand il cherchera un titre pour désigner l'immense documentation historique qu'il amassera tout au long de sa vie.

Au mois d'octobre 1813, le décès de sa mère le ramène à Montréal pour régler les affaires de famille. Le gouverneur Prevost, le traitant comme un déserteur, lui enlève ses grades d'officier. Mais il se rend compte de son erreur et s'amende quelques mois plus tard en le réintégrant comme commandant du 6e bataillon de la milice, du comté de Montréal.

En 1825, il est nommé inspecteur des rues et des chemins de la cité de Montréal, commissaire des routes et inspecteur des ponts et chaussées. Avec l'honorable Louis Guy, il entreprend le recensement de l'île de Montréal. À partir de ce moment, Jacques Viger complète les *Tablettes historiques* du comté de Montréal et sa réputation d'archiviste et d'archéologue dépasse les frontières du pays.

LES « SABERDACHES »

Ses documents historiques classés et annotés sont réunis dans 44 volumes dont 30 à couverture rouge, *La saberdache rouge,* et 14 à couverture bleue, *La saberdache bleue.* En plus d'être passionné de recherche historique, il est un fin connaisseur de beaux-arts et d'archéologie. Il est sûrement l'homme de son temps le mieux documenté sur l'histoire du Canada, nous dit Léon Trépanier.

Le premier maire de Montréal meurt au 24, rue Notre-Dame à Montréal, le 12 décembre 1858, à quelques pas de l'église Notre-Dame où ont lieu ses funérailles. Mais trois jours plus tard, il est inhumé dans l'église de Notre-Dame-de-Grâce, paroisse où il était propriétaire. En effet, même si ce n'est qu'en 1865 que la paroisse Notre-Dame-de-Grâce sera érigée canoniquement, la fabrique Notre-Dame permet déjà en 1854 l'inhumation sous l'église. De nombreuses personnalités assistent à la cérémonie. Sa femme, Marie-Marguerite, fille du chevalier de la Corne et veuve du major Lennox, ira le rejoindre le 19 octobre 1863. Mgr Bourget, évêque de Montréal, présidera la cérémonie.

LES TROIS VIGER

On regroupe sous ce surnom trois cousins qui ont marqué leur époque : Jacques, dont nous venons de parler, Louis-Michel dit « le beau Viger », organisateur et président de la Banque du Peuple, avocat et parlementaire, et Denis-Benjamin, aussi cousin de Louis-Joseph Papineau, adoré des Patriotes de 1837-1838, et l'un des plus grands parlementaires de son temps. C'est grâce à la générosité de Denis-Benjamin que fut érigée la cathédrale Saint-Jacques, située à l'époque à l'angle des rues Sainte-Catherine et Saint-Denis. Ces trois cousins remarquables ont laissé leur empreinte dans le ciment de notre histoire.

Fonds Famille Bourassa

LOUIS-MICHEL VIGER

Fonds Famille Bourassa

DENIS-BENJAMIN VIGER

43 LES PATRIOTES

Trahis par les autorités ecclésiastiques, écartés du pouvoir politique par la mère patrie qui favorise la classe dirigeante anglophone en refusant aux francophones le gouvernement responsable qu'ils réclament, ces valeureux patriotes vont se battre pour la liberté et la démocratie. Plusieurs d'entre eux y laisseront leur vie ou paieront le prix de la déportation.

UN ÉTAT SOUVERAIN

En 1830, Lord Aylmer, le gouverneur britannique fraîchement arrivé, se montre prêt à faire des concessions aux Canadiens. Mais il s'agit de points de détail, et le problème, c'est-à-dire l'absence de pouvoir des élus face aux représentants de la Couronne, reste le même. Louis-Joseph Papineau refuse ces mesures, qu'il juge insuffisantes au point d'en être insultantes. Cette décision du chef va toutefois diviser le Parti canadien:

les modérés choisiront John Neilson comme chef, et les radicaux suivront Papineau. Ceux-là estiment que le peuple est prêt à prendre son destin en mains, en se débarrassant du joug de la domination anglaise et en se donnant un État souverain.

Pour cela, nous dit Léandre Bergeron, les Canadiens devront se réapproprier deux pouvoirs : celui de l'argent et celui de la pensée. D'une part, on fonde la Banque du Peuple qui, en concurrençant la Bank of Montreal, une création de Molson et McGill, donnera aux Canadiens le contrôle de leur économie. Et, d'autre part, on s'éloigne du clergé, qui fricote avec le pouvoir anglophone et dont l'ascendant sur les esprits ne suscite plus que la méfiance.

L'ESCALADE

À partir de 1832, une série d'événements va petit à petit chauffer les esprits et mener tout droit à l'affrontement. D'abord, lors d'une élection partielle à Montréal, des soldats anglais tuent trois manifestants canadiens. Les responsables de ce carnage sont acquittés, et le gouverneur Aylmer maintient le jugement. Le peuple est en colère.

L'année suivante, le parti de Papineau réclame une loi qui rendrait le Conseil législatif électif, ce qui signifierait la fin des nominations partisanes. La proposition est refusée. De plus, lors de cette session, le budget n'est pas voté. C'est le blocage. Le gouverneur profite de ses pouvoirs pour se voter quand même son salaire et celui des autres administrateurs.

Les Canadiens sont conscients de la politique d'assimilation de l'Angleterre : chaque année, 50 000 immigrants viennent dans le Bas-Canada grossir les rangs des anglophones. De plus, l'épidémie de choléra déclenchée par l'arrivée massive d'Irlandais malades tue 3000 personnes ! Pour ne rien arranger, cette même année, le gouverneur met sur pied la British American Land Co., fondée à Londres dans le but d'établir 600 000 Britanniques dans les Cantons-de-l'Est et dans l'Outaouais. C'est la panique chez les Patriotes. Surtout que la situation économique est très mauvaise.

Finalement, en 1834, le Parti « patriote » va proposer ses 92 Résolutions, qui exigent ni plus ni moins que la responsabilité ministérielle. Pour le gouvernement britannique, cela est inacceptable : donner tous les pouvoirs à l'Assemblée, comme elle le souhaite, c'est laisser le Bas-Canada devenir indépendant ! Papineau force le combat. Il demande aux Canadiens de boycotter les produits anglais et de retirer leurs économies de la Quebec Bank et de la Bank of Montreal.

En 1835, Londres envoie un nouveau gouverneur, Lord Gosford, avec un mandat de conciliation. Il doit essayer de neutraliser les Patriotes en travaillant avec les modérés. Il fait appel au calme. Peine perdue, même s'il réussit à attirer quelques Patriotes dans le groupe des modérés.

En 1837, Lord Russell, le secrétaire aux colonies, rejette officiellement depuis Londres les 92 Résolutions. C'est l'impasse... Les Patriotes répondent à leur façon, en organisant des assemblées populaires un peu partout. Des résolutions sont adoptées, puis publiées dans les journaux comme *La Minerve* et le *Vindicator*.

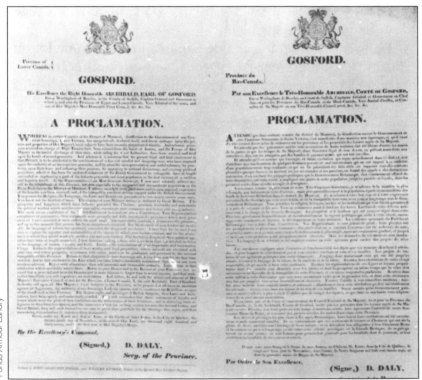

Le gouverneur intervient, interdit les assemblées populaires... qui continuent. Mgr Lartigue, évêque de Montréal, entre dans la danse et prend position en faveur de Gosford et du pouvoir britannique. Lors d'un discours public, il menace d'excommunication tous ceux et celles qui désobéiront au gouvernement. Il se sert du journal *L'Ami du peuple* pour répandre ses menaces. En 1837, quand la reine Victoria monte sur le trône, les évêques font chanter le *Te Deum* dans toutes les églises du Québec en l'honneur de la souveraine. Mais les paroissiens exaspérés sortent des églises.

On met sur pied un groupe paramilitaire, les Fils de la Liberté, en riposte aux attaques d'un groupe anglais semblable, le Doric Club. Le 23 octobre 1837, 5000 personnes se rassemblent à Saint-Charles. Papineau leur conseille de ne pas prendre les armes, mais le patriote Wolfred Nelson n'est pas d'accord: «Le temps est arrivé de fondre nos plats et nos cuillers d'étain pour en faire des

Fonds Famille Bourassa

WOLFRED NELSON, M.D.
Commandant en chef à St-Denis,
le 23 nov. 1837.

balles », clame-t-il. Mgr Lartigue publie une lettre pastorale. Les Canadiens dénoncent leur chef spirituel en défilant devant la cathédrale Saint-Jacques, à Montréal. Les jeux sont faits. Le 6 novembre, le Doric Club et les Fils de la Liberté s'affrontent à Montréal. On saccage l'imprimerie du *Vindicator,* on met le feu à la maison de Papineau. Le gouverneur Gosford écrit à Londres pour réclamer la loi martiale. Des régiments anglais arrivent en renfort. On recrute des anti-patriotes à Montréal et à Québec. John Colborne (qu'on surnommera le Vieux Brûlot) est nommé commandant en chef. Les assemblées sont interdites, des mandats d'arrêts sont émis. Papineau et d'autres fuient par la rivière Richelieu, atteignent Saint-Hyacinthe et, de là, passent aux États-Unis.

LES COMBATS

Le 22 novembre, partis de Chambly, la Montreal Volunteer Cavalry commandée par le lieutenant-colonel Wetherall rejoint à Saint-Denis, pour une attaque surprise, les cinq compagnies du colonel Gore, parties celles-là de Sorel. Mais les Patriotes les attendent et les soldats anglais sont épuisés. Les Canadiens l'emportent, mais ce sera leur seule victoire. À Saint-Charles, les 200 Patriotes réfugiés dans le manoir du seigneur Debartzch, sous la direction de T. S. Brown, attendent Wetherall de pied ferme. Mais l'artillerie anglaise détruit le manoir en quelques heures.

Le 1er décembre, Gore retourne à Saint-Denis prendre sa revanche. Ses soldats profanent l'église, pillent et incendient le village. Le 5 décembre, le gouverneur Gosford décrète la loi martiale. Les curés menacent des tourments de l'enfer les Canadiens qui appuient les Patriotes. Deux curés sympathisants sont relevés de leurs fonctions. Le 14 décembre, à Saint-Eustache, Colborne, à la tête de 2000 hommes bien armés, ne fait qu'une bouchée des 250 Patriotes commandés par le Dr Chénier. Après avoir brûlé l'église, son armée se répand dans la région, volant, violant les femmes, brûlant les maisons, massacrant les animaux.

PATRIOTES
Avance de l'armée de Wetherall, 1837

LES FRÈRES CHASSEURS DE 1838

Au printemps 1838, Lord Durham, nommé gouverneur général et haut-commissaire, débarque au Bas-Canada. Que faire des Patriotes ? Il décide d'exiler 8 de leurs chefs aux Bermudes, et d'interdire l'entrée au pays à 16 d'entre eux qui se sont enfuis.

Parmi ces interdits, Robert Nelson, installé aux États-Unis, proclame la République du Bas-Canada le 28 février. Il recrute une armée, les Frères chasseurs, et se prépare à attaquer le Canada. Il espère que sur sa route des soulèvements populaires répondront à son appel. Erreur... seul le sud de Montréal s'organise. C'est la débandade. Colborne ayant repris du service après le départ de Durham, mettra fin à l'idéal patriote avec une armée de 6000 hommes. Le Vieux Brûlot achève son boulot ; il incendie et détruit tout sur son passage, fait 753 prisonniers, dont 99 seront condamnés à mort par la Cour martiale. Adam Thom, du *Montreal Herald,* suggère qu'on les exécute le plus tôt possible : « Il serait ridicule d'engraisser cela tout l'hiver pour les conduire plus tard à la potence. »

Fonds Armour Landry

ROBERT NELSON

Douze Patriotes sont pendus au Pied-du-Courant, 58 sont déportés en Australie, 2 sont bannis à vie, 27 libérés sous caution. Colborne disait qu'il fallait faire des exemples.

44 CANADIENS 3, DORCHESTERS 1

Le deuxième samedi de mars 1837 est un grand jour ! Les Canadiens viennent de remporter leur premier championnat de hockey ! Cette partie mémorable s'est jouée sur une patinoire extérieure au sud de la rue Bleury, à l'angle de Dorchester.

EN PLEINE GUERRE CIVILE

Les détails de ce match historique nous sont parvenus plus d'un siècle plus tard, en 1941, grâce à John T. Knox. Ce monsieur de 84 ans confie alors à un journaliste montréalais, Harold McNamara, les notes que son père à lui, John Knox, lui avait laissées. Et M. Knox père était un témoin direct : il avait assisté à la partie de 1837 !

Ce qui est particulièrement étonnant ici, c'est qu'en 1837 on est en pleine guerre civile à Montréal. Les membres du Doric Club et les Fils de la Liberté se battent dans les rues. À peine trois mois plus tôt, le Dr Chénier et des Patriotes ont péri à Saint-Eustache. Le village de Saint-Benoît a été dévasté par l'armée anglaise. Pourtant, on joue au hockey !

On rapporte même que cette confrontation finale entre les deux équipes est exempte de toute rudesse, même si aucun arbitre ni juge de ligne n'est présent ! Mais les deux capitaines se sont engagés à faire respecter les règlements. Pas de mise en jeu, pas de hors-jeu ; les joueurs chaussent des patins de bois à lame d'acier et jouent jusqu'à épuisement.

VERS LE CHAMPIONNAT

Trois équipes existent à Montréal et elles sont à peu près de force égale : les Dorchesters, les Uptowns et les Canadiens, qui ont leur patinoire à l'angle nord-est des rues Sherbrooke et Saint-Laurent. La première partie a eu lieu en février entre les deux équipes anglophones. Trois Canadiens français patinent pour les Dorchesters : John Perrault, Joe Dion et Paul Joyal. Les Dorchesters ont compté le premier but et prétendent qu'ils ont remporté le championnat. La foule envahit la patinoire : impossible de terminer la partie ! À ce moment, les Canadiens lancent un défi aux supposés champions…

On se met d'accord pour que la rencontre débute à 14 heures et que le premier club qui réussira à compter trois buts sera proclamé champion. La partie doit se terminer à 16 heures.

Or, ce samedi, les partisans sont fort agités ; ils se pressent autour de la patinoire. La garnison militaire de l'île Sainte-Hélène veille, espérant qu'elle n'aura pas à intervenir…

Chacune des équipes aligne huit joueurs. Chez les Canadiens : le gardien de but Joe Charlebois, à la défense Dollard Roy, Alfred Péloquin et Émile Guilbault, à l'attaque Joseph Devlin, Dick Duchesneau, Alex Lespérance et Pat Hogan. Le club des Uptowns a prêté les Perrault, Joyal et Dion à l'équipe des Dorchesters.

14 heures… le match débute… Après 20 minutes, Stapelton compte le premier but pour les Dorchesters. Dix minutes plus tard Guilbault enregistre, pour les Canadiens, le but égalisateur ; puis Duchesneau donne l'avance aux bleus à 36 minutes. Précurseur de Maurice Richard, Duchesneau assomme les Dorchesters en comptant le troisième but. La partie est terminée. La foule en délire saute sur la patinoire, on s'embrasse, on crie, on porte en triomphe les nouveaux héros !

Cette confrontation sportive met temporairement un baume sur les plaies des Canadiens français.

45 LE RAPPORT DURHAM

Si un rapport a fait du bruit dans notre histoire, c'est bien celui de Lord Durham ! Mais qui est donc ce monsieur ? Son vrai nom est John George Lambton. C'est un Anglais, fils d'un député de la cité de Durham aux Communes britanniques. En 1813, il imite son père, se lance en politique et se fait élire député de Durham. Adversaire des tories, il se fait l'avocat de maintes réformes. C'est un homme intelligent et orgueilleux, colérique au point de ne se dominer que difficilement. Rapidement, il trace son chemin à travers le labyrinthe de la politique. Sa vanité est comblée par les honneurs : il est élevé à la pairie en 1828, puis ennobli au rang de comte. Et quand il se marie avec la fille de son chef de parti, Lord Grey, il devient l'un des libéraux les plus influents.

À l'issue des soulèvements de 1837-1838, Londres veut une enquête, un rapport sur le conflit et des recommandations. On confie la tâche à Durham, avec les titres de haut commissaire et de gouverneur général. Aussi bien dire qu'il détient le pouvoir absolu, puisque la Constitution du Bas-Canada a été suspendue. Il débarque à Québec le 29 mai 1838. Un mois plus tard, le 28 juin, il forme un Conseil spécial qui forcera à l'exil les chefs patriotes qui avaient déjà fui le pays, ce qui devait les empêcher de revenir. Mais le même conseil décrète aussi une amnistie générale pour les autres citoyens ayant pris part aux soulèvements. Grave erreur : on est mécontent de sa décision et Londres le désavoue. Lord Durham doit donc retourner en Angleterre. On est en novembre 1838.

En janvier 1839 son rapport, qui deviendra si célèbre, est divulgué. Que dit-il ? Il affirme que le conflit est racial, pas constitutionnel. « Je m'attendais à trouver un conflit entre un gouvernement et un peuple : je trouvai deux nations se faisant la guerre au sein d'un seul État... »

Que pense-t-il des Canadiens ? « Ils sont un peuple sans histoire ni littérature, ils s'attachent aux anciens préjugés, aux anciennes lois avec la ténacité irraisonnée d'un peuple ignare et stationnaire... Ils sont d'une infériorité sans espoir : je ne connais pas de distinction nationale marquant et continuant une infériorité plus désespérée, la langue, les lois et le caractère du continent sont anglais, et toute autre race que la race anglaise apparaît dans un état d'infériorité. C'est pour les tirer de cette infériorité que je désire donner aux Canadiens notre caractère anglais. »

Il loue l'impérialisme britannique. « Les Anglais ont mis en valeur les ressources du pays, ils ont construit ou amélioré ses moyens de communication, ils ont créé son commerce extérieur et intérieur, les fermes les plus florissantes… La grande masse de la population ouvrière est française à l'emploi des capitalistes anglais… [lesquels] ont pour eux une incontestable supériorité d'intelligence ; ils ont la certitude que la colonisation doit augmenter leur nombre jusqu'à devenir une majorité […] ils appartiennent à la race qui détient le gouvernement impérial et qui domine sur le continent américain. »

Et que propose lord Durham ? L'assimilation des francophones par l'union des deux Canadas et la responsabilité ministérielle. « Je n'entretiens aucun doute au sujet de la représentation nationale qui doit être donnée au Bas-Canada […] Le premier et ferme dessein du gouvernement britannique doit être à l'avenir d'établir dans cette province une population anglaise, avec des lois et la langue anglaises, et de ne confier son gouvernement qu'à une législature décidément anglaise ».

46 L'ACTE D'UNION

À la suite du rapport de lord Durham, le gouverneur Sydenham, sans consultation auprès du peuple, fait approuver une nouvelle constitution. À cette époque, la population totale des deux Canadas dépasse légèrement le million. Le Bas-Canada compte 650 000 habitants, et le Haut-Canada, 450 000.

Pour les Canadiens, cette nouvelle constitution équivaut à une nouvelle Conquête. En effet, elle leur fait perdre leur propre Chambre d'Assemblée et, malgré leur supériorité en nombre dans le Bas-Canada, leur donne le même nombre de députés que les Anglais : 42. On ne peut donc pas parler de représentation proportionnelle… (Naturellement, quand les anglophones surpasseront en nombre les Canadiens, en 1851, ils réclameront à tue-tête, avec comme chef de file le fondateur du *Globe and Mail* et chef du Parti *clear-grits,* George Brown, le *Rep by Pop,* qui leur sera accordé avec la Confédération de 1867.)

La question de la nouvelle constitution suscite de nombreux débats, surtout dans le Haut-Canada. Dans cette province à majorité anglaise, on veut, par exemple, que seule la langue anglaise soit officielle; et aussi que la tenure seigneuriale reste limitée aux rives du Saint-Laurent. Quoi qu'il en soit, la reine Victoria, souveraine britannique, signe, le 23 juillet 1840, la nouvelle loi de l'Union, qui entrera en vigueur le 10 février 1841.

LA LOI DE L'UNION

Que dit cette loi qui crée une toute nouvelle constitution, c'est-à-dire une toute nouvelle façon de vivre pour la société des Canadiens?

D'abord, la loi de l'Union crée la *Province of Canada*. Ensuite, elle stipule l'union du Bas et du Haut-Canada sous un seul gouvernement. Ce gouvernement est composé d'un gouverneur (ce sera Lord Sydenham), d'un Conseil exécutif, d'un Conseil législatif et d'une Chambre d'Assemblée. Le gouverneur a un droit de veto, il peut créer des comtés et y nommer des représentants personnels, et se réfère directement au parlement britannique. (Lequel refuse pour l'instant d'accorder la responsabilité ministérielle. Quant à la reine, elle peut bloquer une loi pendant deux ans!) Le Conseil exécutif, recruté parmi les députés, est nommé par la Couronne. Le Conseil législatif compte 24 membres nommés à vie (pas élus). Enfin, l'Assemblée, élue, est composée de 42 membres du Haut-Canada et de 42 membres du Bas-Canada.

L'anglais est la seule langue officielle et on met en commun les dettes et les revenus. Cette dernière mesure est indigne pour le Bas-Canada, dont la dette est de 90 000 livres, alors que celle du Haut-Canada s'élève à 1 200 000 livres! En réalité, la faillite du Haut-Canada est imminente et les banquiers de Londres qui y ont investi ont fait d'énormes pressions pour sauver leur mise.

Le *Union Bill,* personne n'est dupe, est d'abord et avant tout une affaire d'argent.

Dans son journal *Le Canadien* (l'un des rares encore autorisés), Étienne Parent analyse jour après jour le texte de la nouvelle constitution, ses implications, ses conséquences. Le peuple est consterné, découragé, démoralisé. Il sort à peine des grands espoirs et des grandes frayeurs des soulèvements, il vient d'essuyer les insultes du rapport Durham qui le traite de race inférieure et retardataire... Et voilà que le *bill* de l'union veut le soumettre encore ! « Nous avions pensé survivre, écrit Étienne Parent démobilisé, c'est bien fini... Anglicisons-nous au plus tôt ! »

Mais nos Canadiens ont la couenne dure. Ils vont résister.

47 LOUIS-HIPPOLYTE LA FONTAINE

On ne manque pas de lieux pour nous rappeler le rôle prépondérant que Louis-Hippolyte La Fontaine a joué dans notre histoire : tunnel reliant les deux rives du Saint-Laurent, hôpital psychiatrique de pointe à Montréal, parc renommé en plein centre-ville...

Le grand homme est le fils d'Antoine Ménard et de Marie Fontaine-Bienvenue, cultivateurs de Boucherville. Le grand-père avait été actif sur la scène politique de 1796 à 1804. Louis-Hippolyte laissera plus tard tomber le nom Ménard, et adoptera le surnom de La Fontaine. Après ses études au collège de Montréal, il devient avocat et professe dans cette ville. Il entre en politique à un moment très difficile de l'histoire du Bas-Canada. La lutte parlementaire qui s'amorce alors entre le Parti canadien et l'oligarchie anglaise à l'Assemblée dégénérera bientôt en lutte armée : ce sera le soulèvement de 1837.

La Fontaine est l'un des principaux lieutenants de Louis-Joseph Papineau, bien que dès ce moment, on note une différence entre la pensée des deux hommes. Papineau est très conscient

Fonds Famille Bourassa

SIR LOUIS H. LA FONTAINE

du pouvoir de l'Église auprès des autorités et il agit de façon à ne pas l'affronter ; tandis que La Fontaine a des opinions plutôt gallicanes, c'est-à-dire qu'il considère que l'Église n'a pas à se mêler de la chose politique. Il n'a pas la langue dans sa poche. En 1834, par exemple, il s'attaque violemment à deux membres du Parti « patriote » qui ont changé de camp et accepté des postes au Conseil exécutif. En 1837, il participe à une tournée d'assemblées populaires avec Papineau. Quand les événements commencent à se précipiter, il se déclare contre toute action armée et tente de convaincre le gouverneur Gosford, à Québec, de convoquer l'Assemblée. Mais Gosford refuse et La Fontaine, qui craint d'être arrêté, se réfugie en Angleterre, puis en France.

En 1838, il revient au Canada où Colborne le fait emprisonner à la prison de Montréal durant un mois. Il est libéré après avoir insisté pour qu'on lui fasse un procès équitable. En 1840, c'est l'Acte d'Union. Tout en s'opposant à cette Constitution inique, La Fontaine croit que les Canadiens n'ont pas le choix et qu'ils doivent lutter pour en tirer le meilleur parti. C'est à ce moment de l'histoire qu'il devient le chef de file de ses compatriotes.

Il revient en politique et s'attaque directement à Sydenham, le nouveau gouverneur qui ne recule devant rien pour annihiler le peuple canadien et mettre en application le rapport Durham. Une alliance politique importante se réalise alors entre Baldwin, le chef réformiste du Haut-Canada, et La Fontaine. Les deux hommes deviennent les figures dominantes de la politique canadienne.

À la session de 1842, La Fontaine, malgré l'interdiction du français à l'Assemblée, prononce son premier discours en français. On veut l'interrompre. Il s'écrie : « Je fais mon premier discours dans la langue de mes compatriotes canadiens-français pour protester solennellement contre cette cruelle injustice de l'Acte d'Union... » En 1848, après des années de batailles et grâce à l'appui du comte d'Elgin, nouveau gouverneur du Canada, les réformistes triomphent aux élections dans le Bas et dans le Haut-Canada et obtiennent enfin le gouvernement responsable qu'ils réclamaient depuis si longtemps. Dorénavant, c'est le chef du parti majoritaire qui devient le premier ministre et le chef réel du pouvoir exécutif.

Au cours de la session de 1849, le Parlement adopte 190 projets de lois, dont celui du *bill* d'indemnité qui soulève les passions populaires. C'est que huit ans plus tôt, en 1841, le gouvernement avait indemnisé les citoyens du Haut-Canada pour les pertes subies lors des soulèvements de 1837-1838. La Fontaine a simplement voulu que les citoyens du Bas-Canada bénéficient du même avantage. La réaction des tories est excessive. Débats, déchaînement inouï de violence verbale ! La *Montreal Gazette* lance une édition spéciale qui contient ni plus ni moins qu'un appel à l'émeute. Manifestations sur le Champ-de-Mars, discours virulents, actes de vandalisme. On met le feu à l'édifice du Parlement. La maison de La Fontaine est pillée, le premier ministre passe près d'être assassiné... Mais le gouverneur et son premier ministre se tiennent debout, consacrant ainsi la responsabilité ministérielle.

L'ampleur de ses tâches, une santé précaire, le dégoût des divisions et des intrigues incitent Louis-Hippolyte La Fontaine à renoncer à la politique le 26 septembre 1851. « La politique use et use vite », déclare-t-il. Nommé juge en chef de la Cour du Banc de la Reine en 1853, il est nommé baronnet en 1854. Il meurt à Montréal en 1864.

48 JAMES BRUCE

Ce grand gouverneur arrive dans la colonie le 1er octobre 1846. Nous sommes au début de l'Acte d'Union, cette « deuxième Conquête », comme l'a appelée le chanoine historien Lionel Groulx. Rappelons-nous que la nouvelle constitution réunit en un seul Parlement le Bas et le Haut-Canada, à qui on a accordé chacun le même nombre de députés (42), même si le Bas-Canada compte 200 000 habitants de plus que le Haut-Canada. La Chambre d'Assemblée n'a pas obtenu la responsabilité ministérielle tant demandée par les réformistes des deux côtés.

Sydenham, gouverneur en poste en 1840, a tout fait pour réaliser le contenu de l'Acte d'Union. Il a été remplacé par Bagot. Mais conciliant et diplomate, Bagot a été attaqué de toutes parts par la presse anglaise tory et les loyalistes qui le trouvaient trop mou envers les Canadiens français, et le traitaient de tous les noms : traître, vendu, mollasson… Bagot est mort en 1843. Son successeur, Charles Metcalfe, est revenu à la ligne dure. Il est parti en guerre contre la Chambre d'Assemblée, appuyé par les orangistes fanatiques. Il a nommé des employés publics à des postes stratégiques, sans l'accord des chefs La Fontaine et Baldwin qui ont alors démissionné. Mais cela n'a pas fait lâcher Metcalfe. Il s'est simplement entouré de nouveaux hommes : Denis-Benjamin Viger, pourtant un patriote intègre, qui a succombé à l'attrait du pouvoir, et Denis-Benjamin Papineau, le propre frère du grand Louis-Joseph. Grâce à ces nouvelles recrues, Metcalfe espérait former un ministère, car il comptait déjà des supporteurs importants chez les anglophones : Draper et Daly. Mais à l'élection de

1844, après une campagne électorale portant sur le gouvernement responsable, le parti de La Fontaine l'a emporté. Metcalfe a pu survivre quelque temps mais il a démissionné, malade, en 1845.

UN LORD À L'ESPRIT OUVERT

Voilà donc James Bruce qui arrive dans la colonie. Il a 35 ans. Né à Londres en 1811, il est le fils de Thomas Bruce, comte d'Elgin et de Kincardine. Il appartient à la vieille noblesse écossaise. Après des études au collège aristocratique d'Eton, il décroche son diplôme à Oxford. Il entre en politique comme député de Southampton. En 1842, il est nommé gouverneur de la Jamaïque. En 1845, Lord Grey, son oncle, lui demande de venir diriger l'administration du Canada.

Racé, éloquent, intelligent, courageux et honnête, le gentilhomme entre en fonction au début de 1847. Il connaît bien la situation du Canada : il vient d'épouser Mary Louisa Durham, fille de l'auteur du fameux rapport.

Deux sujets entretiennent alors l'opinion publique : le gouvernement responsable et le libre-échange. Aux élections de 1847, les électeurs accordent leur confiance au nationaliste La Fontaine et au réformiste Baldwin. Respectant le choix du peuple, Elgin demande aux deux élus de former le gouvernement. En 1848, dans son discours du trône, il ouvre la porte à la reconnaissance de la responsabilité ministérielle : « Toujours disposé à écouter les avis du Parlement, dit-il, je prendrai sans retard des mesures pour former un nouveau Conseil exécutif. » En 1849, il va encore plus loin.

L'INCENDIE DU PARLEMENT

En 1849, la capitale du Canada-Uni est située à Montréal. Une loi vient d'être votée par les parlementaires. Elle indemnise les habitants du Bas-Canada pour les pertes subies lors du soulèvement de 1837, comme cela avait été fait plusieurs années auparavant dans le Haut-Canada. La mesure n'a pas l'heur de plaire à certains Anglo-Canadiens fanatiques, qui s'en sont pris au gouverneur, et dont le journal *The Gazette* continue d'attiser les ardeurs : « Quand Lord Elgin (il ne mérite plus le nom d'Excellence) reparut en ville, peut-on y lire, il fut reçu par les sifflets, les grognements et les cris [...] on lui lança des œufs pourris, toute la voiture fut couverte du contenu des œufs et de boue [...] on se servit de pierres pour saluer son départ [...] une multitude doit s'assembler sur la place d'Armes, ce soir à 8 heures. Anglo-Saxons, au combat, l'heure est arrivée ! » Mais malgré l'émeute et, pire, l'incendie de l'édifice du Parlement, Elgin se tient debout et il n'intervient pas...

Il vient de consacrer spectaculairement la responsabilité ministérielle. Par son attitude et son intelligence, Lord Elgin donne à la colonie une vraie démocratie. Quelle récompense pour tous ceux qui, depuis des décennies, se sont battus en faveur d'un gouvernement responsable !

49 MONSEIGNEUR IGNACE BOURGET

Nous ne pouvons rejeter du revers de la main l'apport essentiel de l'Église dans notre histoire. Durant 300 ans, tant sous le Régime français que sous le Régime anglais et même jusqu'en 1960, on lui doit la survie de notre culture et de notre langue, l'éducation du peuple et la mise en œuvre des politiques sociales. On peut aujourd'hui remettre en question son action ; il reste qu'en histoire, il faut toujours apprécier les gestes des personnes dans le contexte de leur époque.

À partir de 1840, un personnage mérite une mention toute spéciale : c'est celui de Mgr Ignace Bourget, évêque de Montréal. Né en 1799 à Saint-Joseph-de-Lévis, il est le onzième enfant d'une famille de 13. Le petit Ignace est vif et intelligent, mais sa santé est faible. Son père, qui est cultivateur, l'envoie faire son cours classique au Séminaire de Québec. Ignace prend la soutane à 18 ans et tout en enseignant la grammaire, il complète ses études théologiques à Nicolet.

Fonds Famille Bourassa

S. G. Monseigneur Ignace Bourget
Archevêque de Marianopolis

Puis il devient secrétaire de Mgr Lartigue, qui vient d'être sacré évêque auxiliaire de Québec, avec résidence à Montréal. Ignace Bourget remplit cette fonction durant 15 ans. En 1836, Mgr Lartigue devient évêque en titre à Montréal. Il nomme alors son secrétaire, tout récemment sacré évêque titulaire de Telmesse, coadjuteur du diocèse. À la mort de Mgr Lartigue, au printemps 1840, Mgr Bourget accède donc au trône épiscopal de la métropole.

UN CRÉATEUR D'INSTITUTIONS

À 40 ans, il a souvent des problèmes de santé. Mais c'est un intraitable ultramontain, c'est-à-dire un partisan du pouvoir absolu du Vatican, et il rêve de faire de Montréal « une petite Rome ». À cette époque, la société canadienne-française est trop faible pour résister à ses dirigeants bourgeois ou pour contester un clergé omniprésent qui condamne et excommunie à qui mieux mieux. C'est dans ce cadre que Mgr Bourget, s'appuyant sur le Syllabus de Pie IX, publié en 1864 et qui condamne les « erreurs modernes », va renforcer sa domination sur les catholiques de son diocèse. L'emprise de ce pouvoir religieux durera 100 ans : il faudra attendre la Révolution tranquille pour que les Canadiens français repensent leur système de valeurs.

Mgr Bourget assure sa mission. Avec un zèle unique, il va encadrer ses ouailles de piliers dévoués comme Émilie Gamelin, fondatrice en 1843 des Sœurs de la Providence qui se spécialisent dans le soin des malades, des vieillards, des pauvres et des orphelins. Comme Eulalie Durocher, fondatrice, aussi en 1843, des Sœurs des Saints-Noms-de-Jésus-et-de-Marie, qui s'occupent de l'éducation des jeunes filles. Comme Rosalie Jetté, fondatrice, en 1848, de la communauté des Sœurs de la Miséricorde, qui se consacrent au salut des enfants trouvés. Comme mère Marie-Anne, fondatrice, en 1850, des Sœurs enseignantes de Sainte-Anne.

En plus de coordonner toutes ces fondations, l'évêque fait venir de France les Sœurs du Sacré-Cœur, celles du Bon Pasteur, de Sainte-Croix ; il ramène les Jésuites au Canada en 1842, et les Clercs de Saint-Viateur, les Pères de Sainte-Croix, les Frères de la Charité répondent aussi à son appel. C'est encore lui qui invite les Oblats de Marie-Immaculée à venir œuvrer au Canada ; et cette congrégation enverra ses missionnaires dans toutes les directions.

C'est à l'instigation de Mgr Bourget que s'ouvriront des dizaines et des dizaines de paroisses en région de colonisation, comme dans les Cantons-de-l'Est. C'est encore lui qui pose, le 28 août 1870, la première pierre de la cathédrale de Montréal, sur le modèle, il fallait s'y attendre de la part d'un ultramontain, de la basilique Saint-Pierre de Rome... Mgr Bourget se retire en 1876 et meurt au Saut-au-Récollet en 1885.

TROISIÈME PARTIE

1867...

La Confédération

50 UN RAPPEL HISTORIQUE

L'arrivée au Québec de 15 000 loyalistes, après l'Indépendance américaine, change le paysage. Ces gens, qui viennent s'installer ici parce qu'ils veulent rester fidèles à la Couronne britannique, sont de langue anglaise et de religion protestante. Ils ne sont pas intéressés à vivre dans une province française et catholique. Ils vont exiger du roi d'Angleterre, qui leur doit sa reconnaissance, un coin de pays distinct. Ces loyalistes sont en fait les premiers séparatistes de notre histoire. Ils exigent un territoire à eux, ils réclament un Parlement.

« Il y a au Canada, à partir de 1791, écrit Albert Lévesque dans *L'Action nationale,* deux nations, l'une majoritaire et d'expression anglaise (Nouvelle-Écosse, Nouveau-Brunswick, Haut-Canada) et l'autre, minoritaire et d'expression française. Celle-ci est séparée du reste du Canada et refoulée dans sa réserve québécoise... Ce séparatisme devait durer 50 ans, de 1791 à 1841. Un demi-siècle où le Canada français fut appelé à mener les luttes les plus difficiles de son histoire en vue de conquérir le contrôle politique et financier de son propre destin culturel. »

Encore une fois, cette nouvelle constitution, l'Acte constitutionnel, qui donne au Bas-Canada une Chambre d'Assemblée, gardera les Canadiens français prisonniers du conquérant : gouvernement non responsable, droit de veto du gouverneur, Conseil exécutif et Conseil législatif à majorité anglophone. Malgré tout, l'Acte de 1791 est une étape importante dans la perspective nationale.

LE PARTI CANADIEN

Le Parti canadien va rassembler le peuple. Unis autour de leurs leaders – Papineau, Bédard et La Fontaine, notamment –, les Canadiens vont commencer à se prendre en main politiquement. À se concerter, à dégager des valeurs et des volontés collectives. Mais les Anglais du Bas-Canada n'accepteront pas cette nouvelle force. Ne formant qu'un vingtième de la population, mais détenant les vrais pouvoirs, les postes importants, ils vont fermer la voie aux francophones, autant sur les plans administratif et politique (Conseils législatif et exécutif) que commercial. Nous connaissons la suite : les 92 Résolutions de 1834, le rejet du cabinet Russell, les soulèvements de 1837-1838, les pendaisons...

LE RAPPORT DURHAM

Après ces événements, l'Angleterre envoie dans sa colonie un dénommé Lambton, mieux connu sous le nom de Lord Durham. Il analyse la situation et rédige son rapport le 31 janvier 1839. Qui dit crûment que ce « peuple sans histoire » n'a d'autre issue que de s'enfoncer dans l'infériorité à moins que l'Anglais, qui lui est éminemment supérieur, ne le sauve en l'assimilant. Alors Durham demande à l'Angleterre de favoriser très rapidement une immigration anglaise pour noyer les Canadiens français dans la masse anglophone. C'est un acte d'injustice et de despotisme, comme le déclarera Louis-Hippolyte La Fontaine. Et Londres concocte son plan d'assimilation.

L'ACTE D'UNION

Ce plan, ce sera l'Acte d'Union de 1840 : la réunion du Haut et du Bas-Canada en une seule Chambre d'Assemblée, avec le même nombre de députés, même si les habitants du Bas-Canada sont plus nombreux ; une seule langue officielle, l'anglais ; et un petit cadeau pour les « inférieurs » : les dettes du Haut-Canada. Voilà... c'est le retour légalisé à une politique agressive d'assimilation, une deuxième Conquête.

L'histoire suit son cours. Les Canadiens français se regrouperont. Les La Fontaine, Morin et d'autres encore se rallieront et tâcheront de minimiser les effets pervers de cette nouvelle constitution. Ils obtiendront enfin le gouvernement responsable, en 1848, mais les conquérants se seront d'abord assurés d'être majoritaires. Comme le résumait Antonio Perreault dans *L'Action nationale* en 1947 : « L'Acte d'Union révélait l'intention du gouvernement anglais d'en finir avec l'élément canadien-français, ce nouveau système faisant de l'élément anglo-saxon le maître absolu du Canada. »

En 1867, une nouvelle constitution, la Confédération, sera établie. Peut-on dire aujourd'hui qu'elle aura changé beaucoup de choses ?

51 LA CONFÉDÉRATION

Confédération : Association d'États souverains qui ont délégué certaines compétences à des organes communs.

Le Petit Larousse

Depuis 1867, malgré les amendements de 1982, cette bonne dame Confédération en a pris pour son rhume. Surtout que dans l'une des provinces fondatrices, le Québec, nombreux sont ceux qui veulent revenir sur la notion même de confédération et demander la souveraineté. Revoyons donc comment on en est arrivé à cette Constitution de 1867.

En réalité, il y a belle lurette que l'idée de se réunir en fédération trotte dans la tête des penseurs politiques des différentes provinces. Selon Joseph Rutché, déjà en 1789, le juge en chef William Smith en parlait sérieusement avec Lord Dorchester, gouverneur du Canada. En 1851, Henry Sherwood publiait un projet de confédération. Et en Nouvelle-Écosse, le chef libéral de cette province, Joseph Howe, faisait à ce sujet un discours resté très important et suivi même de l'adoption en Chambre d'une résolution exprimant le vœu de la formation d'une confédération des provinces canadiennes.

En 1867, les colonies anglaises de l'Amérique du Nord britannique sont indépendantes les unes des autres. Quelles sont-elles ? D'abord l'Ontario et le Québec, qui forment le Canada-Uni, puis la Nouvelle-Écosse, le Nouveau-Brunswick, Terre-Neuve et l'Île-du-Prince-Édouard.

LES FACTEURS FAVORABLES À UNE FÉDÉRATION

Au Canada-Uni, les choses vont très mal. L'instabilité politique règne. De 1854 à 1864, 10 gouvernements se succèdent, car aucun des partis politiques ne réussit à obtenir une majorité absolue. De plus, depuis 1852, la population du Canada-Ouest dépasse celle du Canada-Est de 60 000 âmes. Bien sûr, les Anglais trouvent rapidement que la représentation de leur province n'est plus suffisante et se mettent à crier « *Rep by Pop* » *(representation by population)*, ce qui devient le thème du Parti *clear-grits* dirigé par George Brown. Pourtant, en 1840, alors que les francophones étaient majoritaires dans le Canada-Uni, avec 200 000 habitants de plus, ces mêmes partisans acceptaient avec bonheur la représentation égale...

Mais les colonies commencent à ressentir le besoin de se rapprocher. La cause en est la menace américaine. Il faut se souvenir qu'à cette époque les Américains ont acheté ou pris par la force d'immenses territoires. Où s'arrêtera leur ambition ? On peut s'inquiéter. De plus, au moment de la guerre de Sécession, l'Angleterre a appuyé les sudistes, défaits par les nordistes. Cette situation peut être menaçante pour elle. Aussi le gouvernement britannique est-il favorable à une union de toutes ses colonies.

Finalement, on ne s'en surprendra pas, c'est surtout l'économie qui va suggérer à nos élites du temps de créer une grande fédération canadienne. Le traité de réciprocité avec les États-Unis n'est pas renouvelé en 1864, et la solution la plus envisagée est de créer un marché est-ouest, protégé par des tarifs sur les produits étrangers et pouvant compter sur un gouvernement central fort, capable de négocier avec les autres puissances.

Pour ce faire, on lancera le grand projet d'un chemin de fer est-ouest qui relierait les colonies entre elles. Les leaders politiques se réunissent une première fois à Charlottetown, en septembre 1864. Ils réussissent à convaincre les délégués des Maritimes, qui discutaient déjà d'une union entre eux, de la nécessité d'une union élargie. Lors d'une rencontre à Québec un mois plus tard, Macdonald se montre heureux de l'approbation d'un gouvernement central fort, Brown obtient son *Rep by Pop,* et ils décident de construire l'Intercolonial. Londres accepte la nouvelle constitution en février 1867. L'Île-du-Prince-Édouard et Terre-Neuve se retirent du projet, mais ce dernier est imposé à la population du Canada par l'intermédiaire de leur Chambre d'Assemblée. Bien sûr, les citoyens ne sont pas consultés. Il n'y a pas de référendum. Quelques hommes d'affaires et quelques dirigeants politiques associés les uns aux autres et appuyés par la Grande-Bretagne vont imposer au peuple leur conception d'un nouveau pays. C'est un mariage de raison auquel les Amérindiens ne sont pas invités.

52 GEORGE-ÉTIENNE CARTIER

Lorsqu'on songe à la fondation du Canada, trois noms sont inscrits dans la mémoire de notre histoire : John A. Macdonald, George Brown et George-Étienne Cartier. Ils ont permis la naissance d'un nouveau pays en 1867.

C'est George-Étienne Cartier qui a défendu cette idée dans le Canada-Est (le Québec). Cartier, de l'avis de tous ses biographes, était tout un numéro. Bien sûr, on le connaît comme chef du parti bleu et chef d'État, mais on a peut-être oublié qu'il pouvait aussi être chanteur, conteur et danseur à ses heures. Bref, que c'était un bon vivant.

Ceux qui l'ont côtoyé nous le décrivent comme un homme assez fortement constitué, mais plutôt osseux et pas très grand.

Sa démarche et ses mouvements sont nerveux, vifs et légers. Il a le visage ouvert; le front, les pommettes et la mâchoire sont larges, et le regard est mobile, plein de feu et d'intelligence.

C'est à Saint-Antoine-sur-Richelieu qu'il naît, en 1814. Il étudie au collège de Montréal, travaille chez Édouard Rodier, patriote puissant, et est admis au barreau en 1835. Encore étudiant il prend part, en 1834, à la fondation de la Société Saint-Jean-Baptiste. C'est au cours du banquet de lancement de l'organisme qu'il chante sa célèbre composition – qui fera le tour des maisons canadiennes –, Ô *Canada, mon pays, mes amours.*

Fonds Famille Bourassa

SIR GEORGE-ÉTIENNE CARTIER

Rapidement, le jeune avocat va se mêler aux Patriotes et en même temps que Thomas Chevalier de Lorimier devenir secrétaire des Fils de la Liberté. Il participe à la bataille de Saint-Denis et sa tête est mise à prix. Il gagne les États-Unis pour se mettre à l'abri, mais peut revenir à Montréal quelque temps après, en août 1838. Il se joint au parti de Louis-Hippolyte La Fontaine et se présente aux élections de 1843 contre Denis-Benjamin Viger, qui a changé son fusil d'épaule en s'associant au gouverneur Metcalfe. Il est battu. Mais en 1848 il est élu député dans le comté de Verchères. Durant ce temps, son chef occupe la place centrale en politique. George-Étienne Cartier se fait tout petit et apprend dans l'ombre le métier d'homme d'État.

Rapidement, il tisse des liens avec des politiciens de son parti et des hommes d'affaires qui s'intéressent surtout à la rentabilité de l'industrie ferroviaire... C'est là que le rôle de Cartier dans l'histoire est moins séduisant qu'on a voulu nous le laisser voir.

POLITIQUE ET FINANCIER

Léandre Bergeron insiste sur le fait que Cartier père est l'un des fondateurs de la Bank of Montreal et du chemin de fer Saint-Laurent-Lac Champlain, et que déjà le grand-père était engagé dans le commerce du sel, du blé et du poisson. George-Étienne vient donc d'une famille très à l'aise, bien implantée dans le monde des affaires. Et comme à cette époque c'est avec les Anglais que se font les affaires, Cartier a aussi ses entrées chez eux. Actif en politique, il est de plus au bon endroit pour exercer les pressions nécessaires... Et tout comme plusieurs marchands anglais de l'époque, Hincks, Galt et Merrit, par exemple, il joue sur les deux tableaux, politique et financier. C'est ainsi qu'il obtiendra l'aide de l'État pour la compagnie St. Lawrence and Atlantic Railway dans laquelle sa famille a des intérêts. Plus tard, il deviendra même l'avocat attitré de la compagnie de chemin de fer Grand Tronc.

Une fois La Fontaine retiré de la vie politique, Cartier prend du galon. Secrétaire provincial, procureur général, il devient chef du Parti libéral-conservateur. Il s'associe à Macdonald en 1858 et forme trois ministères de 1858 à 1867.

Les deux hommes participent à la décision de former une confédération. Le rôle de Cartier consiste aussi à faire accepter ce projet politique aux Canadiens français avec l'aide du haut clergé, sur qui il peut s'appuyer. Il prend part aux trois conférences qui préparent la naissance du Canada.

En 1867, il devient le plus puissant politicien du Québec à Ottawa quand il est nommé ministre de la Défense, poste qu'il occupe alors que le scandale du Canadian Pacific Railway (C.P.R.) lui enlève son siège de Montréal-Est au profit de Louis Jetté. (Je vous parle de ce scandale dans le chapitre suivant.) Il soufflera le siège de Louis Riel dans Provencher, au Manitoba, mais ira mourir à Londres le 20 mai 1873.

Sa dépouille rapatriée, on lui fait des funérailles civiques à l'église Notre-Dame de Montréal. Les éléments conservateurs de l'époque, politiciens, haut clergé et capitalistes ont réussi à imposer une constitution au peuple sans référendum. Cartier en était l'un des instigateurs…

53 LE SCANDALE DU CANADIAN PACIFIC RAILWAY

En 1873, un scandale éclabousse Macdonald, Cartier et tout le Parti conservateur. Il obligera le premier ministre à démissionner et à laisser les rênes du pouvoir, pour la première fois depuis la Confédération, aux libéraux d'Alexander Mackenzie.

LE CONTEXTE

Depuis 1867, les colonies du Nouveau-Brunswick, de la Nouvelle-Écosse et du Canada-Uni forment le Canada. Tout ne va pas pour le mieux. Il y a eu l'entrée très agitée du Manitoba dans la fédération à la suite du soulèvement des Métis en 1870. Les Ontariens trouvaient dangereuses les concessions faites à cette province et concernant la langue et l'enseignement. Ils craignaient qu'à la longue, le Manitoba ne devienne une autre province française et que des Canadiens français du Québec n'émigrent alors massivement dans l'Ouest, risquant facilement d'augmenter la petite majorité francophone manitobaine... Pour contenir cette possibilité, les orangistes de l'Ontario organisent une immigration intense et rapide de cette province. Les choses dégénéreront, entraîneront la révolte des Métis et plus tard l'exécution de leur chef, Louis Riel.

Dans l'est du pays, au Nouveau-Brunswick plus particulièrement, la situation n'est pas meilleure, l'agitation règne. À la session de 1871, on supprime, au moyen d'une loi, les droits scolaires et les subventions qui étaient pourtant garantis par la Constitution de 1867 aux Acadiens de cette province. C'est la fin des écoles confessionnelles au Nouveau-Brunswick pour un bon moment. Ni le gouvernement central ni le Conseil privé de Londres n'osent désavouer ce geste haineux.

Malgré ces problèmes politiques sérieux, les politiciens et les hommes d'affaires ne lâchent pas. Après des négociations très dures, la Colombie-Britannique décide d'entrer dans ce nouveau pays. Depuis 1858, la ruée vers l'or avait attiré de nombreux immigrants sur son territoire. Elle était cependant isolée du reste du Canada. Les États-Unis étaient des voisins très intéressants pour elle et l'idée de s'annexer à eux était emballante. Mais Cartier et Macdonald ne vont pas laisser s'échapper cette proie importante pour le jeune pays. Comment ? En réglant le problème des communications. La solution : une voie ferrée continentale traversant le pays et reliant toutes les provinces, des rives de l'Atlantique à celles du Pacifique.

LE SCANDALE

Hugh Allan est un Écossais de Montréal qui gère déjà une importante flotte de bateaux. Le projet du train transcontinental l'intéresse. Il sait fort bien que le gouvernement n'a pas les moyens de financer un projet de cette envergure. C'est en effet une entreprise gigantesque : 2000 milles de voie ferrée, 400 milles de montagnes à traverser dans des conditions difficiles... De quoi faire rêver les capitalistes comme Allan qui, en plus de profiter des largesses du gouvernement, flaire dans cette affaire d'énormes profits. « *Public risk, private profit...* »

Pour éliminer ses compétiteurs, Allan forme la Canadian Pacific Railway Company. D'autres hommes d'affaires mettent sur pied l'Interoceanic Railway Company, dont le patron est un dénommé Macpherson. À quelle compagnie ira le mirobolant contrat ? Le gouvernement hésite : des élections ont lieu en 1872 et elles s'annoncent difficiles pour lui. Alors George-Étienne Cartier se mouille. En effet, le plus influent des Canadiens français dans le gouvernement Macdonald promet le contrat à la compagnie de Hugh Allan en échange d'une somme de 350 000 dollars versée à sa caisse électorale. Voilà... Les conservateurs gagnent les élections.

Or, à l'ouverture de la session de 1873, un député libéral dévoile le scandale en Chambre. Pour gagner du temps, le gouvernement ajourne le Parlement. Mais les journaux s'en mêlent. On publie les lettres de capitalistes américains alliés d'Allan, la correspondance entre eux et l'équipe Cartier-Macdonald... Finalement, Allan admet ses largesses et Macdonald démissionne. Les élections de 1874 placent les libéraux à la tête du pays pour la première fois. Et Cartier meurt en Angleterre.

54 L'AFFAIRE GUIBORD

Dans la nuit du 18 novembre 1869, à Montréal, un mort entre malgré lui dans l'histoire. Cet homme, c'est Joseph Guibord dit Archambault. Il est typographe chez l'imprimeur montréalais Perrault et membre actif de l'Institut canadien.

Cette histoire rocambolesque montre bien jusqu'à quel point l'autorité ecclésiastique et l'autorité civile peuvent se heurter à cette époque. En mars 1858, l'évêque de Montréal est Mgr Ignace Bourget. On l'a vu, c'est un rigide ultramontain. Il demande à l'Institut canadien, qui se veut une sorte d'université populaire, un lieu d'échange pour les intellectuels, de retirer de sa bibliothèque les livres répudiés par la Congrégation de l'Index. Les membres catholiques de l'Institut devront quitter l'organisme s'il ne se soumet pas à la demande de l'évêque. Cent cinquante membres démissionnent. Mais des irréductibles se moquent des ordres de l'évêque, violant par le fait même l'un des articles du concile de Trente. Ce qui leur vaut l'excommunication.

LA LOI DE L'ÉGLISE

En novembre 1864, 17 membres de l'Institut canadien demandent à Rome de réviser la sanction. Peine perdue, la réponse est incisive : « Tous ceux qui continuent de fréquenter la bibliothèque de l'Institut seront excommuniés. » Le 17 novembre 1869, dans une lettre qu'il poste de Rome, où il se trouve, Mgr Bourget avertit son vicaire général et administrateur de l'évêché de Montréal, Alexandre F. Truteau, qu'il doit refuser l'absolution, même à l'article de la mort, à tous ceux qui appartiennent à l'Institut canadien.

Et voilà… Joseph Guibord, membre de l'Institut, meurt le 18 novembre 1869. On lui refuse les derniers sacrements. Le lendemain, plusieurs de ses amis accompagnent sa veuve, Henriette Brown, à l'église Notre-Dame de Montréal. Le curé Victor Rousselot refuse que la dépouille soit inhumée dans le cimetière de la Côte-des-Neiges dans le lot appartenant à la famille. Le 21 novembre, un dimanche, des amis transportent quand même le corps du défunt au cimetière. Le gardien Desrochers refuse de les laisser entrer. Deux cents personnes crient et hurlent à la barrière. On en vient aux coups. Finalement, les restes du pauvre Guibord sont emmenés au cimetière protestant.

LA LOI DES HOMMES

Des procédures sont intentées contre la fabrique. Le juge Mondelet donne raison à la veuve Guibord. Mais le 12 septembre 1870, son jugement est renversé par la Cour de révision. En septembre 1871, la Cour du banc de la Reine donne raison à la Cour de révision. Après le décès de madame

Guibord, en 1873, un autre membre récalcitrant de l'Institut, Joseph Doutre, porte la cause au Conseil privé. À la surprise générale, Londres donne raison à l'Institut, qui obtient un bref de la Cour supérieure ordonnant au curé Rousselot de se soumettre au jugement. Le 2 septembre 1875, on tente de ramener le cercueil de Guibord au cimetière catholique, mais la bagarre éclate encore et on est forcé de rebrousser chemin vers le cimetière protestant.

Entre-temps, Mgr Bourget, qui n'en démord pas, publie une lettre pastorale dans laquelle il annonce à ses ouailles : « Le lieu où sera déposé le corps de l'enfant rebelle à l'Église se trouve séparé du reste du cimetière bénit, pour n'être plus qu'un lieu profane. » Le 16 novembre 1875, escorté de militaires armés, de policiers nerveux, d'une foule excitée, Joseph Guibord fait une entrée remarquée dans le cimetière catholique. Il est inhumé au-dessus de la dépouille de son épouse. Et pour être bien certain que le pauvre Guibord restera à l'abri des extrémistes de tout acabit, on coule du ciment sur le site...

55 | JOS BEEF

Cet Irlandais, dont le vrai nom est Charles McKiernan, est quartier-maître de l'armée anglaise durant la guerre de Crimée. Il reçoit un jour l'ordre de trouver des provisions pour nourrir les soldats. Il part, et le soir même, ses troupiers le voient revenir portant un bœuf sur ses épaules. Dès lors, on le surnomme Jos Beef. C'est, on le devine, un hercule. Grand, fort, il a une voix de stentor, il est respecté, admiré et aimé de tous ses compagnons.

Il immigre au Canada avec le Royal Artillery en 1864. Ayant obtenu son licenciement, il s'installe à Montréal. En 1870, il ouvre une taverne à l'angle des rues de la Commune et de Callière. Très rapidement, cet endroit devient extrêmement populaire. C'est une bâtisse à deux étages, qui existe toujours aux numéros 201-203 de la rue de la Commune, et qui porte encore, bien lisible, le nom de son fondateur. Au rez-de-chaussée : la salle à manger qui peut recevoir 300 personnes, la cuisine et la buvette. Sur le vieux poêle sont posées deux énormes marmites où mijotent, jour et nuit, 200 livres de viandes de toutes sortes et 60 gallons de soupe. À l'étage, 123 lits s'alignent. Ceux qui ont de l'argent payent, ceux qui n'en ont pas y dorment gratuitement. Jos Beef insiste cependant sur la propreté. Avant d'occuper un lit, il faut obligatoirement se déshabiller et passer sous la douche.

Jos Beef est un grand philanthrope. Même si on peut manger chaud chez lui pour la modique somme de 15 cents, on ne peut compter les pauvres affamés, errant sur les quais sans un sou en poche, qu'il nourrit gratuitement de son fameux ragoût. « Tant que je vivrai, disait-il, jamais un malheureux à Montréal ne mourra de faim ! » En 1877, au cours d'une grève dans l'Est de la ville, Jos Beef fait distribuer 300 petits pains aux piqueteurs.

Mais l'homme est d'abord un militaire. Aussi exige-t-il de la discipline dans son établissement. Si quelques têtes chaudes résistent à ses consignes, il les menace d'un séjour dans sa cave. Et qu'y a-t-il dans la cave de Jos ? Une collection d'animaux sauvages ! Quatre ours noirs, des chats sauvages, un porc-épic et même un alligator. Malheur aux clients éméchés qui tiennent tête au maître des lieux.

Un jour, nous dit Léon Trépanier, un journal de Montréal, le *True Witness,* propriété de John Redpath Dougall, déclenche en 1877 une lutte contre l'intempérance et cite la taverne de Jos Beef comme un endroit à fermer. Jos ne s'en laisse pas imposer, il poursuit le *True Witness*. Le procès fait rigoler les Montréalais pendant plusieurs mois. Ayant obtenu par ordre de la Cour les excuses réclamées, le tavernier achète un nouvel ours qu'il baptise… John Dougall. Ceux qui payent une tournée obtiennent en échange la faveur de voir le nouveau locataire.

Le 15 janvier 1889, l'Irlandais meurt. Il est exposé sur le comptoir de sa taverne. Deux jours durant, la foule défile devant sa dépouille. Ses funérailles sont spectaculaires. Tous les bureaux du quartier des affaires ferment. Escortés de fanfares, amis, ouvriers, gens d'affaires, truands, pauvres diables et clochards forment un interminable cortège. Tous pleurent l'un des personnages les plus pittoresques et les plus populaires de son époque : l'immortel Jos Beef !

56 LE DÉPUTÉ HUOT

Au Québec, les élections municipales ou provinciales donnent toujours lieu à l'émergence de personnalités qui deviennent célèbres pour le meilleur… ou pour le pire. Ainsi en est-il d'un certain Pierre-Gabriel Huot.

À peine âgé de 25 ans, ce jeune notaire aime faire du bruit et adore la publicité. Il sort de l'ombre en publiant un petit journal aux allures révolutionnaires : *La Voix du peuple*. Puis il décide de se lancer en politique. Il choisit le comté de Charlevoix. Son rival est Jean Langlois, un avocat.

Nous sommes en 1854, à la fin du régime de l'Union. Cette constitution, on s'en souvient, unit le Haut et le Bas-Canada en un seul Parlement dans le but avoué d'assimiler les Canadiens français. Au début, en 1840, le gouvernement n'était pas responsable devant l'Assemblée. Mais grâce à La Fontaine et à Baldwin, qui se sont battus au sein du Parti réformiste, Londres a accepté, en 1848, d'accorder la responsabilité ministérielle.

ASSEMBLÉES CONTRADICTOIRES

Les députés ont donc désormais un rôle plus important et se regroupent en partis. À cette époque, le jeu politique est très spectaculaire. Il est de mise, par exemple, que les aspirants à l'élection s'affrontent publiquement pour défendre leur programme, au milieu des cris d'approbation ou de protestation des électeurs. Ces rencontres passionnantes sont très courues.

Hélas! on met souvent de côté les idées importantes du programme du parti pour se livrer à un duel oratoire. Aussi le ton monte rapidement. Les mots cognent. On s'écorche vif. Naturellement, la foule s'en mêle, et il n'est pas rare que la réunion politique se termine en bagarre.

Lors de l'élection de Charlevoix, c'est au beau milieu d'une de ces assemblées contradictoires, comme on les appelle, que notre beau Huot se met en évidence. Depuis environ une heure, les deux adversaires s'insultent et s'engueulent, quand soudain midi sonne. Une bonne âme demande qu'on s'arrête pour réciter l'angélus. La foule approuve. Le silence tombe : ni l'un ni l'autre des candidats ne se souvient de la prière! Ils se regardent, béats. Mais le notaire Huot se ressaisit le premier : « Je dirais bien volontiers moi-même l'angélus, mais mon ami Langlois est plus âgé que moi. Cet honneur lui revient de plein droit. » « Oui, oui », fait l'auditoire. Langlois prend son courage à deux mains et commence : « L'ange du Seigneur… annonça à Marie… » À peine le premier verset terminé, Langlois se met à cafouiller, s'arrête, cherche, se reprend, hésite… Pendant ce temps, Huot a fait un signe à l'un de ses partisans qui, promptement, lui a glissé dans la main un missel qu'il gardait dans sa poche. Notre fin notaire, tournant le dos au public, plonge dans le saint livre. À voir les mots, la mémoire lui revient. Langlois bafouille toujours. Pierre Huot prend alors fièrement la relève, et défile d'un trait la *Salutation angélique*. La foule se met à applaudir et acclame son nouveau héros. « Cette prière m'a valu au moins 50 votes! » racontera plus tard Huot… qui est élu!

CE N'EST QU'UN DÉBUT!

Quelques années plus tard, il se présente dans Québec-Est contre un certain Pierre Légaré. Au cours de la campagne, Huot trouve encore le moyen d'attirer l'attention. Lors d'une discussion acerbe, il s'en prend physiquement à un partisan de l'autre camp, un avocat nommé Jean-Baptiste Plamondon. Accusé de voies de fait, il plaide coupable. Le juge le condamne à 10 dollars d'amende. Il accepte le verdict, mais non sans ajouter que

Plamondon a bien mérité la correction. En 1867, il est réélu par acclamation. Il siégera à la Chambre des communes durant trois ans. En 1870, il sera nommé directeur des Postes à Québec. Il mourra en 1913.

57 LE GÉANT BEAUPRÉ

L'histoire d'Édouard Beaupré, ce géant canadien né le 9 janvier 1881, à Willow Bunch, en Saskatchewan, habite toujours l'imaginaire de bien des gens de ma génération. Sa fin dramatique, et sa vie, pendant laquelle il fut conscient de l'exploitation de son corps, nous ont laissé un goût de tristesse en même temps qu'une certaine tendresse pour ce bon géant.

Un numéro du magazine historique *Nos Racines,* que dirigeaient Hélène-Andrée Bizier et Jacques Lacoursière, a fait le portrait de ce malheureux. De sa naissance jusqu'à l'âge de trois ans, Édouard ressemble à tous les autres enfants. Mais après, il se met à pousser de façon incroyable. À 9 ans, il mesure 6 pieds, à 12 ans, 6 pieds 6 pouces et à 17 ans, 7 pieds 1 pouce !

Comme ses compatriotes canadiens-français en Saskatchewan, Édouard ne fréquente que très peu l'école. Il parle français, difficilement l'anglais et sait très peu écrire. Un médecin, Jean-Maurice Blais, rapportera dans une étude, en 1967 : « Au point de vue caractériel, il montrait une hébétude presque constante, un mutisme déconcertant. On alléguait même dans son entourage qu'il était aussi insignifiant que long. » Ajoutons à ce portrait que son visage était déformé à la suite d'un accident subi alors qu'il montait à cheval.

En 1901, Beaupré a 20 ans et mesure 7 pieds 9 pouces. Avec cette taille, il possède aussi, bien sûr, une certaine force physique. Un jour, il lance un défi au géant américain Cooper, ce qui attire sur lui les regards d'un public intéressé aux épreuves de force et curieux de le voir à l'œuvre. À cette occasion, il lance des barils de farine à des dizaines de pieds, et soulève même un cheval de plus de 800 livres.

En 1902, il gagne le Montana où il espère devenir cow-boy, car il a une passion pour les chevaux. Malheureusement, sa taille gigantesque l'empêche de pratiquer ce métier. Des Américains le découvrent, lui offrent de gagner sa vie dans un cirque. En 1903, Beaupré mesure 8 pieds 3 pouces!

Mais notre géant dépérit rapidement. En effet, il n'a que 23 ans quand il meurt dans un hôpital de Saint-Louis, le 3 juillet 1904. Depuis quelques années, il est atteint de tuberculose. Ses derniers mots : « C'est bien triste de mourir si jeune et si loin de ses chers parents. »

UNE DEUXIÈME « CARRIÈRE »

C'est alors que commence pour lui une véritable épopée posthume et… macabre. Comme il ne laisse pas d'argent, il n'est pas question de lui faire des funérailles. Son gérant, Aimé Bédard, demande alors et reçoit la permission de le faire embaumer. Le bonhomme, qui connaît la valeur de l'argent, continue d'exhiber le géant pour remplir ses engagements. Un magasin accepte de le garder en vitrine pour le montrer aux passants : la police doit intervenir. En 1905, un mystérieux personnage fait pétrifier le corps et entreprend des démarches pour le transporter à Montréal. Il se heurte au refus des autorités. Le géant Beaupré est alors exposé dans un musée d'anatomie de Saint-Louis, aux États-Unis. Puis, sans qu'on sache exactement comment, le corps se retrouve quelques mois plus tard en vitrine à l'entrée du Musée Eden, rue Saint-Laurent, à Montréal! Pendant six mois, les curieux vont défiler pour contempler ce phénomène.

Puis le corps de Beaupré quitte le musée et on le perd de vue jusqu'au printemps 1907, alors que des enfants jouant dans un parc le découvrent dans un hangar. Imaginez un peu leur réaction! On apprendra que le cirque qui gardait le cadavre pour l'exposer à la vue du public au parc Maisonneuve l'a un soir oublié là. Tout simplement. Enfin, des médecins sous la direction de Napoléon Delorme, professeur à l'Université de

Montréal, décident d'acheter le corps, qu'ils paient 25 dollars. Ils le transportent au département d'anatomie où on entreprend un procédé spécial de momification, puis le placent debout, dans une boîte vitrée, à l'entrée d'un laboratoire. Pauvre géant…

58 LE « ROI DU NORD »

Je vais souvent à Saint-Jérôme. J'aime alors m'arrêter devant l'église pour saluer, de l'autre côté de la rue, un grand personnage. C'est le « roi du Nord », « l'apôtre de la colonisation », le curé Labelle. Bien campé sur son socle en plein milieu du parc, il semble veiller encore et toujours sur son royaume. Grâce au roman de Claude-Henri Grignon, *Un homme et son péché,* puis au téléroman qu'il a inspiré, *Les belles histoires des pays d'en haut,* ce héros authentique a habité ma jeunesse et l'imaginaire de toute une génération de Québécois. Un héros ? Oui. Car sa tâche était héroïque : stopper l'émigration d'un peuple. Et pour cela lui ouvrir un territoire nouveau où il pourrait survivre et conserver sa culture, sa langue et sa religion.

Antoine Labelle naît à Sainte-Rose, le 24 novembre 1833. Son père est cordonnier. Sa mère, la future « madame curé », deviendra populaire grâce à son célèbre fils qui lui confiera la gestion de son presbytère de Saint-Jérôme. Antoine fait ses études au Collège de Sainte-Thérèse de 1844 à 1852, puis au Grand Séminaire de Montréal. Il est ordonné prêtre le 1er juin 1856. Jusqu'en 1859, il sert comme vicaire au Sault-au-Récollet et à Saint-Jacques-le-Mineur. En 1860, il est nommé curé à Saint-Antoine-Abbé, dans Huntingdon, et en 1863 à Saint-Bernard-de-Lacolle. Partout où il passe, il ne peut que constater la pauvreté des paroissiens. Pire : la détresse de milliers d'entre eux, obligés d'émigrer vers les États-Unis. Ce spectacle le peine. Il songe à s'exiler avec ses « Canadiens » pour les aider et les guider dans leur pays d'adoption.

UN VISIONNAIRE

Mais l'évêque de Montréal, Mgr Bourget, intervient. Il confie au curé Labelle une cure plus riche, celle de Saint-Jérôme. De mai 1868 jusqu'à sa mort, en 1891, Saint-Jérôme restera le lieu d'ancrage du « roi du Nord ». C'est là qu'il concevra son grand projet de colonisation, c'est de là qu'il le fera rayonner.

« Il faut, dit-il, mettre des Canadiens à la place des pruches et des épinettes. » Comme l'a écrit Serge Laurin, il ressent profondément l'urgence de la situation, car il voit bien que l'élément anglo-protestant convoite ce territoire. Quand le curé Labelle parle de « son peuple », il n'emploie pas un terme limitatif. La colonisation du Nord, c'est une affaire nationale, pas seulement régionale. Il voit grand, il voit large. Entre 1869 et 1891, il fait 29 voyages dans les pays d'en haut et fonde 60 villages !

On associe le curé Labelle à son fameux chemin de fer, son p'tit train du Nord. C'est que l'homme a vite compris que les Américains n'ont pas colonisé l'Ouest en charrette, mais en wagons. « Je sens que la province a besoin d'un chemin de fer dans le Nord et que nous ne devons reculer devant aucun sacrifice pour l'obtenir, écrit-il. L'émigration nous dévore, nos ressources restent inertes dans les entrailles de la terre, notre bois pourrit sur le sol. Allons-nous périr au milieu de l'abondance ? Il nous faut l'industrie pour développer notre pays mais nous ne pouvons l'obtenir qu'en le sillonnant de chemins de fer. » Il obtiendra le sien. L'inauguration aura lieu à Saint-Jérôme le 9 octobre 1876.

UN POLITIQUE

Ce fumeur de pipe impénitent fait la conquête d'hommes influents. Ami de Chapleau, le chef conservateur, et de Mercier, le chef du Parti national, il essaie même de réconcilier ces deux grands ennemis politiques. Il s'allie aussi le journaliste Arthur Buies, qui l'épaule grâce à sa plume. Mais la réalisation de son grand rêve trouve sur sa route de gros obstacles. En effet, les politiciens et les magnats du chemin de fer comme les autorités ecclésiastiques misent sur sa réputation d'honnêteté et de générosité pour en tirer des profits. Même son nouvel évêque, Mgr Fabre, s'opposera souvent à ses projets, dont celui de créer un diocèse pour le Nord.

L'HONORABLE J. A. CHAPLEAU
Secrétaire d'État

Fonds Famille Bourassa

Ce colosse de 6 pieds et de plus de 300 livres, dont la personnalité originale a séduit tant de monde, s'effondre après la défaite de la bataille du diocèse. Il est fait prélat en 1889, et démissionne de son poste de sous-ministre à l'Agriculture et à la Colonisation le 26 décembre 1890. Mercier refuse sa démission, mais le 4 janvier 1891, le « roi du Nord » meurt à Québec. La colonisation des Laurentides, si médiatisée, n'a pas été un succès en réalité. Le colon isolé et établi sur des terres pauvres deviendra plus nomade que sédentaire. Cependant, le curé Labelle aura réussi, avec d'autres, à atteindre son but premier : assurer une occupation des terres de la rive nord du Saint-

Laurent par des Canadiens français et réduire ainsi le flot de l'émigration.

Aujourd'hui, le Nord a gagné ses galons comme région touristique extraordinaire : lacs, pentes de ski, golfs, hôtels, piste cyclable incomparable sur le tracé même du p'tit train du Nord ! Que penserait le curé Labelle de son empire, aujourd'hui ? Il m'arrive encore souvent, en foulant le sol de cette région, imaginant ce « chêne » se battant au milieu de sa forêt, de me le demander.

59 ARTHUR BUIES

Ceux qui ont apprécié les écrits de Claude-Henri Grignon se souviennent du secrétaire du curé Labelle, Arthur Buies. À la télévision, il était merveilleusement incarné par Paul Dupuis. Ni le nom ni le personnage ne sont fictifs. Arthur Buies a bel et bien existé. Il était journaliste, chroniqueur et écrivain. Plusieurs de ses contemporains le considéraient, avec Hector Fabre, comme le plus spirituel et le plus étincelant chroniqueur du Canada français.

Il naît en 1840 dans le quartier de la Côte-des-Neiges, à Montréal. Il est encore très jeune quand il est séparé de son père et de sa mère, qui gagnent l'Amérique du Sud. Lui aussi va voyager. Après plusieurs séjours dans la Guyane anglaise, il va vivre sa bohème à Paris, où il fait des études. À 19 ans, il se fait soldat dans les troupes de Garibaldi.

UN ORIGINAL

Revenu au Canada, il continue sa vie de jeunesse assez tumultueuse, semble-t-il : « Nous étions une dizaine de fous, dira-t-il, qui n'avions d'autres soucis que d'abréger notre existence. » Puis il est reçu au barreau, en 1866. Léon Trépanier, dans *On veut savoir,* raconte que lorsque Buies se présenta devant les examinateurs, l'un d'eux lui demanda : « Quel est le principal fonctionnaire du mariage ? » Arthur répondit du tac au tac : « Mais c'est le mari ! » Tous s'esclaffèrent… et s'accordèrent pour admettre le jeune homme au Barreau, admirant son esprit incisif, arme de choix devant les tribunaux. Mais Arthur Buies ne pratiquera guère. Il ne se présentera en fait que deux fois à la Cour.

Pour son premier procès, comme il n'a pas assez d'argent pour s'acheter une toge, il emprunte celle d'un de ses amis. Il doit défendre un dur de dur, un récidiviste. Et malgré tout le charme et l'esprit de Buies, son client est condamné. La deuxième fois, il gagne sa cause. Mais le client n'ayant pas d'argent pour le payer, il refile à Buies le billet d'un prêteur juif de la rue Craig. Le jeune avocat court échanger le billet et reçoit en retour… une superbe queue-de-pie qu'il s'empresse de prêter, pour rire, à Aimé Béliveau, le propriétaire de l'hôtel Richelieu, rue Saint-Vincent, où le jeune homme casse la croûte tous les midis. L'habit se retrouve sur le dos du serveur Ménésippe, ce qui réjouit les clients, avocats et journalistes, qui accourent pour admirer la nouvelle allure de leur garçon de table !

UNE PLUME REMARQUABLE

Les amis écrivains d'Arthur Buies se réunissent souvent chez lui, rue Saint-Jean-Baptiste, pour discourir, rêver et s'amuser. Buies possède une plume acérée. Journaliste remarquable, il fonde plusieurs journaux dont *L'Avenir, La Lanterne* et *Le Réveil,* qui ne font cependant pas long feu. Il collabore au *National* et au *Pays*.

Un journal de Montréal lui offre de devenir correspondant parlementaire à Québec pour 10 dollars par semaine. Notre chroniqueur répond : « Pour écouter parler les députés, l'emploi vaut au moins 20 dollars. » Il ne l'obtient pas. Comme plusieurs chroniqueurs de l'époque, il devient très populaire, surtout au *National*. Un jour, il raconte dans une page hilarante une journée à la campagne où il est séduit par les vaches et les moutons qui, écrit-il, ont un tel air ministériel, qu'ils sont à confondre avec les majorités conservatrices.

Les idées que Buies défend sont parfois bizarres, mais toujours originales et incisives. Il a laissé des chroniques et plusieurs ouvrages de géographie. Imaginez-le un peu, secrétaire du curé Labelle ! Le libre penseur intellectuel, discutant et servant le « roi du Nord ». Arthur Buies meurt à Québec en 1901.

60 HONORÉ MERCIER

Le 22 novembre 1885, une assemblée monstre se déroule sur le Champ-de-Mars, à Montréal. D'après l'historien Robert Rumilly, c'est l'assemblée « la plus nombreuse et la plus émouvante jamais tenue au Canada ». Il y a là entre 40 000 et 50 000 hommes de tous partis, « poings serrés, cœurs éteints », qui ont répondu à l'appel des différents chefs politiques canadiens-français, Laurier, Trudel, Laflamme et, bien sûr, Honoré Mercier, dont la voix éclate au milieu du silence : « Riel, notre frère, est mort, victime de son dévouement à la cause des Métis dont il était le chef, victime du fanatisme et de la trahison... »

Honoré Mercier naît à Sabrevois en 1840. Le père, cultivateur et patriote, élève son fils au lendemain des soulèvements de 1837, en pleine mouvance politique. Après des études au Collège Sainte-Marie, le jeune Honoré pratique le droit à Saint-Hyacinthe et collabore au journal *Le Courrier*. En 1867, il combat la Confédération. En 1871, il entre au Parti national. En 1872, il est élu au fédéral dans le comté de Rouville. Très rapidement, le Parti national est absorbé par le Parti libéral et Mercier ne se représente pas aux élections de 1874. En 1879, Joly de Lotbinière devient premier ministre libéral de la province de Québec ; il attire Mercier dans l'arène provinciale et celui-ci est élu à Saint-Hyacinthe, puis nommé au cabinet comme solliciteur général. À cette époque s'amorce le combat politique de toute sa vie contre son ennemi juré : Adolphe Chapleau, le chef conservateur.

UN VÉRITABLE HOMME D'ÉTAT

Les événements des provinces de l'ouest, toute l'affaire de Riel et des Métis, vont propulser Mercier à l'avant-scène. Il reconstruit le Parti national, qui réunit des libéraux et des conservateurs révoltés de la tournure des événements et de la pendaison de Louis Riel. On se lance en campagne électorale. Ce sera l'une des batailles les plus passionnées de toute l'histoire du Québec. Le chef du Parti national se bat comme un démon. Les Canadiens français s'identifient à lui parce qu'il incarne leur patriotisme et leur fierté. Et il est élu premier

Fonds Famille Bourassa

L'HONORABLE HONORÉ MERCIER
Secrétaire d'État

ministre le 29 janvier 1887. Pour la première fois de l'histoire, un premier ministre du Québec est reconnu comme un homme d'État.

L'idée de Mercier, c'est que le Québec doit s'affirmer comme nation française et catholique. Aussi devient-il très rapidement suspect aux yeux du pouvoir fédéral. Il visite les grandes capitales du monde, il est reçu par les grands financiers de New York. Paris déroule pour lui son long tapis rouge et même le décore de la Légion d'honneur. Le pape lui accorde une audience privée. Le Canada anglais se raidit et craint que Mercier ne camoufle le projet de créer un État québécois. On met donc sur pied un comité sénatorial qui surveille tous ses faits et gestes.

Et le scandale éclate. Mercier manque de prudence. Il n'est pas vigilant. Et alors qu'il est au sommet de sa puissance, des politiciens de son entourage acceptent des pots-de-vin pour favoriser une compagnie de chemin de fer. C'est la débâcle. Le premier ministre doit abandonner le pouvoir et son parti est écrasé aux élections de 1892. Même s'il est acquitté en Cour d'assises, il ne se relève pas de cet échec et meurt ruiné, financièrement et physiquement, le 30 octobre 1894.

Parmi les grandes réalisations d'Honoré Mercier, on retiendra l'indemnisation des Jésuites, la convocation de la première conférence interprovinciale, la nomination du curé Labelle comme sous-ministre de l'Agriculture et de la Colonisation, la construction de chemins de fer et la création de l'école du soir.

61 « CESSONS NOS LUTTES FRATRICIDES »

Cette phrase lancée un jour par Honoré Mercier nous ramène à l'actualité. Comme certains hommes politiques d'aujourd'hui, Mercier, chef du Parti national en 1887, espérait rallier les Canadiens français face au grand frère fédéral qui menaçait l'autonomie du Québec.

LE PARTI NATIONAL

C'est en 1871, quatre ans après la Confédération, que pour la première fois un ralliement des forces libérales modérées et des conservateurs fatigués de la dictature de George-Étienne Cartier tente une union politique des Canadiens français du Québec. Ce nouveau parti québécois se révolte contre la politique du gouvernement fédéral dans l'Ouest canadien et s'indigne de la façon dont le Nouveau-Brunswick a réglé le conflit des écoles françaises catholiques sur son territoire.

En 1874, Cartier, le chef conservateur, meurt, et Antoine-Aimé Dorion, chef du Parti libéral, se retire. Joseph-Alfred Mousseau tente à son tour de faire lever un parti national. Lionel Groulx explique, dans son *Histoire du Canada…*, que « ces projets et regroupements procèdent des mêmes soucis : opposer un front canadien-français aux empiétements d'Ottawa dans les affaires du Québec et constituer une force politique pour la sauvegarde des intérêts ». Comme vous le voyez, il n'y a rien de nouveau sous le soleil.

Entre 1880 et 1890, l'influence des Canadiens français à Ottawa marque déjà un très net recul. Au Québec, de futurs chefs politiques, Thomas Chase Casgrain et Edmund James Flynn, proposent en 1888 « une ébauche de centralisme et la fusion des races en une seule nationalité canadienne ». Si on ajoute à ce projet l'affaire Riel, le chef des Métis pendu à Regina en 1885, après un procès qui marquera d'amertume et de colère l'histoire canadienne, on ouvre toute grande la porte à la guerre journalistique.

Retenons deux énoncés de journaux du temps pour mesurer la friction. Le *Toronto Mail* écrit : « Si la chute du Cabinet (fédéral) devait résulter du retrait de ses partisans français […] en ce cas, nous, sujets britanniques, sommes convaincus qu'il nous faudrait nous battre de nouveau pour la Conquête […] cette fois, le conquérant ne capitulera pas. Il n'y aura plus de Traité de Paris ». À ces propos, *La Presse,* de Montréal, répond : « Riel n'expie pas seulement le crime d'avoir réclamé les droits de ses compatriotes ; il expie surtout le crime d'appartenir à notre race. L'exécution de Riel brise tous les liens de parti qui avaient pu se former dans le passé. Désormais, il n'y a plus ni conservateurs ni libéraux […]. Il n'y a que des Patriotes et des Traîtres. Le Parti national et celui de la corde ».

MERCIER RALLIE LES CANADIENS FRANÇAIS

C'est à ce moment qu'arrive Honoré Mercier. En 1886, apeuré par les dangers de la Confédération, il quitte le Parti conservateur. Puis, en 1887, après l'affaire Riel, il réussit à rallier conservateurs, libéraux et ultramontains pour fonder un nouveau Parti national. Il prend le pouvoir. C'est un temps fort pour le Québec. Rapidement, des francophobes, aidés du gouvernement fédéral, entreprennent d'attaquer Mercier et son parti ; on tente de faire invalider la loi à la suite du règlement des biens des Jésuites. On assiste aussi à la mise sur pied de la Equal Right Association ayant pour chef Alton McCarthy et dont le but est de « défendre les droits des anglo-protestants du Québec ». Plus tard, on apprendra que cette ligue poursuivait aussi un autre but : freiner la pénétration française dans les Cantons-de-l'Est et dans le nord et l'est de l'Ontario. Bref, ça va mal. La morosité du climat entre le Québec et le Canada anglais s'amplifie.

Comme le rapporte le chanoine Groulx : « Un historien anglo-canadien a pu parler du duel Mercier-McCarthy. En 1890, lorsque McCarthy propose au Parlement fédéral la suppression des droits officiels de la langue française dans le Nord-Ouest, l'un des partisans de son groupe le déclare sans ambages : la proposition est une riposte à Mercier et à son parti en train d'établir une république française sur le Saint-Laurent... »

Pour tout le monde, francophones catholiques ou anglophones protestants, le « Cessons nos luttes fratricides » d'Honoré Mercier se traduisait par un cri de ralliement lancé aux troupes canadiennes-françaises : « Unissons-nous contre les Anglais. »

Des centaines d'années plus tard, on assiste historiquement à un semblable scénario.

62 «TOUS LES CHIENS AURONT BEAU ABOYER AU QUÉBEC, LOUIS RIEL SERA QUAND MÊME PENDU.»

Sir John A. Macdonald,
premier ministre du Canada

Louis Riel est l'une des grandes figures de notre histoire. Pour les gens de son peuple et pour la majorité des Canadiens français, c'est un héros, un chef qui a donné sa vie pour les siens. Mais pour d'autres, c'est un exalté, un fou, un traître même.

En 1985, la ministre du Patrimoine à Ottawa, Sheila Copps, déclarait: «Louis Riel, qui est mort inutilement, devrait être innocenté par le gouvernement et déclaré victime d'un méfait.» À cette époque, elle était députée dans l'opposition. Quelques années plus tard, elle votait contre le projet de loi visant à annuler la déclaration de culpabilité de Riel...

Comme quoi, même aujourd'hui, plus de 100 ans après sa pendaison, le 16 novembre 1885, il est encore politiquement dangereux de réhabiliter un héros de culture française, pourtant fondateur d'une province canadienne, un homme qui a combattu le racisme en exigeant le suffrage universel et le respect des droits de la personne. Il est impossible dans un si court espace d'analyser et d'expliquer toute cette histoire, celle du peuple métis, français et catholique, qui aurait pu établir une deuxième province française à l'ouest de l'Ontario. Mais pour les fédéraux, il fallait annihiler à jamais la volonté de regroupement de ce peuple, le massacrer et y installer des colons anglais qui feraient du Manitoba une province anglaise. Mais essayons de résumer...

En 1868, les Métis du Manitoba vivent tranquilles sous le régime de la Compagnie de la Baie d'Hudson qui exploite les territoires du Nord-Ouest, richissimes en fourrures, et qui exploite aussi bien sûr les Amérindiens, les Métis et les trappeurs canadiens-français, sous l'œil bienveillant du gouverneur McTavish.

À cette époque, le gouvernement de la Confédération entre en pourparlers avec la compagnie pour acheter ses terres. Le long de la rivière Rouge et de ses affluents vivent, d'un côté, 10 000 Métis et quelques milliers de Canadiens français établis selon le modèle québécois des seigneuries, et de l'autre, des agriculteurs écossais venus avec Lord Selkirk en 1812.

Avant même que le contrat ne soit signé, le gouvernement du Canada envoie des arpenteurs démarquer les terres en lots carrés, défaisant ainsi tout l'arrangement primitif. « Les Métis protestent auprès du premier ministre Macdonald qui, pour toute réponse, les traite de *halfcastes,* de dégénérés » (Léandre Bergeron).

Fonds Famille Mercier

LOUIS RIEL
Décédé le 16 novembre 1885

LA PREMIÈRE INSURRECTION (1869)

Le gouvernement fédéral nomme McDougall lieutenant-gouverneur de ces territoires en attendant leur entrée officielle dans la Confédération. La Compagnie de la Baie d'Hudson cesse tout acte d'administration le 1er décembre 1869. Il y a donc un moment où les territoires n'ont pas d'autorité effective. Les Métis en profitent pour constituer un gouvernement provisoire, dont Louis Riel est l'âme dirigeante. Les arpenteurs et autres employés du gouvernement voient cela d'un fort mauvais œil. Le major Boulton, le Dr Schultz et d'autres lèvent un corps de volontaires pour attaquer les Métis. On en vient aux coups...

L'un de ces combattants, un nommé Thomas Scott, violent et intraitable, est condamné à être fusillé sur l'ordre de Riel. C'est un Ontarien orangiste qui deviendra le héros des anglophones. La tête de Riel est mise à prix par le gouvernement de l'Ontario.

Le 5 décembre, le chef métis produit sa Liste des droits, laquelle exige que la population métisse soit consultée sur sa volonté d'être intégrée dans le Canada. Le fédéral n'est pas d'accord, naturellement. Il fait donc appel à Mgr Alexandre Taché, évêque de Saint-Boniface, qui réussit avec beaucoup de peine à apaiser les Métis. Après un mois de négociations entre Macdonald et le gouvernement provisoire, la province du Manitoba est créée le 15 juillet 1870. L'entente se fait moyennant de bonnes garanties en faveur des Métis, mais le gouvernement fédéral se réserve la propriété des terres publiques. Les Métis ont gagné leur cause: le Manitoba est une province bien définie, et non un agrandissement de l'Ontario.

Mais ce n'est que partie remise, car les Anglais vont chasser les Métis, modifier leurs lois sur les écoles et faire du Manitoba une province anglaise.

LA DEUXIÈME INSURRECTION (1885)

Dès 1870, des militaires sont arrivés au Manitoba sous le commandement du lieutenant-gouverneur Archibald. Les Métis ne comprennent pas, puisque pour eux la question est réglée, nous dit Léandre Bergeron. Cependant, la répression commence. Des immigrants arrivent par milliers et chassent les Métis. C'est même la persécution. Assez pour que le gouverneur Archibald écrive au premier ministre Macdonald : « Les nouveaux venus d'Ontario semblent croire que les Métis français doivent être effacés de la face du globe… » Ces derniers réagissent en émigrant vers l'ouest. Louis Riel, après s'être fait élire aux élections de 1871 dans la circonscription de Saint-Boniface, cède son siège à George-Étienne Cartier, battu dans Montréal-Est. Après la mort de Cartier, Riel reprend son siège, en 1874. Mais il est toujours considéré comme un traître, et chassé de la Chambre des communes. À cette époque, Riel a des crises de mysticisme. Il est interné à l'asile de Longue-Pointe puis à celui de Beauport. En 1878, il s'exile au Montana, épouse une Métisse et devient instituteur.

Les Métis repoussés vers l'ouest se sont installés le long de la rivière Saskatchewan et vivent de la chasse au bison. Leur situation est d'autant plus précaire que les Américains massacrent les troupeaux qu'aucune loi ne protège. Le Pacifique Canadien et des centaines de colons et de spéculateurs envahissent leur territoire. Les arpenteurs reprennent leur travail en divisant encore une fois les terres métisses en lots carrés pour les distribuer. Les Métis alertent Ottawa qui ne bouge pas… Alors ils réclament leur sauveur, Louis Riel, qui revient en juillet 1884.

Riel reprend le combat. Il réclame la reconnaissance des droits des Métis à l'ouest du Manitoba. Durant ces années, il a des visions qui, dit-il, lui suggèrent de créer une société où tous les hommes vivraient d'amour dans un monde idéal…

Le clergé prend peur et répudie Riel. Un certain père André lui refuse les sacrements et le juge fou ; on lui demande de quitter le pays. Riel et ses principaux collaborateurs savent que le gouvernement fédéral est prêt à les acheter à prix fort. Alors ils exigent des sommes faramineuses, sachant fort bien qu'elles seront refusées.

En février 1885, Riel structure la résistance malgré l'opposition des prêtres. Le 17 mars, le gouvernement provisoire de Saskatchewan est établi à Saint-Laurent, et la lutte armée s'engage. Ottawa envoie 5000 hommes en renfort à la Police montée (créée exprès pour la répression des Métis) pour combattre « un fou et ses alliés sauvages ». Batoche tombe le 12 mai, et Riel se rend.

Alors qu'un journal de Toronto suggère que « l'on étrangle Riel avec un drapeau français », au Québec une campagne s'organise pour sauver le chef métis. Le procès de ce dernier est une farce judiciaire. Le juge est anglais, et s'il est assisté d'un juge de paix francophone, il reste que le jury est composé de colons et de marchands anglais. Après sept jours, le verdict tombe : Riel est trouvé coupable de haute trahison, mais le jury recom-

Fonds Famille Bourassa

GABRIEL DUMONT
Fidèle compagnon de Riel

mande la clémence. Riel porte sa cause en appel; la Cour du Banc de la Reine du Manitoba confirme le verdict. Le Conseil privé refuse d'entendre la cause.

« *Riel must swing* », voilà l'opinion émise par John A. Macdonald, le premier ministre du Canada. Il est question à un moment de commuer la peine de mort prévue en cas de haute trahison, mais les dirigeants canadiens s'y refusent. Le 16 novembre 1885, Riel est pendu à Regina. Au Québec, c'est l'indignation, tandis que l'Ontario acclame la mort du chef métis !

63 SIR WILFRID LAURIER

Le fils de Saint-Lin, né en 1841, va devenir le tout premier premier ministre canadien-français du Canada. Et c'est sous son mandat qui débute en 1896 que le pays va s'agrandir de deux provinces en 1905 : la Saskatchewan et l'Alberta.

Après son cours classique à L'Assomption, Wilfrid Laurier entre à la faculté de droit de l'université McGill, puis va exercer sa profession à Arthabaska. Il se fait élire député à Québec en 1871, mais trois ans plus tard il passe à Ottawa comme député libéral et entre au cabinet du gouvernement Mackenzie en 1877.

Quand Edward Blake prend la direction du Parti libéral, Laurier devient rapidement son second, puis lui succède en 1887. Au Québec, le clergé exprime des réticences concernant

EDWARD BLAKE
Chef du Parti libéral du Canada

Fonds Famille Bourassa

195

Laurier, le soupçonnant, puisqu'il a été membre de l'Institut canadien 20 ans plus tôt, de libéralisme doctrinal. Mais Laurier, profitant des faiblesses d'hommes politiques bien placés dans le Parti libéral et fort de l'appui quasi total des francophones, qui voient en lui la possibilité qu'un des leurs devienne premier ministre du Canada, remporte la victoire en 1896.

Laurier rêve que les deux peuples fondateurs collaborent au progrès du pays. La route ne sera pas facile. Au début de son mandat, l'âge d'or du grand capitalisme se dessine, avec ses héros, des personnages très admirés pour leur fortune et leur prestige : les Ford, Rockefeller, Vanderbilt, Carnegie. Le Canada, dans le sillage de ces géants, profite de la conjoncture. On peut affirmer qu'avec le gouvernement Laurier débute une période de prospérité économique qui va durer jusqu'à la fin des années 1920.

Collection initiale

WILFRID LAURIER
Chef du Parti libéral du Canada

UN RÉGIME MARQUÉ PAR LES DIVISIONS

Plusieurs grandes crises politiques vont cependant assombrir son régime. L'une d'entre elles est déclenchée de Londres par Joseph Chamberlain, le ministre britannique des Colonies, qui projette d'établir une fédération politique entre ces dernières et l'Angleterre. Laurier rejette poliment ses avances ; mais son attitude à l'égard de l'Empire est bien mal reçue chez de nombreux Canadiens d'origine britannique qui voudraient au contraire que le pays se rapproche de la mère patrie. Chez les Canadiens français, c'est l'inverse. Henri Bourassa, le bras droit de Laurier, et les nationalistes tiennent absolument à ce que le Canada se détache de l'Empire et devienne indépendant le plus tôt possible. Entre ces extrêmes, Laurier doit manœuvrer habilement. Il sait fort bien que pour demeurer premier ministre, il a besoin d'une majorité d'appuis chez les Canadiens anglais, tout en préservant son château fort au Québec.

Fonds Armour Landry - Famille Bourassa

HENRI BOURASSA

D'autres événements encore vont susciter les divisions sous le gouvernement Laurier. En 1890, le Manitoba abolit les écoles catholiques et françaises. Lors de son élection en 1896, Laurier avait promis de régler le problème. Le compromis de 1897 qu'il établit avec le premier ministre Greenway mécontentera les francophones du Manitoba et du Québec aussi bien que le clergé catholique. En 1899, c'est la guerre des Boers. L'Angleterre, qui convoite les mines d'Afrique du Sud, attaque les colons hollandais déjà sur place et demande au Canada de fournir des soldats. Les anglophones sont d'accord, les francophones ne veulent rien entendre. Laurier prend une décision de compromis. Et quand Bourassa lui demande s'il a tenu compte de l'opinion du Québec, le premier ministre répond : « Mon cher Henri, la province de Québec n'a pas d'opinion, elle n'a que des sentiments. » Outré, Bourassa démissionne. Le schisme sera définitif.

Un autre projet de loi, le *Naval Bill,* divise encore les deux peuples et provoque la chute de Laurier en 1911. Le conservateur Robert Laird Borden est élu grâce à l'appui des Canadiens français.

Comme chef de l'opposition, Wilfrid Laurier se dresse contre la conscription. Plusieurs de ses lieutenants canadiens-anglais l'abandonnent. Il meurt à Ottawa le 17 février 1919. Sa politique aura été celle du compromis et de la conciliation.

La suite coûtera malheureusement très cher aux nationalistes québécois qui ont appuyé le Parti conservateur fédéral. En effet, le gouvernement Borden va établir une politique plus impérialiste encore que celle de Laurier. Un exemple : le 17 décembre 1917, il imposera la conscription.

64 LA GUERRE DES BOERS

Nous sommes à la fin du XIXe siècle. L'empire britannique est à son zénith. L'Australie, la Nouvelle-Zélande, le Canada, l'Inde, Malte, Gibraltar et d'autres colonies encore sont accrochées à sa couronne. Le responsable britannique aux colonies, Joseph Chamberlain, clame haut et fort que « la race anglo-saxonne est la plus grande des races gouvernantes que le monde ait jamais connues ». À cette époque, l'Italie, l'Allemagne et les États-Unis accèdent au rang de puissances. Cette concurrence effraie l'Angleterre, qui veut affermir son empire en resserrant les liens avec ses colonies. On parle même d'une « plus Grande-Bretagne » qui n'aurait qu'une seule et même administration, et une seule armée (Léandre Bergeron).

EN AFRIQUE

Pendant ce temps, dans le sud de l'Afrique vivent paisiblement les Boers, des descendants du peuple hollandais. Ils y sont depuis 1634. Or, vers 1867, on découvre de riches mines d'or sur leur territoire. Quelle aubaine pour l'Angleterre, qui cherche justement à agrandir son empire! À elle de mettre la patte sur ces proies faciles et si bien dotées avant que d'autres ne le fassent. Ou, si l'on préfère, à elle d'étendre à l'Afrique son œuvre de colonisation et de civilisation... L'Angleterre déclare donc la guerre en 1899 et fait appel à ses colonies, car elle a besoin de soldats pour vaincre les colons boers.

AU CANADA

Depuis 1896, c'est Sir Wilfrid Laurier qui est premier ministre du Canada. Comment répondra-t-il à cet appel de la mère patrie? Pour comprendre sa réponse, rappelons-nous d'abord ses paroles, au moment où il a reçu le titre de *sir* à l'occasion des fêtes du jubilé de la reine Victoria en 1897 : « Le jour le plus glorieux de ma vie sera celui où je verrai un Canadien d'origine française appuyant le principe de la liberté dans ce Parlement de la Plus-Grande-Bretagne et je suis britannique jusqu'au fond du cœur. » Pris à son propre piège, il va trouver un compromis. Et le 13 octobre 1899, sans passer par la Chambre des communes, faire adopter une loi qui permet d'envoyer 1000 volontaires au service de l'armée anglaise. Au total, 7500 Canadiens se joindront à l'armée anglaise. Le coût de cette opération s'élèvera à 2 800 000 dollars.

Le seul député qui s'oppose à cette décision en est un du Québec. C'est Henri Bourassa. Petit-fils de Louis-Joseph Papineau, il a 31 ans à peine. Laurier l'aime et le respecte. Mais cette loi va à l'encontre des principes du jeune loup : dès le lendemain de la promulgation de l'arrêté en conseil, il démissionne. À partir de ce jour, Henri Bourassa sera un ennemi politique acharné de Laurier. Il fondera un peu plus tard, avec Olivar Asselin, la Ligue nationaliste.

Le recrutement de militaires se fait à l'étendue du pays. Le Québec fournit une centaine d'hommes.

AFFRONTEMENTS À MONTRÉAL

Après la prise de Ladysmith par les troupes anglaises, annonciatrice de la victoire sur les Boers, les étudiants de l'université McGill, arborant l'Union Jack, se regroupent pour manifester. Ils en viennent aux coups avec des étudiants de l'Université Laval, à Montréal qui, eux, déploient le drapeau tricolore. Des centaines d'étudiants anglophones se mobilisent pour aller hisser l'Union Jack sur l'Université de Montréal et sur les édifices des journaux français, rue Saint-Jacques. Mais, rue Saint-Denis, les étudiants francophones les attendent. Ils ont branché tous les tuyaux d'incendie qu'ils ont pu trouver aux bornes-fontaines. Malgré l'inondation, les émeutiers de McGill réussissent à pénétrer dans l'enceinte de l'université française, s'emparent du drapeau tricolore, le déchirent et le foulent aux pieds. On entend des coups de feu. Plusieurs jeunes sont transportés à l'hôpital, d'autres sont incarcérés. Les journaux et les politiciens s'en mêlent, s'accusent mutuellement. Les troubles vont durer plusieurs jours.

Bourassa, qui a été réélu tout de suite après sa démission, présente à la Chambre des communes une résolution suivant laquelle le Canada demanderait à l'Angleterre d'accorder son indépendance à l'Afrique du Sud. La motion est battue par une immense majorité et l'on chante le *God Save the King*.

65 LOUIS-ALEXANDRE TASCHEREAU

Pendant 15 ans, Taschereau gouvernera la province de Québec comme un « petit tsar », nous dit Leslie Roberts. En effet, il fait ce qu'il veut, personne ne peut échapper à ses ordres. Et si quelqu'un ose le contredire, il devient féroce. Il fait fi des limites constitutionnelles du système législatif. En fait, il abuse allègrement de ses prérogatives.

Taschereau a le pouvoir dans le sang. Issu d'une famille de la grande bourgeoisie de Québec dont l'ancêtre était seigneur, il a pour père Sir Henri-Elzéar Taschereau, qui sera le premier juge en chef francophone de la Cour suprême du Canada. Sa mère est fille d'un juge qui deviendra lieutenant-gouverneur de la province de Québec. Et il est le neveu de Mgr Elzéar-Alexandre Taschereau, recteur de l'Université Laval et premier Canadien à recevoir la pourpre cardinalice.

Louis-Alexandre voit le jour à Québec le 5 mars 1867. Après de brillantes études au Séminaire de Québec puis à l'Université Laval, il est admis au Barreau. Il entre au service du puissant Sir Charles Fitzpatrick, qui deviendra juge à la Cour suprême puis lieutenant-gouverneur. À 33 ans, Taschereau choisit la politique. Élu député libéral de Montmorency en 1900, il est réélu en 1904. En 1907, son chef, Lomer Gouin, l'invite à prendre place dans son Cabinet comme ministre des Travaux publics et du Travail.

Réélu en 1908, 1912, 1916 et 1919, pendant la grande vague libérale qui balaie le Québec à cette époque, il est le premier lieutenant de Lomer Gouin, qui lui cède la charge de procureur général. L'année suivante, le 9 juillet 1920, Taschereau devient premier ministre.

SES RÉALISATIONS

Comme Gouin, il occupera son poste durant 15 ans. Parmi les mesures prises par son gouvernement, on peut citer la création de la Commission des liqueurs, la loi de l'Assistance publique, la fusion de la Banque d'Hochelaga et de la Banque nationale (qui deviendront la Banque canadienne nationale), la mise en place de plusieurs législations ouvrières, des aides aux institutions d'enseignement, la création des unités sanitaires. Il apporte aussi une attention spéciale au développement du réseau routier. Il se porte à la défense de l'autonomie provinciale chaque fois que le fédéral empiète sur les pouvoirs de la province. Sans aller aussi loin que le fera Maurice Duplessis, il n'admet pas qu'Ottawa centralise davantage. Jusqu'à la grande crise de 1929, son gouvernement déclarera toujours des excédents budgétaires. Bien sûr, il favorise la colonisation comme remède à la crise, et en s'appuyant sur les trusts il encourage le développement industriel. Réélu en 1931, il connaîtra son enfer dans les années qui suivront...

DUPLESSIS ET GOUIN

En effet, cet homme que les conservateurs jugent inébranlable va rencontrer son semblable et devoir affronter un adversaire aussi coriace, aussi dur et aussi ambitieux que lui: Maurice Duplessis. À ce moment, un vent de mécontentement envahit les rangs des libéraux. Certains intellectuels nationalistes forment un parti politique dirigé par Paul Gouin, le fils de Sir Lomer Gouin, l'Action libérale nationale. Ce parti critiquera les méthodes et les écarts graves commis par le premier ministre et ses sbires. À partir de 1934, Duplessis emploie son temps en Chambre à narguer le premier ministre sur les divisions de son parti. Et en secret, il encourage les mécontents et négocie avec eux. Il ne lâche pas les libéraux : il dévoile des scandales, lance des accusations de corruption et dénonce le favoritisme. Finalement, il exige des élections, qui sont annoncées pour le 25 novembre 1934. Gouin et Duplessis s'entendent pour une alliance tactique. Le soir du 25, Taschereau est réélu par une faible majorité. Duplessis est nommé leader de l'opposition et c'est dans une atmosphère orageuse que s'ouvre la nouvelle législature. Une enquête sur les comptes publics se tient au printemps 1936 et démontre que le régime Taschereau était mêlé à toutes sortes de manigances. Le premier ministre n'a plus le choix, il remet sa démission en juin 1936. C'est Adélard Godbout, ministre de l'Agriculture, qui le remplace à la tête du parti et de la province de Québec. Jusqu'à sa mort, en 1952, Louis-Alexandre Taschereau restera à l'écart de la politique.

66 L'INFÂME RÈGLEMENT XVII DE L'ONTARIO

Quand, en 1998, l'hôpital Montfort, le seul hôpital francophone de l'Ontario, perd la moitié de son budget, les deux tiers de ses lits et ses services d'urgence, un tollé s'élève chez les francophones du Canada. Mais ce n'est pas la première fois que les Franco-Ontariens perdent des droits acquis. Déjà en 1912, le gouvernement de cette province interdisait l'enseignement de leur langue dans les écoles ! Le grand Rosaire Morin nous en parle dans *L'Action nationale*.

Cette année-là, en effet, le gouvernement de l'Ontario vote le Règlement XVII, qui stipule : « Là où c'est nécessaire, dans le cas des élèves de langue française, on peut employer le français comme langue d'instruction, mais cet emploi du français ne devra pas s'étendre au-delà de la première année. » D'un seul coup, on vient de retirer aux francophones leurs droits acquis dans le domaine de l'éducation, car jusque-là, l'Acte de l'Amérique du Nord britannique de 1867 garantissait que les minorités, partout au Canada, conservaient leurs droits acquis avant la Confédération.

Que s'est-il donc passé ? Simplement un durcissement de l'opinion publique anglophone contre la culture francophone. D'abord on se contente de préciser que l'anglais devient la principale langue d'enseignement, et en 1885, effectivement, l'étude de l'anglais est obligatoire dans toutes les écoles. Puis on se raidit : en 1890 on oblige les écoles dites françaises à suivre le programme des écoles publiques anglaises et à utiliser les manuels de langue anglaise. On accorde cependant l'autorisation d'enseigner la lecture, la grammaire et la composition françaises. Ensuite, en 1910, les questions de religion et de langue deviennent carrément politiques. La Protestant Protective Association, les orangistes et aussi le clergé catholique irlandais exercent des pressions de plus en plus fortes sur James Witney, le chef du gouvernement conservateur. On institue finalement une enquête sur les écoles séparées et on aboutit au Règlement XVII, une infamie qui limite à une heure par jour l'usage du français dans les écoles primaires ; et un système « d'espionnage » étroit doit assurer l'application de la loi. Sans se tromper, on peut dire de ce règlement qu'il légalise ni plus ni moins la suppression du français dans l'enseignement.

On s'en doute, les Franco-Ontariens s'y opposent avec acharnement. Leur Association d'éducation, fondée en 1910, monte aux barricades. On organise une résistance civile. On crée des écoles libres où l'on enseigne en français ; les francophones assument les dépenses, les instituteurs et les institutrices travaillent sans salaire. Les commissaires, menacés d'emprisonnement et d'amendes sévères, ordonnent aux élèves de quitter les écoles lorsque les inspecteurs du gouvernement se montrent le bout du nez. Les enfants manifestent par milliers. Les mères de famille protègent les institutrices en repoussant la police à coups d'épingles à chapeau. Les Québécois apportent leur appui. Des quêtes publiques et un boycottage des produits ontariens sont organisés. Ce conflit aura des répercussions politiques importantes, puisque le Québec donnera son appui aux libéraux à trois reprises et empêchera les conservateurs de prendre le pouvoir à Ottawa.

Il faudra attendre 1927 pour que le Règlement XVII soit remplacé par la circulaire n° 46 qui reconnaît l'égalité de l'enseignement du français et de l'anglais dans les écoles bilingues au primaire. Au secondaire, l'enseignement continuera d'être donné en anglais.

POURTANT, L'HISTOIRE...

Pourtant, nous dit Rosaire Morin, on se souvient que c'est Champlain qui, en 1613, met le premier les pieds en Ontario. Puis ce sont les Jésuites français qui établissent la célèbre mission huronne à la baie Georgienne. C'est Simon-François Daumont, sieur de Lusson, et Nicolas Perrot qui fondent Sault-Sainte-Marie en 1671. Tout un chapelet de forts est établi par des Français : Frontenac en 1673, Pontchartrain ou Detroit en 1701, Sainte-Anne et Saint-Louis au lac La Pluie en 1731, Saint-Charles au lac Des Bois en 1732. Mais la Conquête de 1760 a tout effacé.

67 LES SUFFRAGETTES

Nous avons tous vu un jour ou l'autre des photos de femmes-sandwichs arborant des messages criant au monde le droit inaliénable des femmes de voter tout comme les hommes.

C'est en 1890 que les mouvements féministes forment aux États-Unis l'Association nationale américaine pour le suffrage des femmes. En Europe, la Britannique Emmeline Pankhurst et deux de ses filles sont les premières à diriger le combat.

LES PANKHURST

Emmeline Pankhurst est née à Manchester en 1858. Dès l'âge de 14 ans, elle assiste à des réunions en faveur du suffrage des femmes. À 21 ans, elle épouse un avocat progressiste, Richard Pankhurst. En 1903, elle fonde l'Union sociale et politique des femmes (WSPU). Après une vie pleine de luttes, de manifestations, d'arrestations et de séjours en prison, elle meurt en 1928.

Au long de ces années, elle peut compter sur la présence à ses côtés de sa fille Christabel, laquelle doit fuir à Paris en 1912, car elle est poursuivie pour association de malfaiteurs! C'est à ce moment qu'elle édite le quotidien *The Suffragette*.

L'opposition au droit de vote des femmes, en ce début du XXe siècle, est généralisée : la presse, le Parlement, les milieux professionnels, l'Église et même beaucoup de femmes s'y opposent. Pourquoi ? Parce qu'on perçoit ce mouvement comme une menace pour les valeurs traditionnelles de la société. La femme est considérée comme fragile, émotive, illogique et terre à terre. Sa place est à la maison. D'ailleurs, la politique est l'affaire des hommes : si les femmes s'y adonnaient, elles tueraient l'esprit chevaleresque masculin et seraient corrompues. Les politiciens redoutent le droit de vote pour d'autres motifs aussi. Ils ont peur qu'il n'ouvre la porte au contrôle des naissances, ce qui priverait le pays de futurs soldats et affaiblirait la frappe militaire. Pour n'importe quel parti politique, à l'époque, soutenir ce droit est extrêmement risqué face aux électeurs.

L'OPINION CHANGE

La Première Guerre mondiale (1914-1918) éclate. Le rôle de la femme est d'élever ses fils pour en faire de bons soldats. Mais plus la guerre s'étire, plus il manque d'hommes dans l'industrie et dans la fonction publique. Les femmes prennent donc leur place. Et bientôt, en Angleterre, plus d'un million de femmes travaillent à l'extérieur de leur maison. Les stéréotypes changent. La femme voit augmenter ses droits et ses pouvoirs.

Au mois de février 1918, le droit de vote est accordé aux femmes en Angleterre. Elles doivent cependant avoir au moins 30 ans, alors que les hommes peuvent voter à 21 ans. Et elles doivent appartenir à un milieu social privilégié. Les femmes de la classe ouvrière sont donc exclues. Il faudra attendre encore

10 ans (1928) pour que les femmes puissent voter à partir de 21 ans.

Aux États-Unis, déjà avant 1896, dans quatre États (Colorado, Idaho, Utah et Wyoming), les femmes votent. C'est en 1920 que ce droit leur sera reconnu dans tout le pays. En Europe, les deux premiers pays à permettre aux femmes de voter sont la Finlande, en 1906, et la Norvège, en 1907. L'Allemagne les imite en 1918, l'Espagne en 1932, la France en 1944, l'Italie et le Japon en 1945. Au Canada, le gouvernement Borden, en 1917, donne le droit de vote aux femmes dont un parent est parti défendre le pays à la guerre. Ce droit est étendu à toutes les femmes en 1918. On sait qu'au Québec, ce n'est qu'à l'issue de batailles épiques que les femmes pourront voter, en 1940.

Des noms à retenir : Suzan B. Anthony, Millicent Fawcett, les Pankhurst, Emily Davison qui se jeta sous les sabots d'un des chevaux du roi, au Derby d'Epsom, pour attirer l'attention sur les revendications des femmes. Au Québec, Marie Gérin-Lajoie, Thérèse Casgrain et Idola Saint-Jean mènent elles aussi le combat de la démocratie.

Plusieurs d'entre elles furent traquées, jetées en prison et menacées de mort parce qu'elles se battaient pour un droit reconnu aujourd'hui comme allant de soi, grâce à ces héroïnes.

68 UNE SEMAINE SAINTE SANGLANTE

Québec, 1er avril 1918. C'est le lundi de Pâques. Dans la rue, quatre hommes sont étendus, tués par des soldats venus de Toronto. C'est Henri-Edgar Lavigueur, le maire de Québec, qui a demandé l'aide de l'armée. Et le général Louis-François Lessard a détaché 1180 militaires dans la ville. Pourquoi ?

Replaçons-nous dans le contexte. Robert Borden est devenu premier ministre du Canada en 1911. Il a remplacé Wilfrid Laurier. En 1917, en pleine guerre mondiale, les effectifs militaires, malgré la campagne de recrutement, n'augmentent pas. Et les 5500 soldats qui se sont enrôlés cette année-là ne suffisent pas à remplacer les 13 400 hommes morts au combat. Borden songe donc à la conscription.

Mais ce projet divise profondément le pays. Les francophones, par les voix d'Henri Bourassa et de Wilfrid Laurier, s'y opposent. Les anglophones, représentés eux aussi par leurs leaders, la réclament. Les Canadiens anglais l'emportent : à la suite d'un vote à la Chambre des communes, le gouvernement fédéral adopte une loi mobilisant tous les hommes célibataires ou veufs sans enfant à charge, âgés de 20 à 45 ans. Laurier met Borden en garde : « Cette loi n'est pas nécessaire et elle est même préjudiciable au Canada, car elle provoquera des divisions malheureuses au sein du peuple canadien. »

Borden songe à une consultation populaire. En adoptant la « loi des élections en temps de guerre », qui accorde le droit de vote aux femmes et aux parents des soldats déjà sous les drapeaux, il met sur pied un gouvernement d'union, récupérant de nombreux libéraux anglophones, et déclenche des élections.

Il remporte la majorité des sièges, malgré le Québec, qui vote d'un seul bloc contre lui (à l'exception de trois comtés anglophones de Montréal). La province s'aperçoit que le Canada peut se gouverner sans elle. La presse anglophone se mobilise. Ainsi peut-on lire dans l'*Evening Telegram* : « Nous devons sauver le Québec en dépit de lui-même et le replacer dans le droit chemin, même s'il faut employer la force ! »

Il y a donc conscription. Un système d'enregistrement sévère est établi et tous doivent s'y soumettre. Le 28 mars 1918, au soir du jeudi saint, des policiers fédéraux à la recherche de jeunes hommes qui se refusent à l'enregistrement investissent l'une des salles de quilles du Cercle Frontenac, à Québec. Ils arrêtent un certain Joseph Mercier.

Aussitôt, la rumeur se répand dans toute la ville. Une foule d'environ 5000 personnes prend d'assaut le poste de police du quartier Saint-Roch, puis l'École des Frères des écoles chrétiennes où l'on croit que des *spotters* pourraient se cacher. Le lendemain, Québec est en ébullition. On parle d'aller détruire les dossiers au bureau d'enregistrement. On pense même faire sauter des édifices fédéraux. Le mouvement de protestation effraie les autorités militaires et civiles. Au même moment, 3000 personnes sont rassemblées, rue Buade, dans le quartier Saint-Roch. Elles prennent d'assaut les immeubles du *Chronicle* et de *L'Événement*. C'est l'émeute...

Le samedi 30 mars, le général Landry réclame du renfort. La foule s'en prend maintenant au manège militaire. Le dimanche de Pâques, le train amène de Toronto des renforts de soldats unilingues anglais. Les Québécois veulent s'armer. Armand Lavergne, le député anticonscriptionniste de Montmagny, calme la foule. L'armée charge et provoque la fureur. Dix soldats sont blessés. Quatre civils sont tués, plusieurs sont blessés, 58 sont arrêtés... L'Église se dissocie des émeutiers et exige, fidèle à elle-même, le rétablissement de l'ordre.

69 LA GRIPPE ESPAGNOLE

Je n'ai jamais pu oublier le récit émouvant que me faisait mon père de l'épidémie de grippe espagnole. Arrivé à Montréal depuis quelques années, il avait 16 ans lorsque le terrible fléau frappa la population de plein fouet. On a recensé environ un demi-million de Québécois atteints de la maladie; 14 000 en sont morts.

SEPTEMBRE 1918

La Grande Guerre s'achève enfin quand cette grippe mortelle débarque chez nous. C'est à tort qu'on la qualifie d'«espagnole» puisque, d'après les scientifiques, c'est plutôt en Russie qu'elle a pris naissance, au début de l'automne 1917, sur le front de l'Est. Puis elle se propage jusqu'en Espagne où elle arrive en mai 1918. Quelques jours plus tard, les journaux de Boston et de New York en parlent à pleines pages.

Le 23 septembre, on rapporte que les corps de soldats américains, morts dans le port de Québec de la terrible maladie, sont transportés sans précaution à la morgue. Les autorités de la vieille capitale refusent de déclarer l'état d'urgence. Aussi, d'autres villes québécoises sont-elles rapidement touchées : Victoriaville, Arthabaska, Trois-Rivières, Richmond.

Ce sont les soldats revenus des vieux pays qui propagent la maladie. Le 7 octobre 1918, on dénombre à Saint-Jean 622 cas dont 34 sont mortels. Puis c'est le tour de la métropole : 213 soldats y sont déclarés malades ; plusieurs autres sèment sans le savoir la maladie autour d'eux. On déconseille aux gens de fréquenter les endroits publics. Même les temples religieux sont fermés et les cérémonies funéraires, reportées au printemps. La plupart des familles sont touchées. Mon père en a connu une dont tous les membres sont morts de la grippe espagnole et ont été enterrés dans des fosses communes.

LES REMÈDES

Imaginez un instant la détresse de ces gens enracinés dans la foi catholique, privés de leurs églises, ces lieux bénits où ils se rassemblent pour prier aux moments les plus sombres et les plus difficiles de leur existence. Ils se laissent dire, par-ci par-là, que Dieu, le Dieu vengeur, punit par ce moyen ceux et celles qui ont été oubliés par la guerre ! Alors ils redoublent de prières.

Et ils se soignent comme ils le peuvent, avec toutes sortes de remèdes maison : tisanes, onguents faits d'un mélange de soufre et de mélasse, pièces de flanelle rouge placées sur les poumons et sur le dos, morceaux de camphre ensachés dans du coton et accrochés au cou, mouches de moutarde et autres cataplasmes antiphlogistiques.

LA FIN DE L'ÉPIDÉMIE

Naturellement, et comme toujours, des compagnies vont tirer profit de la situation. Aussi voit-on apparaître une foule de produits miracles. Par exemple, l'eau Riga. On peut lire dans le journal *La Presse* du 31 octobre 1918 : «L'illustre Dr Metchinikoff a démontré que les maladies contagieuses attaquaient de préférence les constipés. Ce qu'il recommande en cas d'épidémie, c'est de libérer l'intestin, de le vider fréquemment en employant un purgatif, l'eau purgative Riga. Suivez son conseil, vous vous en trouverez bien.»

L'épidémie finit par se résorber. Le 10 novembre, les églises sont rouvertes. Ce sont les jeunes et les personnes âgées qui ont le plus été touchés par la terrible maladie.

70 ADÉLARD GODBOUT

Rarement dans notre histoire, trouve-t-on premier ministre aussi peu connu et aussi facilement jugé comme un pantin au service du gouvernement fédéral. La malchance d'Adélard Godbout est d'avoir exercé son mandat entre ceux de deux monuments de l'histoire politique québécoise : Taschereau et Duplessis. Il succède à Taschereau, chef incontesté du Parti libéral et premier ministre omniprésent durant 15 ans. Et il est battu deux fois, en 1936 et en 1944, par le lion de Trois-Rivières, Maurice Duplessis.

Pourtant, Adélard Godbout, durant son passage aux affaires de l'État, de 1939 à 1944, en pleine guerre mondiale, marquera profondément le Québec moderne par des lois et des mesures qui annoncent la Révolution tranquille. Dans un livre récent intitulé *Godbout,* l'auteur Jean-Guy Genest nous renseigne sur ce premier ministre méconnu.

UN AVANT-GARDISTE…

Cet homme réussit à imposer des mesures progressistes dans à peu près tous les domaines de la vie sociale. À son époque, ce n'était pas simple à faire. Ainsi, malgré l'opposition du cardinal Villeneuve, d'Henri Bourassa, du *Devoir* et de plusieurs groupes influents, c'est lui, Adélard Godbout, qui donne le droit de vote aux femmes en 1940. C'est lui aussi qui, cette fois avec l'accord des autorités ecclésiastiques, annonce l'instruction obligatoire et gratuite. Il crée Hydro-Québec, à la suite d'une nationalisation partielle de l'électricité. Il met en œuvre les premiers jalons de l'assurance-santé. Par des mesures importantes, il dépolitise la fonction publique. Il sera le premier à passer des lois ouvrières progressistes.

Lors des élections de 1944, le découpage de la carte électorale, qui favorise le vote rural plus traditionaliste, avantage Duplessis qui reprend le pouvoir et le conservera durant 15 ans. Son gouvernement retardera l'avènement de la Révolution tranquille que son prédécesseur a amorcée. Adélard Godbout demeure chef de l'opposition officielle à l'Assemblée législative de 1944 à 1949.

Né à Saint-Éloi de Témiscouata le 24 septembre 1892, Godbout étudie au Séminaire de Rimouski, à l'école d'agriculture de La Pocatière et au Agricultural College of Massachusetts. Professeur à l'école d'agriculture de Sainte-Anne-de-la-Pocatière, il est élu député de L'Islet en 1929. Il devient ministre de l'Agriculture en 1930. Quand le premier ministre Taschereau démissionne, en juin 1936, il lui succède à la tête du gouvernement libéral.

TRÈS CRITIQUÉ

Godbout n'a pas la prestance d'un Duplessis, d'un Taschereau ou d'un Camillien Houde, mais le chef libéral est un orateur solide et persuasif. Sûrement, le fait d'être premier ministre durant la Deuxième Guerre mondiale ne l'aide pas à établir sa crédibilité. Il est injuste cependant de l'accuser de s'agenouiller devant le pouvoir fédéral durant la campagne de la deuxième conscription, nous rappelle Jean-Guy Genest. Sa position reste toujours la même : il s'y oppose. Et il rappelle constamment au premier ministre à Ottawa, Mackenzie King, et au ministre fédéral de la Justice, Ernest Lapointe, leur promesse de ne pas l'imposer. Mais ce que les historiens ne pardonnent pas à Godbout, c'est d'avoir cédé à Ottawa l'assurance-chômage sur un simple claquement de doigts du premier ministre King. Ce pouvoir était jusque-là de juridiction provinciale et cette rétrocession restera une épine dans la carrière de Godbout, même si plusieurs autres personnages très influents à l'époque, tels Édouard Montpetit et Henri Bourassa, partagent son opinion.

En 1949, Adélard Godbout est nommé sénateur libéral de Montarville. Docteur en sciences agricoles des universités de Montréal et Laval, docteur en droit *honoris causa* des universités de Montréal et McGill, professeur honoraire à la faculté d'agriculture à l'Université Laval, commandeur de l'Ordre du mérite agricole de France, il meurt à Montréal en 1956.

Son père, Eugène Godbout, était un simple agriculteur, un éleveur de Saint-Éloi qui, lui aussi, avait été député libéral de Témiscouata à l'Assemblée législative, de 1921 à 1923.

71 MAURICE DUPLESSIS

Raconter Maurice Duplessis dans un si court chapitre, c'est mission impossible. Le monument est tellement impressionnant, le personnage tellement énorme, qu'il prend toute la place dans les 20 années qui ont précédé les transformations profondes des années 1960. De nombreux historiens ont consacré des pages et des pages à la biographie de ce dieu de la politique québécoise. Robert Rumilly, Conrad Black, Leslie Roberts ont tous raconté la vie de cet homme adulé des uns, ses inconditionnels supporteurs, et honni des autres, qui ont surnommé son règne la « Grande Noirceur ». J'essaierai tout de même, pour le bénéfice de ceux et celles qui s'éveillent à l'histoire, de situer le personnage le plus honnêtement possible.

UN FILS DE TROIS-RIVIÈRES

Maurice Le Noblet Duplessis voit le jour à Trois-Rivières le 20 avril 1890. Son père, Nérée, avocat, politicien, député de 1886 à 1900, maire de Trois-Rivières, juge à la Cour supérieure du Québec, est l'homme fort de sa ville. Son plus grand désir est que son fils lui succède en politique. Et Maurice, d'après sa sœur Jeanne, « n'a jamais eu l'idée de faire autre chose ».

Fonds Armour Landry

MAURICE DUPLESSIS

Il commence ses études dans une école privée de Trois-Rivières, chez une vieille célibataire anglaise. À la petite école, c'est un élève pas très studieux, espiègle et vantard. En 1898, il entre au Collège Notre-Dame, tenu par les Frères de Sainte-

Croix. Il y reste jusqu'en 1902, va ensuite au Séminaire Saint-Joseph de Trois-Rivières et s'inscrit enfin à la faculté de droit de l'Université Laval, à Montréal. Il est reçu avocat en 1913.

Au Séminaire, il est faible en mathématiques mais fort en histoire, en philosophie et en littérature, raconte Leslie Roberts. Déjà la politique l'intéresse. Il défend la cause du nationalisme, mais rejette les « Laurentiens » de l'abbé Groulx. Premier de classe, travailleur acharné, il sait aussi profiter des plaisirs de la vie ; il est le chef d'une bande de joyeux drilles qui ne se gênent pas, pour s'amuser, d'enfreindre les règles de l'époque.

À la faculté de droit, il s'assagit. Assidu à ses cours, sérieux, il découvre à ce moment sa ligne de pensée politique : celle du Parti conservateur. À l'été 1913, Maurice entre à l'étude de son père, s'allie à Léon Langlois, fonde l'étude Duplessis, Langlois et Lamothe et s'intéresse de plus près à la politique. Il saute dans la mêlée en 1923 comme candidat conservateur, mais il est défait par 284 voix.

Nullement découragé, il s'engage même au contraire de plus en plus en politique provinciale et prend du galon au sein de son parti. Les conservateurs sont faibles au Québec et c'est le petit tsar Taschereau, chef du Parti libéral, qui règne au Parlement. Aux élections de 1927, Duplessis se présente de nouveau et cette fois défait son adversaire par 126 voix. Le voilà lancé ! Son sens de l'organisation, son style flamboyant et sa verve intarissable le font remarquer de tous. Il entre au Parlement le 10 janvier 1928. Ils ne sont que neuf conservateurs sur 85 élus. Le chef du Parti conservateur est Arthur Sauvé (le père de Paul, qui succédera à Duplessis en 1959). Il est bon de rappeler ici que les libéraux, sous la direction de quatre chefs consécutifs, sont au pouvoir depuis 1897. Duplessis ambitionne donc de sortir son parti de l'opposition.

DANS L'OPPOSITION

Le premier geste de Maurice Duplessis en Chambre : aller donner la main au premier ministre Taschereau. Lequel, ne croyant pas prédire l'avenir aussi justement, lance : « Surveillez bien ce jeune homme, il ira loin. » Ses biographes racontent qu'au séminaire, Maurice avait publiquement déclaré : « Je serai premier ministre, je mènerai cette province et Ottawa va écouter. »

Modeste en Chambre, il se fait félin sur les tribunes. Il fonce. Les libéraux le craignent. En 1930, Camillien Houde remplace Sauvé à la tête du parti. Ne se doutant pas de l'ambition de son jeune collègue, le nouveau chef lui laisse beaucoup de place et lui confie les travaux de routine. Battu aux élections de 1931, Houde conserve toutefois la direction du parti. Et c'est Maurice Duplessis qui prend sa place en Chambre comme leader de l'opposition.

Deux ans plus tard, le jeune lion est élu chef du parti. Son adversaire, Onésime Gagnon, un avocat de Québec, se rallie et devient son bras droit. Les hommes de Houde ont tout tenté pour faire battre Duplessis, qui ne cache pas son jeu en déclarant à Montréal : « La province de Québec n'est pas assez grande pour contenir Maurice Duplessis et Camillien Houde ! »

Toujours dans l'opposition, Duplessis s'allie les mécontents libéraux et leur leader, Paul Gouin. En 1934, il conclut un pacte avec le parti qu'ils viennent de fonder, l'Action libérale nationale, car seuls, les hommes de Duplessis ne peuvent battre les libéraux. Mais aux élections de 1935, Taschereau et ses rouges s'accrochent au pouvoir : 48 libéraux, 26 ALN et 16 conservateurs. Même si le parti de Gouin contrôle l'opposition, c'est Duplessis qui en devient le chef. Il s'acharne dans un combat à finir contre ses adversaires. Son arme : l'enquête sur les comptes publics, qui révèle les abus du gouvernement. Alexandre Taschereau démissionne ; Adélard Godbout le remplace. Duplessis neutralise Gouin et fonde l'Union nationale. Le 17 août 1936, 73 députés de l'UN, 11 libéraux, 5 du Parti social chrétien et un indépendant sont élus.

AU POUVOIR

Maurice Duplessis devient premier ministre du Québec pour la première fois. La victoire est importante, plus qu'il ne l'espérait. Même Godbout est battu dans son comté. Duplessis s'empresse de renier ses engagements envers Gouin et ses amis, et administre à sa façon. Il ne fait pas long feu : il est battu en 1939 par les libéraux de Godbout. Mais cinq ans plus tard, en 1944, il reprend le pouvoir. Et cette fois, il le conservera jusqu'à sa mort, en 1959.

L'une des forces de Duplessis : s'entourer d'hommes qui aiment le pouvoir, et qui s'écrasent devant le Chef. Ainsi peut-il rester le maître incontesté et agir en tout et partout à son idée, sans se préoccuper de respecter celles des autres.

Duplessis règne sur SA province comme si elle était sa propriété privée. À partir de 1944, sa machine et sa caisse électorales sont sans égales. Il contrôle le Québec d'une main de fer, même pas dans un gant de velours… Pour les habitants des campagnes, c'est le sauveur de la race. La langue, les institutions, les traditions sont ses chevaux de bataille. L'autonomie du Québec devient son catéchisme politique et malgré toutes ses contradictions, il demeure jusqu'à la fin le dieu de sa province.

Comme je le dis souvent, on ne peut juger un homme politique sans tenir compte du contexte. Et à cette époque, les valeurs des Québécois étaient différentes de celles d'aujourd'hui.

LES RÉALISATIONS

Comme Taschereau, Duplessis juge que c'est l'entreprise privée qui doit faire progresser économiquement la province, et en échange, il concède à peu de frais des territoires aux investisseurs. Il privilégie l'agriculture, le crédit agricole, les coopératives. Surtout, il apporte l'électricité aux fermiers. Il s'oppose vivement aux syndicats. Il maintient les taxes basses, s'attirant ainsi de nombreux appuis.

Dans ces années-là, l'État est tenu à l'écart des affaires sociales. Ce sont les communautés religieuses qui administrent les écoles et les hôpitaux. Duplessis leur distribue des subventions à son gré : c'est une façon de tenir l'Église sous son contrôle. Cependant, il met sur pied le ministère du Bien-Être social et de la Jeunesse, et ouvre des écoles spécialisées. Dans le domaine social, il part en guerre contre les communistes avec sa « loi du cadenas ».

Quand il revient au gouvernement, en 1944, Duplessis constate que le gouvernement fédéral a accaparé plusieurs pouvoirs provinciaux dans le contexte de la Crise, puis de la guerre. Alors il engage la bataille contre les centralisateurs d'Ottawa qui envahissent les plates-bandes des provinces, surtout dans le domaine des affaires sociales et du pouvoir de taxation. « L'Acte de l'Amérique du Nord britannique doit être respecté. C'est un pacte entre deux nations », rappelle-t-il. Il a peur qu'Ottawa n'impose à la province de Québec la langue et la religion de la majorité anglaise. Il défie les libéraux provinciaux, alliés d'Ottawa, selon lui, et n'hésite pas à mettre sa machine électorale au service des conservateurs pour faire élire John Diefenbaker en 1958. Il refuse de renouveler l'entente sur les impôts et crée l'impôt provincial ; il rejette de façon retentissante les subventions fédérales aux universités.

À L'HISTOIRE DE JUGER

Nous devons à Duplessis le drapeau québécois qui, pour lui, est un atout politique mais aussi une façon pour le Québec de narguer les fédéraux et d'afficher son autonomie. D'ailleurs, il est toujours en guerre contre la Cour suprême du Canada qui, selon lui, « penche toujours sur le même bord, comme la tour de Pise ».

Nous pourrions parler de ce politicien des heures durant et noircir des tas de pages.

Finalement, Duplessis fera exactement ce qu'il reprochait aux libéraux de Taschereau. Sa passion politique et son goût effréné du pouvoir le rendront tyrannique, méchant et injuste. Il persécutera ses ennemis sans pitié. Il fera preuve de dureté et de malhonnêteté dans ses conflits avec les syndicats ; la grève de l'amiante en est une preuve tangible. Il ne reculera devant rien, utilisant la police provinciale pour frapper, emprisonner et écraser ses adversaires. Même l'archevêque de Montréal, Mgr Charbonneau, sera pulvérisé par celui qu'on a surnommé le « Chef ».

À la fin de son règne, un scandale retentissant éclate : l'affaire du gaz naturel, étalée dans *Le Devoir,* qui salira ses ministres mais l'épargnera. Le 1er septembre 1959, accompagné de

Gérald Martineau, trésorier du parti, de Gérard Thibault, ministre sans portefeuille, de Maurice Custeau et de Lucien Tremblay, Duplessis est accueilli comme un héros à Schefferville. Il vient sur la Côte-Nord visiter les exploitations de l'Iron Ore Company. Malade, souffrant de diabète, il succombe à une série d'hémorragies cérébrales. Le 7 septembre, on annonce officiellement sa mort.

Le décès de Duplessis annonce le début de la Révolution tranquille. « Finie la dictature ! » crient ses ennemis. À ceux qui l'accusaient d'agir en dictateur, il répondait : « Ce n'est pas être dictateur que d'être chef. Être chef, c'est être ferme, fort et courageux dans ses efforts pour apporter à son peuple la stabilité et la sécurité tant au foyer qu'au travail. »

72 LA DEUXIÈME CONSCRIPTION

La Seconde Guerre mondiale éclate le 3 septembre 1939. La France et l'Angleterre déclarent la guerre à l'Allemagne. Ernest Lapointe, ministre fédéral de la Justice et leader du groupe québécois aux Communes lance, le 9 septembre : « Dieu bénisse le Canada. Qu'Il donne aux Canadiens le droit de décider où se trouve leur devoir. Oui, Dieu bénisse le Canada. *God Save the King! God Save the Queen!* » Le Canada, pour la première fois de son histoire, décide de son entrée en guerre.

PROMESSE

En 1941, 125 000 Canadiens combattent en Europe, nous dit Jean Provencher dans *Chronologie du Québec*. Et tous ces soldats sont des volontaires. Le premier ministre fédéral Mackenzie King et Ernest Lapointe, son bras droit au Québec, ont promis que jamais plus il n'y aurait de conscription. On se souvenait qu'une première conscription, à la guerre de 1914-1918, avait divisé les deux ethnies canadiennes et le Parti libéral avait forcé le premier ministre Borden à former un parti d'union. Cette conscription imposée par les conservateurs avait effacé leur parti de la carte politique du Québec.

Cependant, en 1942, la guerre s'intensifie outre-mer et on réclame plus de soldats. Le Parti conservateur, la presse anglophone et certains libéraux réclament la conscription immédiate. King est mal pris ; il sait fort bien que pour se maintenir au pouvoir, il lui faut plaire à la majorité. Et cette majorité au Canada est anglaise. Comment peut-il se sortir de cet imbroglio ? Lui-même avait déclaré le 24 juin 1940 : « Le gouvernement que je dirige ne présentera pas de mesure de conscription des Canadiens pour le service outre-mer. »

Il décide donc d'organiser un plébiscite. Les Canadiens devront répondre à cette question : « Consentez-vous à libérer le gouvernement de toute obligation résultant d'engagements antérieurs restreignant les méthodes de mobilisation pour le service militaire ? »

RÉPERCUSSIONS

Au Québec s'engage alors un violent combat contre cette façon de se désengager. Depuis 1941, la *Winnipeg Free Press,* le *Globe and Mail* et l'*Ottawa Citizen* demandent de mettre le Québec au pas. Ils traitent les Canadiens français de lâches, de traîtres et de racistes. Écœurés de ces attaques, des Québécois s'organisent. En 1942, Georges Pelletier, directeur du *Devoir,* Maxime Raymond, député de Beauharnois, J. B. Prince, André Laurendeau, Gérard Filion et Jean Drapeau mettent sur pied la Ligue pour la défense du Canada. Ils parcourent la province et demandent aux électeurs de répondre non à la question du fédéral.

RÉSULTAT

Le plébiscite se tient le 27 avril 1942. Résultats : 71 % des Québécois disent non, 80 % des autres Canadiens se prononcent pour le oui. (Au Québec, on retrouve les oui dans les circonscriptions de l'ouest de l'île de Montréal.) Le 23 juillet, le parlement fédéral révoque l'article 3 de la loi de mobilisation et peut maintenant imposer la conscription.

C'est ici que Camillien Houde, devenu maire de Montréal, entre en scène. Le magistrat s'oppose à l'enregistrement obligatoire et encourage ses concitoyens à faire de même. La *Montreal Gazette* crie à la trahison. Rapidement le maire est arrêté. Il passera quatre ans en prison.

En septembre 1942, Maxime Raymond fonde un parti politique, le Bloc populaire, dont André Laurendeau est le secrétaire général. Plusieurs hommes politiques d'expérience appuient ce parti, mais aussi deux nouvelles recrues qui feront longtemps jaser : Jean Drapeau et Michel Chartrand. Il s'agit d'un parti nationaliste, décidé à défendre les intérêts canadiens-français au sein du Canada. Malheureusement pour ces bloquistes, la maladie de Maxime Raymond et les dissensions internes empêchent leur parti de se démarquer.

Au cours de la Seconde Guerre mondiale, 618 354 militaires seront envoyés outre-mer... plus de 41 000 seront tués, et 53 000 seront blessés ou portés disparus.

73 LE RETOUR DE MONSIEUR MONTRÉAL

Le p'tit gars de Sainte-Marie, Monsieur Montréal, c'est Camillien Houde. Un homme qui marquera la vie politique québécoise durant plus de 30 ans. Né en 1889, ce petit garçon pauvre élevé dans l'austérité et le dénuement deviendra le défenseur des plus démunis de sa ville. Personnage unique, politicien ardent, ferrailleur redouté, il sera blâmé pour tous les maux. On lui reprochera ses amis pas toujours sans reproche, mais on ne pourra jamais l'accuser de se taire et de ne pas se battre pour ceux qui font appel à lui.

Commis de banque puis agent d'assurances, Camillien Houde est d'abord député conservateur de Sainte-Marie, de

1923 à 1939, et député indépendant, de 1939 à 1944, à l'Assemblée législative ; il est ensuite député indépendant de Papineau, de 1949 à 1953, à la Chambre des communes. Il est chef du Parti conservateur au Québec de 1929 à 1932 et concurremment chef de l'opposition officielle de 1929 à 1931. Il devient enfin maire de Montréal. Il le sera pendant 30 ans, en quatre mandats : 1928-1932, 1934-1936, 1938-1940 et 1944-1954. Il meurt dans sa ville en 1958.

EMPRISONNÉ POUR SES IDÉES

Camillien Houde n'a pas la langue dans sa poche. Comme on vient de le voir, en 1940, le premier ministre Mackenzie King demande au peuple de le relever de sa promesse de ne jamais imposer la conscription. Le maire de Montréal s'indigne et se prononce contre « l'enregistrement national qui est sans équivoque, une mesure de conscription ». Le sort en est jeté.

Le 5 août 1940, comme il sort de l'hôtel de ville, rue Notre-Dame, le maire Houde est appréhendé par des policiers et emmené au bureau du surintendant montréalais de la police fédérale, Royal Gagnon. On l'interroge pendant une trentaine de minutes, en présence de Louis Jargaille, chef de la police provinciale, de Gaspard Fauteux, avocat de la Couronne, et d'un conseiller municipal. Puis on l'entraîne au sous-sol de l'édifice où attend une voiture. Encadré de policiers fédéraux et provinciaux, il est conduit jusqu'au camp de concentration de Petawawa. Monsieur Montréal réclame un procès. En vain. On veut l'obliger à signer un document, il refuse. On l'enferme.

Pourtant, le maire Houde n'est pas le dernier venu : chevalier de l'Empire britannique, chevalier de la Légion d'honneur, commandeur de l'ordre de la Couronne d'Italie… Ce jour de 1940, cependant, plus rien ne compte, pas même le fait qu'il soit un représentant du peuple.

QUATRE ANNÉES DE SILENCE

Durant les quatre années de son incarcération, Camillien Houde est un prisonnier modèle. Sa personnalité attachante, sa chaleur et sa bonne humeur coutumière lui attirent de nombreux amis. Il ne jouit cependant d'aucun privilège. Tous ceux qui le visitent sont fouillés, même sa femme et ses enfants. Personne ne peut lui adresser la parole sans témoin et *jamais en français*, nous rapportent Bizier et Lacoursière. Lorsque l'heure de sa libération sonne, en 1944, les libéraux de Godbout, craignant l'effet Houde, déclenchent des élections provinciales qui ont lieu le 8 août 1944. Le maire est libéré après les élections, le 16. Sa femme et ses filles le rejoignent à Sherbrooke le 17. Le 18, c'est Montréal qui l'attend. Partout dans la métropole, on distribue des affiches bleu et blanc : « Enfin Houde est libéré, soyons à son arrivée à la Gare centrale ! »

Ce vendredi-là, à 6 h 30, des cris retentissent rue Dorchester : « Ils ne l'ont pas tué ! Vive Camillien ! Vive Monsieur le maire ! » Des milliers de supporteurs se précipitent vers lui. Des photographes, des journalistes, des admirateurs, même Jean Drapeau, rapporte *Le Devoir,* lui font la fête.

Le héros réside rue Saint-Hubert. Porté par une foule immense, il arrive chez lui. Il monte à l'étage et bien avant le grand Charles de Gaulle, il sort sur son balcon et prononce son premier discours d'homme libre : « Je me tiendrai toujours debout, quels que soient les gouvernants, quels que soient les gouvernements. » Applaudissements, cris, ovations, le peuple adore Camillien.

Fatigué, le gros homme entonne *O'Carillon,* puis *Bonsoir, mes amis, bonsoir* et encore *Il y a longtemps que je t'aime, jamais je ne t'oublierai...* Puis il se retire, dégustant chaque minute de ces retrouvailles. Dès les élections suivantes, Houde reprend sa place à la mairie de Montréal.

74 LE DRAPEAU QUÉBÉCOIS

21 janvier 1948, 15 h. Moment historique : le drapeau bleu et blanc fleurdelisé flotte sur la tour centrale de l'édifice du parlement de Québec. Les quatre fleurs pointent vers le centre. En effet, ce n'est que 12 jours plus tard, le 2 février, que le dessin officiel du drapeau québécois, avec ses fleurs de lys bien droites, sera complété. Maurice Duplessis a insisté : « Les fleurs de lys pointeront vers le ciel, idéal de l'Union nationale. »

Nous devons en effet notre emblème à ce premier ministre, ce maître absolu du Québec de 1936 à 1939 et de 1944 à 1959. C'est l'Ordre de Jacques Cartier, un mouvement nationaliste secret mieux connu sous son nom de code, La Patente, qui part en campagne en faveur d'un drapeau distinctif pour le Québec. En effet, en 1947, l'OJC donne à toutes ses associations la consigne d'inonder les bureaux des députés et les journaux de lettres proclamant qu'il est temps pour le Québec de posséder « sa sainte étoffe ». Un comité spécial est créé, ayant à sa tête Rosaire Morin, qui deviendra directeur de la revue *L'Action nationale* et se battra jusqu'à sa mort contre l'exode de nos capitaux. Plusieurs personnes importantes se groupent autour de lui et un comité est organisé. Le journal *L'Action catholique* adhère au projet. Plusieurs sections de la Société Saint-Jean-Baptiste suivent le mouvement. Rapidement, tout ce qui grouille au Québec saute dans le train : cercles Lacordaire et Jeanne d'Arc, conseils municipaux, commissions scolaires, Union des cultivateurs catholiques, ligues paroissiales du Sacré-Cœur, caisses populaires, scouts et guides, associations étudiantes, syndicats, institutions d'enseignement... Et comme le rapporte Lionel Groulx, « 75 000 lettres individuelles se joignent aux organismes ».

DES FLEURS, DES FEUILLES, DES ARMOIRIES

René Chaloult est un député nationaliste indépendant. Il se fait le porte-parole de tout ce beau monde. En 1946, il

inscrit à l'Assemblée nationale une motion pour un drapeau « qui symbolise les aspirations du peuple de cette province ». L'année suivante, le 2 décembre 1947, il récidive. La
motion doit être présentée le mercredi 21 janvier 1948. Il
rencontre Duplessis, que le modèle de drapeau suggéré par
le chanoine Groulx et le député indépendant n'enchante pas.
Le premier ministre préfère le projet de Burroughs Pelletier
qui place au centre les armoiries de la province : « Il y a là
un lion, tu n'as pas besoin d'avoir peur, Chaloult, on me
dit que c'est le lion de Guillaume le Conquérant. Que dirais-
tu d'une couronne rouge que les uns pourraient considérer
comme la Couronne de France et les autres comme celle de
l'Angleterre ? Si ces propositions ne plaisent pas à tes amis,
préféreraient-ils une feuille d'érable rouge ? Ton drapeau me
paraît contenir beaucoup de bleu et un drapeau québécois
doit être accepté par les deux partis. » Maudit Duplessis !
Chaloult rencontre Groulx pour en discuter. Le maître
repousse les armoiries et la couronne, mais propose à Duplessis de redresser les fleurs de lys qui convergent vers le centre parce qu'un Sacré-Cœur y avait déjà figuré.

RÉUNION FINALE

Duplessis craint l'opinion des Anglo-Canadiens, mais il est fortement impressionné par l'ampleur des pétitions. Il rencontre
une deuxième fois René Chaloult, qui lui transmet la suggestion du chanoine de redresser les fleurs de lys, donnant ainsi
à Duplessis l'occasion d'apporter au drapeau une touche personnelle. Le « Chef » demande l'opinion de son ami Pelletier,
qui confirme en effet qu'il n'y a aucun péché héraldique à
redresser les fleurs de lys. Le 21 janvier, à 11 h, Chaloult apprend
de Duplessis que le fleurdelisé est accepté. Il faut donc en trouver un. Le premier ministre joint Wheeler Dupont, président
de la Société Saint-Jean-Baptiste de Québec, qui lui apporte
celui de René Bélanger, l'organisateur politique de Chaloult,
mais en taisant sa provenance. Une séance rapide du Conseil
des ministres adopte le décret ministériel n° 72, et l'Assemblée nationale vote le décret dans la plus parfaite harmonie. Ce

n'est que le 9 mars 1950, par la loi 14, George VI, chapitre 3, que notre fleurdelisé sera officiellement sanctionné.

Comme l'a expliqué Rosaire Morin : « Ce drapeau incarne depuis quatre siècles la présence d'un peuple. Il assume la continuité de l'histoire. Le bleu azur est caractéristique au peuple français, symbole d'unité, le blanc est apporté au pays par Champlain comme signe de notre attachement à la culture française. Il représente notre volonté de vivre. La fleur de lys évoque la victoire de Carillon dont l'étendard portait des fleurs de lys. »

75 JEAN LESAGE

Est-ce l'influence de notre saint patron, Jean-Baptiste ? Il y a dans notre histoire politique une foule de Jean. De Jean Drapeau à Jean Chrétien en passant par Jean Doré, Jean Cournoyer et Jean Charest. Mais il y a un peu plus de 40 ans, en 1958 exactement, un autre Jean faisait sa marque au Québec, en prenant les rênes du gouvernement provincial. Vous aurez sans doute reconnu le « sauveur » du Parti libéral de cette époque, Jean Lesage.

UN BEL HOMME

Jean Lesage naît à Montréal le 10 juin 1912. Son père, Xaviéri, est enseignant. Il est le neveu du sénateur Joseph-Arthur Lesage. Jean étudie d'abord à Montréal au Jardin de l'enfance des sœurs de la Providence de Saint-Enfant-Jésus. Son père ayant obtenu un job dans la capitale nationale, le jeune Jean entre au Petit Séminaire de Québec et prend ensuite le chemin de l'Université Laval. Il entre dans l'armée de réserve canadienne en 1933 (il y restera jusqu'en 1945) et est admis au Barreau en 1934. Il exerce sa profession à la firme Bienvenue-Turgeon-Lesage. Il se marie à 26 ans avec Corinne Lagarde, une jeune fille bien, cantatrice à ses heures.

La politique fédérale attire ce futur colonel honoraire du 6ᵉ régiment d'artillerie. Il est élu député libéral du comté de Montmagny-L'Islet à la Chambre des communes et y sera réélu à quatre reprises, de 1945 à 1958. C'est le début d'une carrière fulgurante pour le très charmant Lesage. À Ottawa, il devient l'adjoint parlementaire du ministre des Affaires extérieures d'alors, Lester B. Pearson (1951-1952), puis il passe au ministère des Finances (1953). Le premier ministre libéral Louis Saint-Laurent le sort des rangs et le fait accéder au Cabinet. De 1953 à 1957, Lesage chapeaute le ministère du Nord canadien et des Ressources nationales.

ÉLECTION FÉDÉRALE DE 1957

En 1957, le vent tourne et c'est le conservateur John Diefenbaker qui devient premier ministre du Canada. Pour la première fois depuis la conscription, la province de Québec, dirigée par Maurice Duplessis, aide les conservateurs à se faire élire à Ottawa. Résultat : 112 conservateurs contre 105 libéraux. À la suite de la défaite des rouges, Saint-Laurent part et Pearson lui succède à la tête du parti. Jean Lesage, qui a été réélu dans son comté, est donc dans l'opposition. Nouvelle élection fédérale en 1958 : les conservateurs l'emportent encore, cette fois à 208 contre 48 ! Les libéraux sont vraiment mal en point. Pour un homme comme Lesage, orgueilleux et passionné, il est bien difficile de se contenter de l'arrière-ban de la Chambre des communes.

PENDANT CE TEMPS, À QUÉBEC...

Dans le pays du Québec de 1958, Maurice Duplessis en mène large. Malgré quelques intellectuels ombrageux et quelques syndicalistes exaspérés, il est bien accroché au pouvoir. Il dispose d'une organisation sans faille et d'argent à profusion. Les élites n'osent pas trop s'aventurer dans un combat contre le monarque. Il y a bien quelques exceptions, par exemple les abbés Dion et O'Neil ou le frère Untel, qui grignotent dans *Le Devoir* ou dans quelques milieux fermés le pouvoir de

Maurice. Ils reprochent à Duplessis la corruption électorale et dénoncent l'Église qui tolère cet état de choses. Le frère Untel s'attaque au système d'enseignement, à la langue parlée (le joual) et même à la religion pratiquée au Québec.

Mais si Duplessis reste si fort au Parlement, c'est que l'opposition libérale y est fragmentée et faible ; son chef, Georges-Émile Lapalme, homme d'une compétence certaine, manque cependant de charisme et il est incapable de refaire la cohésion au sein du Parti libéral. Il ne peut donc offrir une contrepartie sérieuse à l'Union nationale.

N'est-ce pas le temps de trouver un sauveur pour le parti ? Et puisqu'il n'y a au Québec aucun libéral ayant suffisamment d'envergure pour affronter Duplessis, on va chercher au fédéral une candidature prestigieuse : celle de Jean Lesage. Le nouveau venu est élu chef du Parti libéral québécois le 31 mai 1958.

Fonds P97/14/45 98

PAUL SAUVÉ ET SON ÉPOUSE
Premier ministre du Québec
à la mort de Duplessis

AU POUVOIR

L'année suivante, Duplessis meurt et Paul Sauvé lui succède. L'homme annonçait une ère de changement. Mais le 2 janvier 1960, à Saint-Eustache, il décède à son tour. C'est la consternation chez les Québécois progressistes. Antonio Barrette le remplace à la direction des bleus. Des élections sont déclenchées et ce sont les rouges, Jean Lesage à leur tête, qui remportent la victoire.

Grâce au gouvernement de l'Union nationale, les droits du Québec et son autonomie face aux centralisateurs d'Ottawa sont devenus des faits reconnus. Lesage arrive au pouvoir en 1960 avec un sac plein de slogans nouveaux et emballants : « L'État du Québec », « Maîtres chez nous », « C'est le temps que ça change ! » Il entend bien poursuivre les changements appelés par Paul Sauvé. Les journaux de l'époque baptisent cette période la Révolution tranquille. Avant la victoire libérale, René Chaloult avait un jour demandé à Jean Lesage : « Si vous parvenez à conquérir le pouvoir, comment allez-vous concilier vos attitudes centralisatrices à Ottawa avec la défense de la souveraineté provinciale à Québec ?

— Rien de plus simple : à Ottawa, je m'acquittais d'un mandat fédéral et je soutenais une politique canadienne ; si je suis élu à Québec, j'aurai reçu un mandat provincial et par conséquent, je plaiderai la cause de l'autonomie. »

Cette réponse avait laissé Chaloult perplexe : « Je ne puis concevoir qu'on puisse défendre ou non l'autonomie, suivant qu'on représente notre État à Ottawa ou à Québec... »

LA RÉVOLUTION TRANQUILLE

Jean Lesage s'entoure d'une équipe forte et transparente. Il va chercher des personnalités compétentes comme René Lévesque et Paul Gérin-Lajoie, qu'il fait ministres. Bien épaulé, le nouveau premier ministre défend avec un courage remarquable nos droits constitutionnels auprès de ses anciens amis d'Ottawa. Connaissant les problèmes financiers de sa province, il s'y attaque sans tarder : il faut rattraper le temps perdu, restructurer le Québec. On recrute une batterie de fonctionnaires triés sur le volet par le truchement de concours. On leur offre un salaire de niveau supérieur et on leur permet même de se syndiquer.

Pour « l'équipe du tonnerre », comme on l'appelle, l'État doit devenir le maître d'œuvre du changement économique. On crée le Conseil d'orientation économique, la Société générale de financement, la Caisse de dépôt et de placement, Sidbec, Soquem, etc. Avec René Lévesque comme capitaine, le gouvernement de Jean Lesage nationalise des compagnies privées d'électricité ; Hydro-Québec, à partir de 1963, devient un puissant moteur de développement et un symbole de fierté pour les Québécois. Une nouvelle classe sociale voit le jour. Des gens d'affaires poussent dans l'industrie et les finances. Grâce aux politiques financières et au nationalisme québécois, de puissants groupes financiers de chez nous reprennent en main une partie de notre économie.

Si l'on veut qu'une société se développe, il faut former des « développeurs ». Lesage se tourne donc vers l'éducation. Après avoir créé la Commission d'enquête Parent, on réforme. Sous la gouverne de Paul Gérin-Lajoie, le ministère de l'Éducation est mis sur pied en 1964. On nationalise l'ensemble du système. On travaille à former des maîtres plus compétents, on établit la gratuité scolaire et on prévoit pour 1967 l'implantation des cégeps, ainsi que celle de l'Université du Québec pour 1968.

L'État prend la responsabilité des services sociaux. En 1961, le gouvernement Lesage instaure l'assurance-hospitalisation, à laquelle s'ajoutera l'assurance-maladie en 1970. Entre-temps, en 1964, on a aussi établi un régime de rentes.

Je pourrais écrire des pages et des pages rien que sur cette période effervescente. Les lettres et les arts sortent de l'ombre, des créations fusent de toutes parts. L'équipe du tonnerre de Jean Lesage va marquer profondément le Québec moderne. Ses politiques, révolutionnaires pour l'époque, auront fait exploser la fierté des Québécois. En 1966, cependant, l'Union nationale menée par Daniel Johnson réussit à reprendre le pouvoir. Son slogan « Égalité ou indépendance » réussit à renvoyer Jean Lesage dans l'opposition. Il renonce à la vie politique en 1970 et meurt en 1980, à l'âge de 68 ans.

76 LE DRAPEAU CANADIEN

Il faut se souvenir que pendant plusieurs décennies, les Canadiens de langue anglaise n'ont pas voulu d'un drapeau distinctif. Ils préféraient l'Union Jack. Ce sont les Canadiens français qui ont demandé et revendiqué un drapeau canadien, comme d'ailleurs ils ont exigé une monnaie bilingue, des timbres bilingues et le bilinguisme dans les institutions fédérales. Ce sont eux qui, de la même façon, ont obtenu un hymne national différent de l'impérialiste *God Save the King*.

À BAS LE COLONIALISME !

Ce que cherchent les Canadiens français, c'est un drapeau sans référence au colonialisme. Ils ne veulent pas de symboles étrangers à leur culture, et qui n'ont de sens pour personne. Au contraire, ils réclament un emblème distinctif qui cimentera l'identité du peuple. Les démarches se succèdent. Ligues, associations, corps publics, partis politiques, simples citoyens, toutes les voix canadiennes-françaises s'expriment. Mais les Canadiens anglais réagissent avec une très vive opposition. Bientôt, hélas ! le drapeau devient un autre élément de division.

LE RED ENSIGN

Rosaire Morin en fait l'historique dans *L'Action nationale* de décembre 1994. Voici un compte rendu de ses propos. Le Dominion du Canada voit le jour en 1867, mais ce n'est que le 16 juillet 1870 que John A. Macdonald accepte que le Red Ensign flotte sur les navires de l'État canadien. Le 2 février 1892, la marine marchande s'accommode à son tour du drapeau rouge qui, en 1904, est enfin hissé sur les édifices parlementaires.

Rapidement, le premier ministre du Canada doit affronter sur ce sujet les impérialistes anglais. Ceux-ci multiplient leurs croisades à Londres et en 1911, le secrétaire d'État britannique décrète que c'est l'Union Jack qui servira de drapeau officiel au Canada.

Le drapeau de la Grande-Bretagne devient l'emblème du Canada ! Exactement comme si nous étions encore une colonie ! Les Canadiens français protestent haut et fort. Pourquoi leur pays, comme toutes les autres anciennes colonies britanniques, de l'Australie à l'Inde, en passant par la Nouvelle-Zélande et l'Afrique du Sud, n'aurait-il pas son propre drapeau ?

Il ne faut pas longtemps pour qu'apparaisse un grave problème de représentation : partout dans le monde la Grande-Bretagne et les délégations canadiennes arborent le même drapeau. Voilà de quoi provoquer bien des malentendus ! Comme solution, le Canada décide, le 26 janvier 1924, de reprendre le Red Ensign. Or, le drapeau rouge n'a jamais été reconnu officiellement comme emblème canadien, et c'est lui qui identifie le pays à l'étranger ! Quelle confusion ! Elle va durer 20 ans, pendant lesquels le débat se poursuit tant bien que mal. Il faut attendre le 24 novembre 1945 pour qu'un comité parlementaire soit enfin mis sur pied dans le but « de faire étude et rapport sur un motif approprié ».

On dit que 2695 modèles sont proposés. Et le 11 juillet 1946, dans un effort d'originalité sans précédent, le premier ministre King et son gouvernement adoptent... un Red Ensign modifié. À cette occasion, Louis Saint-Laurent, ministre de la Justice et Québécois de souche, proclame « qu'il jugerait inconcevable que le Canada se donne un drapeau qui ne conserverait pas l'Union Jack dans ses plis ». Quel homme fier, et si fidèle à sa mère patrie !

Des 600 projets de drapeau soumis au comité parlementaire, ne seront retenus pour étude que ceux qui affichent l'emblème étranger !

LA FEUILLE D'ÉRABLE

Mais les Canadiens français ne baissent pas les bras. Si bien que pour s'attirer leurs votes aux élections de 1962, Lester B. Pearson, chef du Parti libéral fédéral, leur promet de donner au pays un vrai drapeau distinctif. C'est la bombe! Les Canadiens anglais sont en état de choc, ils n'arrivent pas à en croire leurs oreilles. John Diefenbaker en fait quasiment un arrêt cardiaque. Le 20 février 1964, Pearson tient sa promesse et dépose le projet de loi C-41 demandant à la Chambre des communes de voter pour un drapeau et un hymne national officiels. Un débat épouvantable et acerbe s'ensuit: batailles de couleurs, de nombre de feuilles d'érable (une ou deux ou trois), de présence ou non d'une identification au Commonwealth...

Finalement, après 90 ans (!) de lutte, le Québec oblige le Canada à adopter un drapeau distinctif. Et il faudra attendre le 1er juillet 1980 pour que l'hymne national canadien, Ô *Canada* (une œuvre québécoise composée par Calixa Lavallée et écrite en français par Adolphe-Basile Routhier, soit dit en passant), soit officiellement proclamé à Ottawa.

God Save the Queen!

77 DE GAULLE AU QUÉBEC

Le 23 juillet 1967, le général Charles de Gaulle débarque à l'Anse-au-Foulon. Souvenons-nous que 1967 marquait à la fois le centenaire de la Confédération, le 350e anniversaire de l'arrivée du premier colon, Louis Hébert, et le 325e anniversaire de la fondation de Montréal.

La visite du président de la France aura dans notre histoire des échos exceptionnels et divisera longtemps les politiciens québécois et canadiens. Les uns s'en féliciteront, les autres la regretteront amèrement. Encore aujourd'hui, on se demande ce que voulait exactement dire de Gaulle quand, du balcon de l'hôtel de ville de Montréal, il lança son fameux « Vive le Québec libre! »

Maurice Custeau et son ami Christian Viens sont les deux organisateurs de la venue du général à Montréal. Le journaliste et biographe Pierre Godin rapporte que ce jour-là, assis confortablement au club Renaissance où ils sablent le champagne, le premier glisse au second : « Mission accomplie ! Daniel voulait un *show,* il l'a eu ! »

En effet, c'est Daniel Johnson, le premier ministre du Québec, qui a peaufiné la visite du président de la France et qui l'accompagne dans sa royale promenade. Et quelle promenade ! Le général vient visiter les Québécois et pourtant c'est Roland Michener, gouverneur général du Canada, qui l'accueille sur le quai ! Quelle ambiguïté ! Hommes politiques, fonctionnaires et gens du peuple roucoulent déjà quand de Gaulle accoste à l'Anse-au-Foulon, au pied des plaines d'Abraham. Mais au moment où le célèbre visiteur, quittant le *Colbert,* met pied à terre, la fanfare lance puissamment le *God Save the Queen* ! Le peuple répond par des huées et se met à chanter *La Marseillaise* assez fort pour enterrer la fanfare. Quel début ! La guerre des nerfs ne fait que commencer.

En fait, le général avait déjà annoncé ses couleurs. Dès le 9 décembre 1966, sept mois auparavant, il écrivait cette note : « Il n'est pas question que j'adresse un message au Canada pour célébrer son centenaire. Nous pouvons avoir de bonnes relations avec l'ensemble de l'actuel Canada, nous devons en avoir d'excellentes avec le Canada français. Mais nous n'avons à féliciter ni les Canadiens ni nous-mêmes de la création d'un État fondé sur notre défaite d'autrefois et sur l'intégration d'une partie du peuple français dans un ensemble britannique. Au demeurant, cet ensemble est devenu bien précaire. »

Après les politesses d'usage à Michener, de Gaulle se tourne vers Johnson : « Monsieur le premier ministre, lui dit-il, c'est avec une immense joie que je suis chez vous, au Québec, au milieu des Canadiens français. » Et la visite débute. À la Citadelle, le président fleurit la tombe du général Vanier. C'est l'euphorie à l'hôtel de ville où la foule accueille le dignitaire, veut le toucher et boit ses paroles : « Cette fidélité, cette constance, aujourd'hui elles refleurissent ! Elles refleurissent ici, dans cette capitale du Canada français. Elles refleurissent parmi les Français canadiens. Elle refleurit à tous égards, de toute façon. »

À Sainte-Anne-de-Beaupré, le général est applaudi et les vivats fusent de partout. Après le déjeuner en plein air, il s'adresse à ses hôtes : « L'essentiel pour vous, c'est de rester vous-mêmes, de ne pas vous dissoudre, car dans l'hypothèse où vous vous laisseriez faire, cette valeur que vous avez, cet exemple que vous donnez auraient tôt fait de se diluer et de disparaître. Vous avez une tâche à remplir demain comme vous l'avez eue hier, comme vous l'avez aujourd'hui, une tâche qui est la vôtre, qui est à vous. »

Après une réception qu'il offre au nom de la France sur le *Colbert* (réception que le premier ministre Pearson, par ailleurs, a tout tenté pour faire annuler) et le dîner officiel au château Frontenac à l'issue duquel il insiste sur la survivance et l'autonomie du Québec, Charles de Gaulle s'engage le lendemain sur le Chemin du Roy dont le pavé s'orne de fleurs de lys peintes. À chacune des étapes, et tout au long du parcours, il portera son message.

À Donnacona, il évoque un Canada français responsable de sa destinée. « Cela, insiste-t-il, est indispensable. Aujourd'hui votre peuple […] canadien-français ne doit dépendre que de lui-même et c'est ce qui se passe, je le vois, je le sens. »

À Sainte-Anne-de-la-Pérade, il parle de « l'âme du Canada français, l'âme du Québec, c'est-à-dire d'un pays, d'un peuple, d'un morceau du peuple français qui veut être lui-même, disposer de son destin […] Vous serez ce que vous voulez être, c'est-à-dire maître de vous ».

À Louiseville, il lance : « Je vois, je sens, je sais qu'à Louiseville en particulier comme dans tout le Québec, dans tout le Canada français, une vague s'élève. Cette vague, c'est une vague de renouveau, c'est une vague de volonté pour que le peuple français du Canada prenne en main ses destinées ! »

Berthier, Repentigny, Montréal… partout le même message. Et son « Vive le Québec libre ! » aurait dépassé sa pensée ?

78 RENÉ LÉVESQUE

Québec, début de novembre 1987. À mes côtés, Ti-Loup Gauthier et Michel Boisjoly, deux ex-conseillers de René Lévesque. Nous marchons en silence. La Grande-Allée est balayée par un vent glacial. Nos cœurs aussi. Nous allons aux funérailles de l'un des plus grands premiers ministres du Québec.

Tout le long du parcours, jusqu'à la basilique pleine à craquer, les gens saluent par leurs applaudissements au passage du corbillard, celui qui leur a dit un jour qu'ils faisaient partie d'un « grand peuple ».

LE JOURNALISME

René Lévesque est un Gaspésien. Il est né à New Carlisle en 1922. Après des études en droit à l'Université Laval, il s'engage dans les services d'information de l'armée américaine, en 1943. Il devient rapidement un correspondant de guerre très populaire. En 1951, il entre comme journaliste à Radio-Canada, couvre la guerre de Corée, puis devient animateur vedette de *Point de mire,* son émission qui fait découvrir aux Québécois la planète politique et économique. De 1956 à 1958, c'est l'engouement pour ce brillant « pédagogue des ondes » qui rend faciles à suivre les débats compliqués des humains. En 1959, la grève des réalisateurs à la télévision d'État lui donne l'occasion de s'imposer comme leader. Il défend sur la place publique les intérêts de ceux qui luttent face à l'employeur fédéral pour la liberté de l'information et la démocratie.

LA POLITIQUE

L'année suivante, Jean Lesage, chef du Parti libéral à Québec, se cherche des candidats de prestige. Il fait appel à René Lévesque. Après plusieurs rencontres avec l'original et bouillant journaliste, Lesage réussit à le convaincre de se porter candidat avec

« l'équipe du tonnerre » dans la circonscription de Laurier. Élu, Lévesque devient rapidement l'un des hommes forts du parti à l'Assemblée législative. Tour à tour, il sera ministre des Ressources hydrauliques et des Travaux publics (1960-1961), ministre des Richesses naturelles (1961-1966) et ministre de la Famille et du Bien-Être social (1965-1966). Son premier grand combat : persuader son chef de nationaliser l'électricité.

Mais après 1966, Lévesque se sent rapidement mal à l'aise avec la position constitutionnelle du Parti libéral. Il insiste plutôt sur la nécessité d'un statut particulier pour le Québec. Au cours du Congrès de 1967, au Château Frontenac, il démissionne avec fracas ; mais il demeurera député indépendant à l'Assemblée jusqu'en 1970.

Lévesque ne perd pas de temps et fonde le Mouvement souveraineté-association (MSA). En 1968, il réussit à unifier tous les mouvements souverainistes en un seul : le Parti québécois.

LE POUVOIR

Défait en 1970 dans le comté de Laurier, il continue à se battre pour son option. Président de son parti, il ne cesse de prêcher la souveraineté du Québec. À Ottawa, son grand rival Pierre Elliott Trudeau prend du galon. Les deux frères ennemis vont entreprendre un combat à finir. De 1970 à 1976, ce sont des années de privations, d'écueils et de sacrifices pour René Lévesque. Mais il ne lâche pas.

En 1976, à la surprise générale, le Parti québécois remporte les élections ! René Lévesque est élu dans la circonscription de Taillon. Le peuple se met en marche vers la souveraineté. À son premier mandat, le gouvernement du Parti québécois prend des mesures musclées : loi sur le financement des partis politiques, loi sur le zonage agricole, loi de l'assurance-automobile et bien sûr, Charte de la langue française (loi 101).

En 1980, René Lévesque teste son projet de souveraineté par un référendum. Il le perd. Les Québécois ont rejeté l'option indépendantiste, mais conservent leur confiance dans le chef et dans son parti, qu'ils réélisent en 1981. Cependant, le gouvernement est ébranlé.

LA NUIT DES LONGS COUTEAUX

Le peuple ayant choisi de rester dans la fédération, Lévesque consent en 1982 à discuter avec les autres provinces d'un projet de rapatriement constitutionnel. Il laisse même filer son droit de veto pour prouver sa bonne foi. Mais ses confrères provinciaux le flouent à la première occasion, en pleine nuit. Et c'est sans l'appui du Québec qu'Ottawa rapatrie la Constitution et se vote une formule d'amendement avec Charte des droits. Lévesque vient de perdre la bataille constitutionnelle aux mains de Trudeau. Il regrettera longtemps d'avoir fait confiance à ses homologues.

Il ne se remettra jamais complètement de cette défaite. En 1984, il abandonne son option pour le « beau risque », favorisant la victoire du Parti conservateur de Mulroney. En 1985, il démissionne comme président et chef du Parti québécois. Le 1er novembre 1987, en la fête de la Toussaint, René Lévesque succombe à une crise cardiaque. Le peuple du Québec pleure l'un de ses fils les plus admirés.

79 RESTE-T-IL DES YVETTES ?

Vous vous souvenez du mouvement des Yvettes, dont les membres avaient envahi l'ancien Forum de Montréal, à la veille du référendum de 1980 ? Elles brandissaient des pancartes et s'époumonaient à crier : « Non ! » Selon ces Yvettes récupérées par des femmes et des hommes politiques, le Québec n'avait pas le droit de négocier d'égal à égal avec ses partenaires du Canada anglais.

D'où venaient-elles ?

Nous sommes en pleine période référendaire. Au cours de sa campagne, Lise Payette, ministre dans le cabinet Lévesque, prononce un discours où elle illustre l'évolution des femmes en rappelant le personnage d'un manuel scolaire de ses années de pensionnat, Yvette, une petite fille modèle dont l'avenir tout tracé se confinait aux travaux domestiques. Pour madame la ministre, ce genre de cliché doit disparaître, car il perpétue un sexisme malhonnête et nous enseigne, dit-elle, l'inégalité des sexes et des chances.

DES RÉACTIONS SURPRENANTES

Il n'en faut pas plus pour que des fédéralistes en vue se saisissent des commentaires de madame Payette pour justifier une levée de boucliers. Comment, on ose attaquer les femmes au foyer ! On les prend pour des « niaiseuses » ? Les passions se déchaînent. Plusieurs mères de famille du camp du Non se laissent ainsi entraîner dans la danse par d'autres femmes qui, celles-là, n'ont rien de « femmes au foyer » et ont plutôt fait carrière en politique et dans les médias. Je tais volontairement leurs noms pour ne pas troubler leurs vieux jours. « Nous aussi, nous sommes des Yvettes ! » clament-elles.

Lise Payette et René Lévesque sont éberlués. Jamais le discours de la ministre n'a eu pour but de blesser celles qui travaillent à la maison ! Au contraire même, l'objectif était plutôt de réveiller les gens et d'affirmer haut et fort que les femmes doivent être traitées sur un pied d'égalité avec les hommes !

ON REVIENT DE LOIN

Retournons au début du XXᵉ siècle et revoyons brièvement les batailles que les femmes ont dû livrer pour se libérer. À cette époque, elles sont traitées comme des citoyennes de seconde classe. Leur place est à la maison. Le travail à l'extérieur, la politique, les affaires, les arts, même, ne regardent que les hommes. La petite fille doit apprendre, avec l'aide de sa mère et de ses éducatrices, à bien connaître son futur champ d'activités : couture, cuisine, entretien de la maison, et son rôle d'épouse et de mère. Si elle veut survivre et être respectée, elle doit trouver rapidement un mari ou entrer en communauté. Si elle ose ou doit par nécessité s'aventurer à l'extérieur, elle peut le faire bénévolement pour les bonnes causes, ou se contenter d'un salaire médiocre comme ouvrière en usine, bonne, femme de ménage, garde-malade, gouvernante ou secrétaire d'un homme...

Du point de vue de la loi, la femme mariée est considérée comme une mineure. Elle n'a pas le droit de transiger ni de signer un document sans l'autorisation de son époux. La fille ne peut accéder aussi facilement que le garçon à l'université. Elle ne peut devenir avocate ni médecin. Bien sûr, elle n'a pas le droit de vote et ne peut se présenter comme députée, commissaire d'école ou échevin.

MOUVEMENT FÉMINISTE

Devant cette réalité, des femmes se révoltent. C'est assez ! Le mouvement prend naissance, on l'a vu dans un chapitre précédent, en Angleterre. Les États-Unis emboîtent le pas, suivis plus tard par les Québécoises.

Marie Gérin-Lajoie se joint aux femmes anglophones de Montréal et le combat est lancé ! Accès aux études supérieures, aux professions libérales et bien sûr au droit de vote. Saviez-vous qu'une femme ne peut pratiquer le droit au Québec que depuis 1941 ? Qu'avant 1956, elle ne pouvait devenir notaire ? Grâce aux efforts entre autres de Nellie McClung au Canada, ou d'Idola Saint-Jean et de Thérèse Casgrain au Québec, les femmes peuvent voter au fédéral depuis 1917 et au Québec depuis 1940.

Reste-t-il des Yvettes pour assassiner de nouveau Lise Payette ?

80 LA SAGA CONSTITUTIONNELLE

En 1867, l'Acte de l'Amérique du Nord britannique a pour les francophones du Québec des retombées considérables. D'une part, il leur donne un Parlement en créant un État provincial. C'est donc dire qu'il met entre leurs mains des pouvoirs qu'ils ont demandés depuis plus d'un siècle : l'éducation, la culture et les lois civiles françaises. D'autre part, cependant, il les rend minoritaires dans un pays britannique. Et le Parlement fédéral se réserve la plupart des pouvoirs importants : monnaie, banque, ainsi que commerce interprovincial et extérieur.

Le gouvernement fédéral, avec son pouvoir de dépenser, s'ingère, dès que « l'intérêt national » semble le justifier, dans les champs de juridiction réservés aux provinces : la santé, la formation de la main-d'œuvre, l'éducation et l'enseignement postsecondaire. De plus, il accapare, dès qu'ils apparaissent, plusieurs nouveaux pouvoirs, inconnus au XIXe siècle, entre autres dans le domaine de l'énergie et dans celui des communications : le nucléaire, la câblodistribution, la radio et la télédiffusion, etc.

LA CHARTE DE VICTORIA (1971)

À l'instigation du Québec, un processus de révision constitutionnelle s'amorce en 1968 pour se terminer en 1971. Robert Bourassa, tout comme Jean-Jacques Bertrand et Daniel Johnson père, ont réclamé une révision du partage des pouvoirs. Mais dans son rapport, Ottawa met l'accent sur des réformes autres que celles que le Québec juge prioritaires. Dans *Le Devoir* du 22 juin 1971, Claude Ryan écrit : « La Charte de Victoria dans son ensemble est un document qui tend à consolider la prépondérance du gouvernement central et à ramener le Québec au rang de province comme les autres, sans égard à ses problèmes et à ses urgences propres. » Bourassa refuse de signer la Charte de Victoria, au grand dam de Trudeau.

LE RÉFÉRENDUM DE 1980

En novembre 1976, le Parti québécois prend le pouvoir en prônant la souveraineté-association. En mars 1980, la campagne référendaire débute. Le 14 mai 1980, au centre Paul-Sauvé de Montréal, le libéral fédéraliste Pierre Trudeau met solennellement en garde les Canadiens anglais : « Nous, députés du Québec, mettons notre tête sur le billot parce que nous recommandons aux Québécois de voter Non et nous disons à vous autres, des autres provinces, que nous n'acceptons pas que vous interprétiez un vote pour le Non comme l'indication que tout va bien et que tout peut demeurer comme avant. »

Le Non l'emporte. Le Parti québécois est réélu en avril 1981. Trudeau se lance dans une vaste offensive, avec l'intention d'agir seul s'il le faut, pour rapatrier de Londres la Constitution canadienne et y apporter les changements nécessaires. René Lévesque s'allie à un front commun de huit provinces qui s'opposent au rapatriement unilatéral. À l'automne 1981, la Cour suprême se prononce sur l'initiative de Trudeau : légale, mais illégitime.

LA NUIT DES LONGS COUTEAUX

Les premiers ministres des provinces établissent une stratégie dans le but de contrer le geste unilatéral de Pierre Trudeau. Lévesque renonce même à son droit de veto. Trudeau accepte de faire quelques concessions aux provinces de l'Ouest, qui n'ont alors plus intérêt à rester du côté du Québec, qu'elles laissent donc tomber. La première version du texte de l'entente est rédigée par Blakeney ; puis Romanow, McMurty de l'Ontario et Jean Chrétien y ajoutent leur grain de sel. Le soir du 4 novembre 1981, la délégation du Québec retourne à son hôtel, à Hull. Dans la nuit, les neuf provinces anglophones s'entendent avec le gouvernement fédéral. Aucun des premiers ministres provinciaux n'a communiqué avec Lévesque pour l'inviter aux discussions. C'est ce qu'on a appelé la nuit des longs couteaux. Plus tard, le chef indépendantiste dira : « Le 5 novembre 1981, c'était un jour de rage et de honte. Nous étions trahis par des hommes qui n'avaient pas hésité à déchirer leur propre signature, en cachette, sans se donner au moins la peine de nous prévenir. Une fois de plus, le Québec est tout seul. »

Trudeau procédait ainsi à la plus importante modification de la Constitution depuis 1867. Il y ajoutait une Charte canadienne des droits et libertés, réduisant d'autant les pouvoirs de l'Assemblée nationale du Québec en matière de droits linguistiques dans le domaine de l'éducation, et établissait de nouvelles règles pour amender la Constitution. En effet, sept provinces, représentant 50 % de la population, pouvaient désormais l'amender. Donc, le consentement du Québec ne se trouvait plus nécessaire. Cet ensemble de mesures communément désigné par l'expression « rapatriement de la Constitution » est voté par le Parlement de Londres. Les propositions convenues entre Trudeau et les neuf provinces anglophones du Canada sont officialisées.

81 QUELLE EST L'ORIGINE DE NOTRE DEVISE, «JE ME SOUVIENS»?

Chaque jour nous pouvons lire notre devise des dizaines, des centaines de fois... sur les plaques d'immatriculation des véhicules du Québec.

Cette phrase toute courte mais lourde de sens est l'invention d'Eugène-Étienne Taché, l'architecte de l'hôtel du Gouvernement à Québec. Déjà, sur ses dessins préparatoires, Taché avait prévu de placer sur la façade, au-dessus de la porte principale, les armoiries du Québec et d'inscrire dessous ce « Je me souviens » de son cru. Le tout sculpté dans du calcaire de Deschambault. Le contrat de construction fut signé le 9 février 1883 avec l'entrepreneur Jean-A. Charlebois, de Québec, sous l'autorité d'un arrêté en Conseil exécutif du 22 janvier de la même année. C'est ainsi que la devise imaginée par Eugène-Étienne Taché a, en quelque sorte, été « ratifiée » par le gouvernement québécois.

Que signifie-t-elle ? Une foule de réponses ont été données depuis un siècle. En voici quelques-unes. La phrase serait la contrepartie canadienne-française à la devise du marquis Lorne, gouverneur général du Canada : *Ne obliviscaris* (« Gardez-vous d'oublier »). Ou bien elle serait inspirée de la fameuse complainte d'Antoine Gérin-Lajoie, *Un Canadien errant,* où il est dit : « Va dire à mes amis Que je me souviens d'eux ». Les contemporains de Taché avaient aussi leurs interprétations. Ainsi, le juge Jetté, lieutenant-gouverneur, évoquait en 1890 les sentiments des Canadiens lorsque le drapeau français réapparut sur le fleuve en 1855 : « Oui, je me souviens, ce sont nos gens. » L'opinion d'Ernest Gagnon, enfin, mérite sans doute qu'on s'y arrête. Après tout, il travaillait aux Travaux publics à l'époque et il a bien connu Taché. Dans une annexe au rapport annuel du département, il a écrit que cette devise résume admirablement « la raison d'être du Canada de Champlain et de Maisonneuve comme province distincte dans la Confédération ». Voilà l'explication la plus simple, et probablement la plus juste : l'architecte du Parlement voulait simplement rendre hommage aux hommes et aux femmes qui ont marqué l'histoire du Québec en leur assurant que les générations à venir ne les oublieraient pas.

Savez-vous, incidemment, combien a coûté ce magnifique édifice, statues et décorations incluses ? Ce serait un véritable cadeau aujourd'hui : 1 669 249,16 dollars...

Avant l'inauguration de ce nouveau Parlement, les députés se réunissaient dans le palais épiscopal, construit par Mgr de Saint-Vallier, et propriété de l'évêque de Québec. L'État en prit possession en 1831 et y ajouta une aile, qui allait être détruite par un incendie en 1854 et remplacée en 1860. C'est dans ce vieux palais épiscopal que se tint la Conférence de Québec réunissant les Pères de la Confédération.

Souvenirs,
mœurs et traditions

1 REMÈDES DE BONNES FEMMES

La médecine progresse à pas de géant. Mais elle en a mis du temps à démarrer ! Pendant des siècles et même jusque dans les années 1950, nos mères nous soignaient comme leur mère et leur grand-mère avant elles. Ces précieuses traditions se sont rendues jusqu'à nous. Elles sont en train de se perdre, j'en ai bien peur.

Je me souviens encore des mouches de moutarde qu'on disait souveraines contre la grippe. On enduisait de moutarde forte des linges de coton bien propres que l'on avait ébouillantés, puis que l'on appliquait sur le cou, les épaules, le dos et le thorax du pauvre malade. Bon gré mal gré, il fallait endurer cette torture si on voulait prévenir l'attaque des microbes.

La purgation était aussi très à la mode. Je me souviens encore du goût de « l'huile de castor », c'est-à-dire de ricin. Du temps de la grippe espagnole, on a vendu des gallons et des gallons d'eau purgative Riga. L'industrie a bien sûr profité de l'épidémie pour mettre au point toute une panoplie de remèdes divers, annoncés dans les journaux et vendus par des *peddlers*, des colporteurs : les petites « pilules rouges » contenant du fer pour les femmes faibles, le sirop camphré, le pain Keller, la glycérine... Autant de potions magiques qui trônaient dans l'armoire à pharmacie du bon peuple !

2 | PRINCIPES ET PRÉJUGÉS

Lorsque nous racontons le passé, « le bon vieux temps », nous sommes portés à nous arrêter aux beaux côtés des choses. Histoire de se faire plaisir, sans doute. Personne n'aime se remémorer les préjugés et les méchancetés, bien souvent revêtus de la robe de la religion, auxquels nos ancêtres n'ont pourtant pas échappé…

LA « FILLE-MÈRE » ET SON ENFANT

Quoi de plus ignoble pour un village que d'abriter une « fille-mère ». Quoi ! Elle avait connu l'amour physique ! C'était la honte. Sa famille et bien sûr la fille elle-même étaient reluquées avec mépris. Son père et sa mère en pleuraient. Et par colère ou par désespoir, ils pouvaient accabler la coupable avec une méchanceté sans pareille. On cachait l'infâme, et la plupart du temps on la confiait, le temps de sa grossesse, à une institution spécialisée tenue par des religieuses impitoyables. Comme le dit Thérèse Sauvageau dans son livre intitulé *Au matin de notre histoire* : « Durant son séjour, on devait lui faire bien sentir son péché. Ni bonté ni douceur ne devaient lui être démontrées. Elle devait expier même dans son corps. On ne lui permettait pas de manger à sa faim : elle devait faire carême. On occupait ses jours en lui confiant les tâches les plus humbles et les plus humiliantes. N'était-elle pas une pécheresse ? Surtout, il fallait qu'elle apprenne sa leçon pour que plus jamais elle n'ose recommencer. Même à l'intérieur de l'institution, elle devait se voiler le visage. »

Mais c'est à l'issue de ces mois de souffrance que le pire arrivait. La fautive devait se défaire de son enfant. Car jamais la famille ni la communauté, chrétiennes pourtant, n'accepteraient « l'enfant du péché ». Imaginez la douleur de cette femme, toute jeune le plus souvent, aux mains d'une société obtuse et méchante. Tout était mis en œuvre pour placer promptement l'enfant à la crèche, la plupart du temps sans que la mère puisse savoir où le petit être irait vivre sa vie. Tout cela avec l'appui et la complicité de la famille, et grâce aux conseils et à la complaisance du curé de la paroisse.

Généralement, l'enfant illégitime grandissait à la crèche puis, quand il atteignait l'âge de travailler, une famille d'un village lointain l'adoptait, pour l'employer, sans avoir à le payer, aux plus durs travaux de la ferme. L'enfant était à jamais marqué par le mépris et les préjugés. Rencontrant un jour un de ses paroissiens qui avait adopté deux enfants illégitimes, un curé lui avait glissé à l'oreille: « Attention Gaston, il ne faut pas trop les gâter, ces p'tits de la crèche. Tu sais, ces enfants-là, il faut les laisser pâtir un peu. » Naturellement, nos bonnes familles refusaient qu'un de leurs enfants épouse un ou une « illégitime ». Pas question non plus de coucher l'un d'eux sur un testament. La pièce de Gratien Gélinas, *Tit-Coq,* démontre bien comment le malheur pouvait poursuivre les « bâtards » tout au long de leur vie.

LA SŒUR MANQUÉE

Quand une jeune fille entrée en communauté décidait d'en sortir parce qu'elle n'avait pas la vocation, qu'elle n'était pas à l'aise dans cette vie, elle n'avait d'autre choix que de revenir à la maison paternelle. Ses parents bien sûr lui ouvraient leur porte, mais ils lui faisaient bien sentir la honte qu'ils avaient d'elle désormais.

C'est que pour nos ancêtres, une vocation religieuse dans la famille représentait tout un honneur. C'était comme si Dieu lui-même était venu bénir la maison. On comprend alors que la « sœur manquée » ait pu à jamais représenter un échec, la pire des déceptions. L'opinion publique la traitait en conséquence, comme si elle avait volontairement refusé la main de Dieu. La fille malheureuse se cachait, n'osant affronter la cohue et rêvait de changer de patelin le plus vite possible. Il faut se souvenir qu'à ces époques, tous vivaient dans un milieu fermé et dominé par les mêmes sentiments religieux.

3 | NOËLS D'ANTAN

Nous avons tous un jour ou l'autre entendu des histoires sur la fête de Noël. Ses personnages légendaires ou réels sont encore bien présents dans notre imaginaire. Notre enfance nous renvoie des images colorées et vivaces de ces Noëls. Jean Provencher nous renseigne sur l'origine de cette fête.

Déjà les peuples anciens, comme les Perses ou les Phéniciens, fêtaient le solstice d'hiver, le retour de la lumière. Ils élevaient de nombreux bûchers pour marquer ce renouveau. Chez les Romains, on fêtait les Saturnales. C'était un temps où toutes les élucubrations étaient permises ; on en profitait pour jeter par-dessus bord toutes les valeurs sociales et on osait tous les abus. Mais quand l'Église catholique s'installe en Occident, elle intervient directement dans ces coutumes « païennes ». En l'an 354, le pape Libère qui, comme vous et moi, ignorait complètement la date exacte de la naissance de Jésus, imagine de mettre fin aux excès en fixant au 25 décembre cet événement incontournable de la foi chrétienne. À partir de ce moment, on fêtera Noël – le mot vient de l'hébreu *Am'man El* qui peut se traduire par « homme cosmique » – plutôt que le solstice. Il faudra y mettre le temps, mais petit à petit la fête chrétienne s'imposera. On se servira, pour l'étoffer, de l'Évangile de saint Luc qui donne toutes sortes de détails entourant la naissance de Jésus : les anges, les bergers, l'étable. C'est, dit-on, François d'Assise qui fut le créateur de la première crèche de Noël. La coutume deviendra populaire sous le pontificat de Jean XXII, entre 1316 et 1334.

SAINT NICOLAS

Saint Nicolas est le protecteur des enfants, particulièrement des écoliers. Tous se souviennent de la fameuse légende (on en a fait une chanson, d'ailleurs) dans laquelle le bon saint sauve d'une mort certaine trois petits enfants enfermés dans le saloir d'un méchant boucher. En France, les enfants déposent leurs sabots sur la cheminée, car le soir de sa fête, saint Nicolas fait sa tournée et y dépose de petits cadeaux, des bonbons et des jouets. Il est accompagné de son âne et du Père Fouettard qui, lui, donne des coups de baguette aux enfants désobéissants. Le vrai saint Nicolas, évêque de la ville de Myre, serait né en Grèce au Ve siècle. C'est le patron de la Russie et… des avocats !

LE RÉVEILLON

D'origine française, la coutume du réveillon s'est rapidement répandue chez nous. Il faut dire qu'un bon repas chaud devait être particulièrement apprécié quand on revenait en traîneau, complètement exténué et frigorifié, de l'église où on avait assisté aux trois messes de la nuit de Noël. Au Moyen Âge, toutes les maisons demeuraient ouvertes durant cette nuit et on recevait quiconque se présentait pour manger. On en profitait aussi pour fêter la « réconciliation ». S'était-on « chicané » avec quelqu'un au cours de l'année ? Une invitation au réveillon devenait une invitation à faire la paix. À la Révolution française, on voulut supprimer tout ce qui touchait de près ou de loin à l'Église, comme les messes de minuit et les réveillons. Mais des protestations violentes, provenant de toutes les couches sociales, se firent entendre. Jamais on ne put biffer cette coutume du calendrier.

L'ARBRE DE NOËL

Venue d'Allemagne et répandue en Angleterre et aux États-Unis, cette tradition de décorer un conifère arrive dans la vallée du Saint-Laurent en 1781. Cette année-là, Frederik-Adolph von Riedesel, un baron allemand, mercenaire au service de l'Angleterre dans sa guerre contre les États-Unis, et sa femme Frederika logent chez le gouverneur Haldimand, à Sorel. Pour Noël, suivant simplement la coutume de leur pays, ils coupent puis décorent un sapin, qu'ils placent bien en évidence dans la maison. L'arbre est orné de pommes rouges, car il rappelle le jeu du Paradis, celui d'Adam et Ève, bien sûr, fort populaire à cette époque en Alsace.

LE PÈRE NOËL

Dans la vallée du Saint-Laurent, c'est le petit Jésus qui vient, durant la nuit de Noël, déposer des étrennes dans le bas des enfants sages. Si dans certaines paroisses on parle encore de saint Nicolas sous le Régime français, l'Église va déconseiller de le faire, car selon elle, il s'agit d'un personnage païen de la mythologie nordique. Un bon catholique ne peut pas y croire. En 1822, aux États-Unis, Clément Clarke Moore, professeur de théologie, écrit pour ses petits-enfants un poème où il trace le portrait du personnage qui deviendra le fameux père Noël. Parti d'Amérique dans la deuxième moitié du XIXe siècle, le bonhomme gagnera le monde entier et enlèvera à saint Nicolas et au petit Jésus leur pouvoir et leur plaisir de récompenser les enfants sages.

IL Y A 50 ANS…

Impossible pour moi de parler de Noël sans retourner 50 ans en arrière, au temps des fêtes de ma jeunesse dans le quartier Saint-Henri, à Montréal. Les souvenirs affluent à ma mémoire. Laissez-moi ici les partager avec vous.

23 décembre

Les fêtes, pour des enfants, c'est d'abord un congé ! À l'école Charlevoix, le 23 décembre, notre petit monde est en ébullition : dans quelques heures, nous prendrons le chemin des vacances. Les examens de Noël sont terminés ; les résultats nous ont plus ou moins agacés. Penchés sur nos pupitres, nous terminons nerveusement nos dessins de Noël. La classe est décorée, ses murs tapissés des œuvres que nous avons soigneusement réalisées pour cette exposition annuelle. En avant de la classe, sur le tableau, notre titulaire de 7e année, le frère Auguste, a dessiné aux craies de couleur un paysage d'hiver plein de charme. La crèche de Noël, que nous avons confectionnée avec amour, occupe tout le bureau du professeur et déborde même sur la balustrade. Le bon frère Auguste a remis à chacun un petit cadeau de Noël : une image, dessinée à la main, représentant l'enfant Jésus dans les bras de sa mère.

Dans l'après-midi, il y a répétition de la messe de minuit pour un certain nombre de nos camarades. À 14 h 30, les petits chanteurs de la chorale paroissiale et les enfants de chœur reviennent en classe. Il y a de la fébrilité dans l'air ! Le frère Auguste nous fait ses dernières recommandations... La cloche sonne. Vive les vacances ! Vive la liberté !

Nous bousculant un peu, nous sortons de l'école. Une neige fine est balayée par un vent froid. Foulard plaqué sur le visage, nous avançons en petits groupes sur les trottoirs bordés de bancs de neige, nous tiraillant, nous poussaillant vers la liberté. L'air a déjà un goût de fête. La lumière blanchâtre de cette fin de décembre cache encore jalousement les secrets de Noël. Le groupe se disperse petit à petit, chacun courant bientôt en direction de sa maison. Moi je longe la rue Saint-Jacques, m'attarde un peu devant les vitrines d'un magasin plein de jouets, file par Lacasse, petite rue bien tranquille qui s'arrête au chemin de fer. J'habite le rez-de-chaussée d'un immeuble de six logements. Je trouve ma maison imposante. Mes sœurs sont déjà arrivées, aussi excitées que moi. La joie dans l'âme, nous nous lançons dans les préparatifs de la fête.

24 décembre

Quelle belle journée ! La maison est une vraie fourmilière. Les enfants s'emploient à ranger leur chambre, à préparer leurs vêtements pour la fête. Demain, on aura de la visite pour souper et la maison doit être comme un sou neuf. Ma mère a fait son ménage, le réfrigérateur et la cuisinière reluisent. Chaussés de nos bas de laine, nous glissons sur le plancher de la cuisine fraîchement ciré pour le faire briller. La dinde est au four, l'odeur du ragoût de pattes s'infiltre dans tous les recoins de la maison.

Il est 15 h : c'est le temps de la sieste. D'un commun accord, les enfants ont gagné leur lit. Il faut faire un petit dodo si l'on veut tenir le coup pendant la messe de minuit et le réveillon. Nerveusement, on appelle le sommeil... qui finit par arriver.

Comme par enchantement, le silence remplit la maison. Dehors la neige continue de tomber, mais le vent a cessé.

Dans le salon, ouvert pour l'occasion, l'arbre de Noël clignote. Chacun y a attaché un de ses bas dans l'espoir de le retrouver, au retour de la messe de minuit, rempli par saint Nicolas. Mon père vient d'arriver après une autre grosse journée de travail acharné. C'est le signal : la famille s'endimanche. Papa a pris son bain, revêtu son plus bel habit. Maman ajuste son chapeau. Il est 23 h 30, on part. Dans la rue, nous croisons toutes nos connaissances, nous allons tous dans la même direction, vers l'église. Nous y voilà, l'air froid s'engouffre dans le temple bondé, se mélange à la chaleur ambiante. Le bedeau a mis son plus beau costume. Des odeurs mêlées d'encens et de cierges nous appellent à la réflexion. Les visages sont enjoués, les yeux comme illuminés.

25 décembre

Minuit ! Le curé et ses vicaires, revêtus de leurs ornements dorés, font leur entrée, accompagnés des enfants de chœur dans leurs belles soutanes rouges et leurs surplis blancs bien empesés. La procession se dirige vers la crèche où l'on dépose le petit Jésus. Soudain l'orgue éclate et ses accords emplissent l'église. Papa est au jubé. Nous tremblons pour lui. Nous sommes fiers de lui. De sa voix chaude et puissante enveloppant la foule, il entonne :

> *Minuit, chrétiens, c'est l'heure solennelle*
> *Où l'homme Dieu descendit jusqu'à nous...*

Nous entrons dans un autre monde...

4 PRATIQUES RELIGIEUSES

Je roule sur la route 138. Il fait beau. La route très peu fréquentée s'allonge de village en village. Lanoraie, Berthier, Louiseville, Champlain, Sainte-Anne-de-la-Pérade... Chacun a son âme, son style, son histoire. Je m'arrête à penser à ces humains qui ont, avant moi, foulé ce sol. À ces Québécois qui ont forgé un pays, une culture, des traditions. Dans chaque bourg, domine l'église paroissiale, majestueuse, imposante, omniprésente. Elle raconte la vie, la mort, les joies et les épreuves des hommes et des femmes ; elle est toujours là aux moments importants de la vie communautaire.

LES DÉVOTIONS À LA MAISON

Les gens de ma génération, qu'ils aient vécu en ville, à la campagne ou dans un village, n'ont pas oublié leur passé dévot. Ils pourraient comme moi écrire des pages sur les pratiques religieuses qui dirigeaient nos vies. Il y en avait pour tous les goûts, pour tous les moments de l'année, tous les événements de la vie ; à la maison, à l'église, en plein air, seul, en famille ou en paroisse.

Au foyer, le repas a toujours fait l'objet de rituels sacrés. Ainsi, trois fois par jour, les assiettes servies, la famille attablée récitait, sur un signe du père ou de la mère, le *Benedicite* en français ou en latin. Par cette prière, on demandait à Dieu de bénir le repas, ceux qui l'avaient préparé, et de procurer du pain à qui n'en avait pas. À la fin, avant de quitter la table, on disait les Grâces, un remerciement à Dieu.

Dans plusieurs foyers, on suivait aussi le rituel du pain bénit. Le père, pourvoyeur de la famille et maître de la maison, prenait le pain, puis traçait au couteau une croix sur la miche. Il pouvait ensuite le trancher et le distribuer à chacun. Ce geste rituel était attendu de toute la tablée, et personne n'osait toucher le pain avant qu'il n'ait reçu le signe de la croix.

Le jeûne était très présent à cette époque, à plusieurs moments de l'année. Jeûner, c'est s'imposer à soi-même des privations dans le boire et le manger, et l'Église exigeait cette mortification pour le plus grand bien spirituel de ses ouailles.

Il y avait plusieurs types de jeûne. Le jeûne eucharistique obligeait les fidèles qui désiraient communier le matin à se priver de boire (même de l'eau!) et de manger à compter de minuit. Le jeûne ecclésiastique servait à préparer l'âme pour les moments importants de la vie religieuse. Il exigeait que les fidèles âgés de 21 à 60 ans ne prennent qu'un repas par jour (on tolérait cependant une légère collation, matin et soir). Le lait et le bouillon n'étaient pas permis. On jeûnait ainsi pendant les 40 jours du carême (du mercredi des Cendres au dimanche de Pâques), aux Quatre-temps (3 jours au début de chacune des saisons), aux vigiles de Noël, de la Pentecôte, de l'Assomption et de la Toussaint. Pensez-y, ça revenait souvent! Mais nos aïeux avaient du courage, et ils tiraient une certaine gloire de l'observance de ces règles. Bien sûr, la crainte de l'enfer aidait les égarés à revenir dans le droit chemin.

J'oubliais les jours maigres! Tous les vendredis de l'année, les catholiques étaient tenus de s'abstenir de viande. Certaines personnes, des malades par exemple, pouvaient cependant être exemptées de cette obligation. Je me souviens d'un confrère d'école normale qui avait été mis à la porte de l'institution parce qu'il avait mangé deux hot-dogs publiquement un vendredi… Mais on ne souffrait pas trop de ces jours maigres. Sauf si on détestait le poisson.

À la campagne, surtout, matin, midi et soir, la cloche paroissiale sonnait l'angélus. Alors tous se mettaient à genoux. On cessait tout travail et on récitait la salutation de l'ange Gabriel à la Vierge Marie. Cette dévotion rappelait aux fidèles le mystère de l'Incarnation. Imaginez un peu le paysage paroissial d'un lundi à midi!

Une autre dévotion importante était la prière en famille. Le soir, le plus souvent, tous s'agenouillaient dans la cuisine devant un crucifix ou une image sainte (parfois même dans la direction de l'église), pour réciter à haute voix la prière. Ce pouvait être le chapelet (dans les années 1950, l'archevêque de Montréal, Mgr Léger, disait tous les soirs le chapelet à la radio), le rosaire (qui équivalait à trois chapelets d'affilée), les commandements de Dieu et de l'Église, des prières pour les vivants, d'autres pour les fidèles défunts, des neuvaines à saint Antoine, à sainte Anne, à saint Joseph ou au Sacré-Cœur, bref, chaque famille avait ses préférences. Que c'était long ! Le sommeil gagnait souvent les enfants. Les hommes épuisés par le travail aux champs cognaient des clous. Les femmes, toujours attentives, se chargeaient de réveiller ces pécheurs en élevant la voix.

LES DÉVOTIONS À L'ÉGLISE

Nos églises ne sont plus aujourd'hui aussi achalandées qu'autrefois. Elles servent encore, bien sûr, pour une messe, un baptême, une première communion, des funérailles et même un mariage. Mais autrefois, ce lieu saint était tout au long de l'année le rendez-vous de toute la communauté.

Le dimanche étant la journée du Seigneur, l'assistance à la messe était obligatoire et tout travail manuel devait cesser. Seuls les travaux incontournables, le « train » par exemple, étaient permis. La vie s'arrêtait. Le calme et le recueillement plongeaient les villages dans une atmosphère de paix. L'église devenait le centre des activités de la journée. Les basses messes se succédaient, suivies de la grand-messe, plus élaborée, chantée par la chorale de la paroisse que l'organiste rayonnant accompagnait. Les enfants de chœur revêtaient leur soutane noire ou rouge, selon la célébration, et durant plus d'une heure l'église s'emplissait de sons, d'encens et de pieux murmures. Le soir venu, après le souper, les dévots pouvaient revenir au temple assister aux vêpres. Les psaumes, chantés par le maître de chapelle assisté de son chœur, étaient suivis du Salut au Saint-Sacrement. Durant ces offices, tous avaient la certitude de participer à quelque chose d'essentiel, même si la majorité des assistants ne comprenaient rien aux prières récitées en latin. Mais cela ne les dérangeait guère : ils répondaient à des formules par des formules. Tout se déroulait toujours de la même façon, selon un rituel connu de tous. D'autres pratiques très suivies revenaient d'année en année. Au début du carême, le mercredi des Cendres, cérémonie qui rappelait aux enfants de Dieu qu'ils étaient poussière et qu'ils retourneraient en poussière. Au printemps, la bénédiction des gorges. Au début de l'été, les Rogations où l'on demandait au Seigneur de déverser ses grâces sur la terre et les récoltes.

Hector Grenon se souvient qu'on pouvait aussi prendre part à la bénédiction des petits pains de sainte Geneviève. Cette tradition, qui existe encore aujourd'hui dans certains milieux, rappelle qu'il y a 1500 ans, la sainte aurait combattu la famine imposée à Paris par ses assiégeants. À cette occasion, le curé bénissait des centaines de petits pains, qui étaient ensuite distribués aux fidèles. Cette dévotion protégerait les villages contre la famine et, dit-on, aiderait les femmes qui prévoient un accouchement difficile au cours de l'année.

Événement religieux très couru : la retraite paroissiale. Il s'agissait d'une série de rencontres, de prédications plutôt, à l'église. Les hommes et les femmes avaient chacun la leur. Quel spectacle ! Aux hommes rassemblés, le prédicateur (généralement un prêtre invité et dont c'était la spécialité) parlait d'ivrognerie, de travail, d'assiduité aux sacrements, de mauvaises pensées. Aux femmes, il donnait des conseils pratiques, leur rappelait leurs devoirs et leur rôle. Chez les uns comme chez les autres, la mort et l'enfer étaient les sujets les plus sensibles : le prêcheur y mettait toute la gomme. D'ailleurs, on comparait entre eux les différents prédicateurs dont certains avaient une telle réputation que les foules se précipitaient pour les entendre. Les femmes, particulièrement, appréciaient ces retraites. C'était l'une des rares occasions qu'elles avaient de sortir de chez elles !

Les élèves des écoles n'échappaient pas à ces rencontres annuelles. Je me souviens encore de ces sermons sur la mort et la pureté, qui nous faisaient trembler de peur. Les confessions suivaient. Nous y mettions toute notre ferveur : il fallait n'oublier aucun péché pour ne pas finir en enfer.

La mort était toujours présente. À toute heure du jour, on pouvait apercevoir soudain, en boghey ou bien à pied, le curé coiffé de sa barrette, étole au cou, suivi d'un enfant de chœur qui faisait tinter une clochette. Le prêtre se rendait chez un mourant pour lui administrer les derniers sacrements. Sur son passage, les gens s'arrêtaient, se découvraient, se mettaient à genoux et demandaient où allait cet attelage.

LES CROIX DE CHEMIN

Oubliez l'autoroute, empruntez une voie secondaire, et regardez autour de vous. Il ne vous faudra pas longtemps avant de voir une croix de chemin. Elles sont très nombreuses au Québec. Elles ont commencé à apparaître vers 1740; et au début du XXe siècle, rien qu'à Montréal et dans ses environs, il y en avait plus de 200. Elles étaient partout: au carrefour des routes, dans les villages, un peu en retrait dans un rang et souvent même chez l'habitant, en face de sa maison. Au début, ces croix étaient fabriquées de gros bois peu équarri. Par la suite, elles se sont raffinées. « Leur hauteur était à l'échelle de la piété et de la foi de leurs artisans », comme le dit Hector Grenon dans *Les us et coutumes du Québec*. Aucune loi ni ordonnance n'en régissait la construction ou l'emplacement. Un cultivateur décidait un jour d'ériger une croix sur sa terre, il le faisait, c'est tout. Une famille ou un groupe de citoyens lançait l'idée d'installer un calvaire sur la rive d'une rivière ? Ils unissaient leurs efforts et leurs moyens pour qu'il soit le plus beau de tous. Ces gestes de foi spontanés suscitaient souvent la solidarité dans une communauté. Une fois la croix dressée et ses abords aménagés, peut-être clôturés ou fleuris, on invitait le curé à la bénir, lors d'une cérémonie officielle, à laquelle toute la population environnante était conviée.

En regardant attentivement ces croix, vous verrez parfois des « accessoires » qui y sont attachés : une petite échelle, un fer de lance, une éponge, une couronne d'épines, un cœur saignant, un coq ; mais rarement le corps du supplicié cloué à la croix. Vous verrez aussi peut-être des châsses renfermant une image sainte, une statuette et même, parfois, de véritables reliques obtenues d'un mécène généreux.

Le calvaire ou la simple croix de chemin représentait un lieu de rendez-vous privilégié. En passant devant, on enlevait son chapeau, on saluait le symbole en se signant et on y disait une prière. (Après la Conquête, les Anglais s'impatientaient de la longueur des trajets : leurs cochers catholiques s'arrêtaient à chaque croix pour prier !) Dans les rangs, le voisinage se donne fréquemment rendez-vous à la croix de chemin. C'est là qu'on échange les nouvelles, les grandes joies et les grandes peines, qu'on demande conseil à l'un, qu'on offre son aide à l'autre.

Pour ces gens éloignés du village, et donc de l'église, la croix de chemin devient le centre de la dévotion à la Vierge, tout au long du « mois de Marie ». En effet, chaque soir de mai, à la brunante, les familles des alentours convergent vers la croix. Le long des rangs, le groupe grossit de maison en maison, de carrefour en carrefour. Les hommes se parlent de politique, de récoltes, de troupeaux ; les femmes, heureuses de se retrouver entre voisines, mettent en commun leur savoir ; et les enfants turbulents sautillent et courent en riant.

Quand la troupe est rassemblée au pied de la croix, l'aînée des grands-mères prend la cérémonie en charge. Le silence se fait. On s'agenouille dans l'herbe, les hommes d'un côté, les femmes et les enfants de l'autre. Doucement, les voix chargées de prières montent vers le ciel. Le chapelet est commenté, chaque dizaine récitée aux intentions des uns et des autres. Les étoiles commencent à briller dans le ciel, les voix s'alourdissent. Le calme de la terre, le silence de la nuit naissante, la chaleur de l'amitié accompagnent ces chrétiens qui vivent au rythme de leur foi. Puis, sur le signal de la grand-mère, le petit peuple se lève et entonne :

> *C'est le mois de Marie*
> *C'est le mois le plus beau*
> *À la Vierge chérie*
> *Disons un chant nouveau...*

5 LÉGENDES DIABOLIQUES

Comme dans toutes les civilisations, il y a eu chez nous des superstitions qui longtemps ont hanté nos villages.

LE PÉCHÉ ET LA PEUR

La pratique religieuse de nos ancêtres était rattachée à la notion de péché. Et le péché était l'œuvre du démon, ce Lucifer maudit qui avait bravé Dieu lui-même. Pas surprenant alors que le diable prenne aussi souvent la première place dans nos superstitions. La mort en état de péché mortel vous menait inévitablement en enfer, cet antre du démon où les misérables qui s'étaient éloignés de la loi divine, à jamais voués à la malédiction, subissaient éternellement les supplices du feu. Dans les demeures sombres de nos villages anciens, on se racontait, à la lueur défaillante des bougies, des histoires étonnantes, toujours moralisatrices. Elles sont devenues de véritables légendes.

LE LOUP-GAROU

Déjà tout jeunes, les enfants entendaient raconter avec beaucoup de conviction par leurs aînés qui en savaient bien plus long qu'eux, l'histoire épouvantable du loup-garou. Bien réelle, affirmait-on.

Le loup-garou était un homme normal qui, durant la nuit de Noël, au lieu d'aller à l'église prier et célébrer avec les autres paroissiens la venue du Sauveur, avait préféré faire la bombe, boire, courir la « galipote » et même poser des gestes impurs.

Imaginez ! Cet homme, soudain, voyait le démon entrer en possession de son corps. Il se transformait en chien ou en loup enragé ou encore en oiseau de proie. Il devenait extrêmement dangereux pour tous les habitants de la paroisse ! Alors commençait une chasse sans pitié. Il fallait absolument retrouver ce nouveau démon, et le blesser assez sérieusement pour qu'il perde son sang. Alors seulement l'animal pouvait redevenir un homme. Naturellement, ce récit s'enjolivait selon le conteur et s'adaptait selon l'auditoire. Mais le but visé était toujours de convaincre les chrétiens de l'importance d'accomplir les devoirs prescrits par l'Église.

LA CHASSE-GALERIE

Revenue à la mode grâce à des chansons populaires et des festivals folkloriques, la légende de la chasse-galerie voulait mettre les hommes en garde contre le blasphème, honni par l'Église, et contre un péché capital, l'ivrognerie. Brillamment racontée, la légende montrait jusqu'où la « maudite boisson » pouvait entraîner ses adeptes.

L'histoire se passe la veille du jour de l'An. J'entends la chanson de mon ami Tex Lecor en arrière-plan. Nous sommes dans un chantier de la Gatineau enfoncé dans la forêt. Les bûcherons (ils sont huit) se sont entassés dans la cabane, serrés autour du feu. Ils s'ennuient, songent à leurs familles attablées, à leurs blondes esseulées. L'air est chargé d'émotion. Buvant à leurs amours, se racontant leurs histoires personnelles, les oubliés de la forêt s'enfoncent dans un chagrin de plus en plus profond.

Soudain, un brave lance un défi : seul le diable pourrait nous sortir d'ici, cette nuit ! Il suffit donc de le lui demander ! Séance tenante, les bûcherons appellent Satan. Oui, le maître des enfers accepte de les emporter en canot d'écorce par la voie des airs jusque chez leurs bien-aimées, à 100 lieues de là. Mais à une condition : ils lui donneront leurs âmes en échange et ne devront jamais prononcer le nom de Dieu. Le pacte est scellé. Les hommes embarquent dans le canot qui, soulevé par une force infernale, est propulsé au-dessus des forêts. Tout au long du trajet dans l'espace, le canot évite les croix et les clochers des églises qui pulvériseraient Satan. Les voilà chez eux, accueillis par leurs femmes. Ils passent la nuit à fêter et à danser.

Au matin, ils reprennent leur canot, car ils doivent revenir au chantier à 6 h. Malheureusement, l'un d'eux, plus qu'éméché, se met à jurer et à blasphémer le nom de Dieu! Le pacte est rompu, le canot dégringole. Il paraît qu'on peut encore voir la chasse-galerie dans le ciel, les nuits du jour de l'An. Si cela vous arrive, signez-vous au plus vite!

BIBLIOGRAPHIE

Mes collaborateurs indispensables

BERGERON, Léandre, *Petit manuel d'histoire du Québec,* Montréal-Nord, VLB, 1979.

Encyclopédie Grolier, Montréal, Éditeurs La société Grolier ltée, 1952, 1954.

LACOURSIÈRE, Jacques et Hélène-Andrée BIZIER, *Nos racines, l'histoire vivante des Québécois,* fascicules 32, 115, 123, 132, 139, Montréal, TLM, 1979.

RUTCHÉ, Joseph et Anastase FORGET, *Précis d'histoire du Canada,* Montréal, Éditions Beauchemin ltée, 1928.

TESSIER, Albert, *Québec-Canada, Histoire du Canada,* tome 2, Québec, Éditions du Pélican, 1958.

TRÉPANIER, Léon, *On veut savoir,* vol. 1, 2, 3, 4, Montréal, Les Éditions de l'Homme, 1960, 1961, 1962.

Mes amis les historiens

BÉDARD, DEMERS, FORTIN, *Québec héritages et projets,* Montréal, Éditions HRW ltée, 1984.

CACHAT, Gérard, *À la recherche de mes racines,* Outremont, Lidec inc., 1984.

CHALOULT, René, *Mémoires politiques,* Montréal, Éditions du Jour, 1969.

CHAMPAGNE, André, *Le Québec contemporain,* Montréal, Septentrion, Société Radio-Canada, 1995.

CHARBONNEAU, MARCHAND, SANSREGRET, *Mon histoire,* Montréal, Toronto, Guérin, 1985.

CHARPENTIER, DUROCHER, LAVILLE, LINTEAU, *Nouvelle histoire du Québec et du Canada,* Montréal, C.E.C., 1990.

COMMISSION NATIONALE SUR L'AVENIR DU QUÉBEC.

CONWAY, John F., *Des comptes à rendre,* Montréal, VLB éditeur et John F. Conway, 1995.

COURNOYER, Jean, *Le petit Jean,* Montréal, Stanké, 1993.

Dictionnaire biographique du Canada, vol. 1 et 2, Les Presses de l'Université Laval, Québec, 1980.

FRÉGAULT, Guy, *La civilisation de la Nouvelle-France 1713-1744,* Montréal, Éditions Pascal, 1944.

GENEST, Jean-Guy, *Godbout,* Montréal, Septentrion, 1996.

GOURDON, LAMARRE, FORTIN, *Histoire des États-Unis,* Éditions Beauchemin ltée, 1996.

GRENON, Hector, *Us et coutumes du Québec,* Montréal, Les Éditions La Presse, 1974.

GROULX, Lionel, *Histoire du Canada depuis la découverte,* 2 vol., Montréal, Fides, 1976.

HAMELIN, Jean, *Brève histoire du Québec,* Montréal, Boréal Express, 1981.

LACOURSIÈRE, PROVENCHER, VAUGEOIS, *Canada-Québec,* Montréal, Éditions du Renouveau Pédagogique inc., 1970.

« Québec un pays à portée de mains », *L'Action nationale,* vol. LXXXIV, n° 10, 1994.

LAFOREST, Guy, *De la prudence,* Montréal, Boréal, 1993.

LAURIN, Serge, *Histoire des Laurentides,* Institut québécois de recherche sur la culture, 1989.

LAVIOLETTE, Guy, *Marguerite Bourgeoys,* Apostolat de la Presse, Sherbrooke, Montréal, Paris, 1949.

LAVIOLETTE, Guy, *Jacques Cartier,* Apostolat de la Presse, Sherbrooke, Montréal, Paris, 1953.

LAVIOLETTE, Guy, *D'Iberville,* Apostolat de la Presse, Sherbrooke, Montréal, Paris, 1954.

LE BORÉAL EXPRESS, *Trois-Rivières,* Québec, Éditions Boréal Express, 1970.

Le Boréal Express. Journal d'histoire du Canada, Trois-Rivières, Éditions Boréal Express, 1962, 1964, 1967, 1972.

Le Courrier du Patrimoine, La Fondation CRB, Société canadienne des Postes Canada, 1993.

LES FRÈRES DES ÉCOLES CHRÉTIENNES, *366 anniversaires canadiens,* Montréal, Les Frères des Écoles chrétiennes, 1949.

LINTEAU, DUROCHER, ROBERT, *Histoire du Québec contemporain,* Montréal, Boréal compact, 1989.

MASSICOTTE, Paul, *L'affaire Guibord,* Montréal, Fides, 1979.

MINISTÈRE DU CONSEIL EXÉCUTIF, *Quelques fragments d'histoire pour mieux comprendre le Québec,* Secrétariat à l'avenir du Québec, 1995.

MORIN, Victor, *Esquisse biographique de Jacques Viger,* Mémoire de la Société royale du Canada, 3e série, tome 32, Ottawa, 1938.

MORIN, Victor, *La légende dorée de Montréal,* Montréal, Les Éditions des Dix, 1949.

PRÉVOST, Robert, *Il y a toujours une première fois,* Éditions du Club Québec-Loisirs inc., 1981.

PROVENCHER, Jean, *Les quatre saisons dans la vallée du Saint-Laurent,* Montréal, Boréal, 1988.

PROVENCHER, Jean, *Chronologie du Québec,* Montréal, Boréal, 1991.

ROBERTS, Leslie, *Le chef*, Montréal, Les Éditions du Jour, 1963.

RUMILLY, Robert, *Histoire de Montréal,* tome 3, Montréal, Fides, 1972.

SAUVAGEAU, Thérèse, *Au matin de notre histoire*, Sainte-Foy, Éditions Anne Sigier, 1992.

Sélection du Reader's Digest, S.A., Paris, 1996.

SIGGINS, Maggie, *Riel,* Montréal, Québec Amérique, 1997.

TARD, Louis-Martin, « McTavish, marquis de la fourrure » *L'actualité,* 15 mai 1991.

TRÉPANIER, Léon, *Les rues du Vieux Montréal,* Montréal, Fides, 1968.

TRUDEL, Marcel, *L'esclavage au Canada français*, Québec, P.U.L., 1960.

TRUDEL, Marcel, *Dictionnaire des esclaves et leurs propriétaires au Canada français,* Lasalle, Montréal, Hurtubise HMH, 1990.

INDEX

TABLE DES MATIÈRES